ÉTUDES
D'HISTOIRE RELIGIEUSE

PARIS — IMPRIMÉ CHEZ BONAVENTURE ET DUCESSOIS,
55, QUAI DES AUGUSTINS.

ÉTUDES
D'HISTOIRE
RELIGIEUSE

PAR

ERNEST RENAN

MEMBRE DE L'INSTITUT
(ACADÉMIE DES INSCRIPTIONS ET BELLES-LETTRES)

LES RELIGIONS DE L'ANTIQUITÉ.
LE PEUPLE D'ISRAEL.
LES HISTORIENS CRITIQUES DE JESUS.
MAHOMET.
LA VIE DES SAINTS. — L'IMITATION DE JESUS-CHRIST.
CALVIN. — CHANNING.
LA NOUVELLE ÉCOLE HEGÉLIENNE.
LA TENTATION DU CHRIST.

PARIS

MICHEL LÉVY FRÈRES, LIBRAIRES-ÉDITEURS
RUE VIVIENNE, 2 BIS.

1857

Droits de traduction et de reproduction réservés.

PRÉFACE.

L'usage de réunir en volumes les essais publiés dans les recueils périodiques, usage que plusieurs personnes regardent comme signalant une tendance fâcheuse dans la littérature contemporaine, est la suite inévitable de l'importance qu'ont prise depuis quelques années les travaux de revues et la partie littéraire de certains journaux quotidiens. Il serait inutile de réimprimer de simples comptes-rendus, destinés uniquement à annoncer un ouvrage et ne renfermant aucune étude de première main. Mais du moment que les articles de critique, à tort ou à raison, ont cessé d'être des extraits et des analyses pour devenir des travaux de fond, on ne peut trouver mauvais que l'auteur songe à donner une publicité plus durable à des morceaux qui souvent lui ont demandé plus de recherches et de réflexion qu'un livre original. Peut-être ce genre nouveau de littéra-

ture sera-t-il envisagé dans l'avenir comme celui qui appartient le plus essentiellement à notre époque, et par conséquent comme celui où notre époque a le mieux réussi. Je n'examine pas si ce sera là un éloge ou une critique du temps où nous sommes ; il suffit que le genre soit admis comme une des formes les plus importantes de la production intellectuelle au moment présent, pour qu'on ne puisse accuser de prétentions déplacées et d'un culte exagéré pour leurs propres œuvres les auteurs qui recueillent des travaux, d'un faible mérite peut-être, mais auxquels ils ont donné tous leurs soins.

Il est très-vrai que les volumes ainsi formés, si on les envisage comme des *livres*, péchent gravement contre les règles d'une composition régulière et contre les lois de l'unité. Lors même qu'on a cherché, comme dans celui que je présente au public, à ne réunir que des travaux analogues par le sujet et formant un ensemble, il est impossible que des morceaux rapprochés artificiellement n'offrent pas plusieurs traits qui avaient leur raison d'être dans un recueil périodique et ne l'ont plus autant dans un livre. Cela aura lieu surtout si, parmi les pièces reproduites, quelques-unes sont d'une date déjà ancienne. Sans avoir rien à désavouer, on peut fort bien, en relisant des morceaux écrits à huit années de distance, quand ces années ont été remplies par une pensée quelque peu active, trouver qu'on présenterait certains détails d'une manière différente. Deux règles me semblent devoir être observées dans la reproduction de pareils essais. D'une part, il serait fâcheux que l'auteur se crût obligé de changer le caractère primitif de son œuvre, et de la ramener exactement à la forme qu'il y donnerait s'il la composait pour la pre-

mière fois. De l'autre, le respect dû au public interdit de mettre au jour un travail qu'on est capable de rendre moins imparfait. J'ai cherché à concilier ces deux obligations, et je crois pouvoir dire que le présent volume, tout en contenant des morceaux écrits à une époque éloignée, surtout si l'on considère les événements qui se sont pressés depuis leur publication, ne renferme rien qui ne réponde à ma pensée actuelle. Ces observations s'appliquent surtout à l'Essai sur les historiens critiques de Jésus et à quelques autres pages composées dans une manière différente de celle que j'ai depuis adoptée. Je ne puis dire qu'aujourd'hui j'écrirais ces pages telles qu'elles sont ; cependant je les signe de nouveau sans aucun scrupule, parce qu'elles n'offrent rien qui ne me semble conforme à la vérité.

L'excellente habitude des *retractationes*[1], que pratiquait si naïvement l'antiquité, n'est plus dans nos mœurs littéraires : cette critique de soi-même, qui, avec un peu de sincérité, porterait tant de fruits et pour l'auteur et pour le public, serait regardée de nos jours comme un raffinement de vanité, et l'écrivain qui se la permettrait expierait indubitablement sa candeur par le tort qu'il ferait à sa propre autorité. Le dogmatisme théologique nous a conduits à une idée si étroite de la vérité, que quiconque ne se pose pas en docteur irréfragable risque de s'ôter à lui-même toute créance auprès des lecteurs. L'esprit scientifique, procédant par de délicates approximations, serrant peu à peu la

[1] Ce mot n'avait point en latin le sens que nous attachons au mot *rétractation* ; il indiquait seulement le travail de l'auteur reprenant ses œuvres à distance et signalant les modifications que lui inspirait le progrès de sa pensée.

vérité, modifiant sans cesse ses formules pour les amener à une expression de plus en plus rigoureuse, variant ses points de vue pour ne rien négliger dans l'infinie complexité des problèmes que présente cet univers, est en général peu compris et passe pour un aveu d'impuissance ou de versatilité. Au risque de m'exposer aux mêmes reproches, mais parfaitement résolu à ne jamais sacrifier une parcelle de ce que je crois le vrai à une vaine prétention d'infaillibilité, je ferai ici deux observations qui intéressent, l'une ma conscience religieuse, l'autre ma conscience scientifique.

L'article sur Channing, lors de sa publication, souleva de la part des admirateurs de cet homme de bien des objections dont je reconnais à quelques égards la justesse. Sans doute, en me les adressant, on oublia trop avec quels termes de sympathie j'avais parlé du réformateur américain. Je reconnais cependant que le malentendu était fondé jusqu'à un certain point, à cause de la proportion inégale donnée dans l'article susdit à la louange et au blâme. Content d'avoir exprimé une seule fois mon admiration pour l'œuvre excellente de Channing, et présentant au contraire avec beaucoup de développement les objections auxquelles son système ne saurait, plus qu'aucun autre, avoir la prétention d'échapper, je pouvais laisser croire que je ne plaçais pas au rang qu'il mérite le meilleur mouvement religieux qu'ait vu notre siècle. En écrivant cet article, j'étais surtout préoccupé de la disparition de la grande culture et du grand génie, au prix de laquelle s'achètent trop souvent les progrès accomplis dans l'ordre matériel et même dans l'ordre d'une certaine moralité : l'honnête et raisonnable philosophie de l'école américaine me paraissait mesquine comparée à l'ampleur du catholicisme

et à la grande manière à la fois critique, philosophique et poétique de l'Allemagne. Il m'a été impossible, en me relisant, de modifier sur ce point mon premier sentiment; mais j'ajoute volontiers qu'il ne résulte de là aucun reproche contre Channing. Les bonnes choses doivent être prises simplement : chaque ordre de grandeur a sa maîtrise à part et ne doit point être comparé à d'autres. Un philanthrope qui, ayant à juger Gœthe, le mettrait en parallèle avec Vincent de Paule, se trouverait amené à ne voir dans le plus grand génie des temps modernes qu'un égoïste qui n'a rien fait pour le bonheur et l'amélioration morale de ses contemporains.

L'article sur les *Religions de l'antiquité* me paraît également susceptible de quelques additions, depuis que je connais les travaux qui se poursuivent en Allemagne sur la mythologie comparée de la race indo-européenne, travaux qui n'existaient pas, ou qui n'avaient pas pénétré en France, à l'époque où j'écrivais mon article. Ces travaux, dont la portée ne semble pas encore complétement aperçue, même de leurs auteurs, rapprochés des vues parallèles sur les religions sémitiques, à la formule desquelles je peux avoir eu quelque part, doivent faire envisager les religions de l'antiquité sous des aspects un peu différents de ceux auxquels conduisent les ouvrages de l'école symbolique et de l'école purement hellénique. L'unité de la race indo-européenne, en son opposition avec la race sémitique, reconnue dans les religions comme dans les langues, servira désormais de base à l'histoire des religions de l'antiquité. Ceci n'atteint point la doctrine de l'article en question, mais explique seulement le silence que j'ai gardé sur des découvertes récentes, qui feront époque dans la science. Si je n'ai pas essayé de combler

cette lacune, c'est parce que les découvertes dont je parle ne sont pas encore au point où il convient de les présenter au public comme des résultats définitifs.

Les morceaux qui composent le présent volume sont tous relatifs à l'histoire des religions, et se trouvent, sans parti pris, embrasser les principales formes qu'a revêtues dans l'antiquité, au moyen âge et dans les temps modernes, le sentiment religieux. Ces sujets ont pour moi un attrait que je ne dissimule pas et auquel je ne sais pas résister. La religion est certainement le plus haute et la plus attachante des manifestations de la nature humaine : entre tous les genres de poésie, c'est celui qui atteint le mieux le but essentiel de l'art, qui est d'élever l'homme au-dessus de la vie vulgaire et de réveiller en lui le sentiment de son origine céleste. Nulle part les grands instincts du cœur ne se montrent avec plus d'évidence, et lors même qu'on n'adopte en particulier l'enseignement d'aucun des grands systèmes religieux qui se sont partagé ou se partagent le monde, il ressort de l'ensemble de ces systèmes un fait immense, qui constitue à mes yeux la plus consolante garantie d'un avenir mystérieux, où la race et l'individu retrouveront leurs œuvres et le fruit de leurs sacrifices.

Une grave difficulté, je le sais, s'attache à ces études, et porte les personnes timorées à prêter aux écrivains qui s'en occupent des tendances et un but qui leur sont étrangers. L'essence des religions est d'exiger une croyance absolue, par conséquent de se mettre au-dessus du droit commun, et de dénier à l'historien impartial toute compétence quand il s'agit de les juger. Les religions, en effet, pour soutenir la prétention qu'elles ont d'échapper à tout reproche, sont obligées d'avoir un système particulier de philosophie

de l'histoire, fondé sur la croyance à une intervention miraculeuse de la divinité dans les choses humaines, intervention qui se ferait uniquement à leur profit. Les religions d'ailleurs ne sont pas maîtresses de disposer librement de leur passé; il faut que le passé se plie aux nécessités du présent, et fournisse une base aux institutions le plus évidemment amenées par le cours du temps. La critique, au contraire, dont la règle est de ne suivre que la droite et loyale induction, en dehors de toute arrière-pensée politique; la critique, dont le premier principe est que le miracle n'a point de place dans le tissu des choses humaines, pas plus que dans la série des faits de la nature; la critique qui commence par proclamer que tout dans l'histoire a son explication humaine, lors même que cette explication nous échappe faute de renseignements suffisants, ne saurait évidemment se rencontrer avec les écoles théologiques, qui emploient une méthode opposée à la sienne et poursuivent un but différent. Susceptibles, comme toutes les puissances qui s'attribuent une source divine, les religions prennent naturellement l'expression, même respectueuse, de la divergence pour de l'hostilité, et voient des ennemis dans tous ceux qui usent vis-à-vis d'elles des droits les plus simples de la raison.

Ce regrettable malentendu, qui durera éternellement entre l'esprit critique et les doctrines habituées à s'imposer tout d'une pièce, doit-il arrêter l'esprit humain dans la voie de la libre recherche? Nous ne le pensons pas. D'abord, la nature humaine ne consent jamais à se mutiler elle-même; de plus, on concevrait peut-être que la raison consentît à son propre sacrifice, si elle se trouvait en face d'une doctrine unique et adoptée de toute l'humanité. Mais une

foule de systèmes s'attribuant la vérité absolue, que tous ne peuvent posséder à la fois ; aucun de ces systèmes ne montrant des titres tels qu'il ait pu réduire à néant les prétentions des autres, l'abdication de la critique ne contribuerait en rien à donner au monde le bien si désirable de la paix et de l'unanimité. A défaut de la lutte entre la religion et la critique, les religions lutteraient entre elles pour la suprématie ; si toutes les religions se réduisaient à une seule, les fractions diverses de cette religion s'anathématiseraient l'une l'autre ; et en supposant même que toutes les sectes en vinssent à reconnaître une sorte de catholicité, des dissentiments intérieurs, vingt fois plus animés et plus haineux que ceux qui séparent les religions et les Églises rivales, serviraient d'aliment à l'éternel besoin qu'a la pensée individuelle de créer à sa guise le monde divin. Que conclure de tout cela ? Qu'en supprimant la critique on ne supprimerait pas le procès, et qu'on supprimerait peut-être le seul juge qui puisse en éclaircir les obscurités ; que le droit qu'a chaque religion de s'affirmer comme vérité absolue, droit parfaitement respectable, et que personne ne songe à contester, n'exclut ni le droit parallèle des autres religions, ni le droit de la critique, qui se tient en dehors des sectes. Le devoir de la société civile est de maintenir en face l'un de l'autre ces droits contradictoires, sans chercher à les concilier, ce qui serait tenter l'impossible, et sans leur permettre de s'absorber, ce qui ne pourrait se faire qu'au détriment des intérêts généraux de la civilisation.

Il importe de remarquer, en effet, que la critique, en usant sur l'histoire des religions du droit qui lui appartient, ne commet aucun attentat dont on puisse se plaindre, je ne dis pas seulement au point de vue de

l'égalité des droits (cela est trop clair, puisque les controversistes religieux se permettent tous les jours contre la science indépendante des attaques pleines de violence), mais même en faisant des concessions aussi larges qu'il est possible aux convenances et à la majesté du culte établi. La religion, en même temps qu'elle atteint par son sommet le ciel pur de l'idéal, pose par sa base sur le sol mouvant des choses humaines et participe à ce qu'elles ont d'instable et de défectueux. Toute œuvre dont l'homme fournit la matière, n'étant qu'un compromis entre les nécessités opposées qui forment la vie passagère, prête nécessairement à la critique, et on n'a rien dit contre une institution tant qu'on s'est borné à cette inoffensive remarque, qu'elle n'a point complétement échappé à la nature fragile de tous les édifices d'ici-bas. Il faut qu'une religion soit d'une manière et non d'une autre : or, cette condition essentielle de toute existence implique une limite, une exclusion, un défaut. L'art, qui aspire comme la religion à rendre l'infini sous des formes finies, renonce-t-il à sa mission parce qu'il sait que nulle image ne peut représenter l'idéal? Ne s'évanouirait-il pas dans le vague et l'insaisissable le jour où il voudrait être infini dans ses formes comme il l'est dans ses conceptions? La religion, de même, n'existe qu'à la condition d'être très-arrêtée, très-claire, très-finie, et par conséquent très-critiquable. Le côté étroit et particulier de chaque religion, qui fait sa faiblesse, fait aussi sa force : car les hommes se réunissent par leurs pensées étroites bien plus que par leurs pensées larges. C'est peu d'avoir montré que toute forme religieuse est dans une énorme disproportion avec son divin objet, si on ne s'empresse d'ajouter qu'il n'en

saurait être autrement, et que tout symbole doit paraître insuffisant et grossier, quand on le compare à l'extrême délicatesse des vérités qu'il représente. La gloire des religions est précisément de se poser un programme au-dessus des forces humaines, d'en poursuivre avec hardiesse la réalisation et d'échouer noblement dans la tentative de donner une forme déterminée aux aspirations infinies du cœur de l'homme.

Éternelles et sacrées dans leur esprit, les religions ne peuvent donc l'être également dans leurs formes, et l'histoire serait mutilée dans sa plus belle partie, si elle était obligée de tenir compte des exigences dogmatiques qui ne permettent pas aux sectes de s'avouer leurs côtés faibles. Que dis-je? Elle serait supprimée : car les exigences des sectes diverses étant contradictoires, il s'ensuivrait que, pour n'en blesser aucune, il faudrait garder le silence sur la maîtresse partie du développement humain. Dans l'ordre des choses politiques, tout gouvernement affirme de même son droit d'une manière absolue, sans qu'aucun gouvernement ait pour cela interdit l'histoire : du moins les États qui ont porté jusqu'à ce point la superstition envers eux-mêmes, ont trouvé dans l'amoindrissement moral qu'ils ont amené leur propre châtiment. L'Espagne offre un frappant exemple de la déchéance intellectuelle à laquelle conduit fatalement l'exagération du respect, dans l'ordre politique comme dans l'ordre religieux. Au contraire, la largeur d'idées et l'intelligence qui distinguent les catholiques d'Allemagne tiennent encore plus au contact perpétuel de la critique protestante qu'à la supériorité de la race germanique en tout ce qui tient à la culture savante de l'esprit.

Je proteste donc une fois pour toutes contre la fausse

interprétation qu'on donnerait à mes travaux, si l'on prenait comme des œuvres de polémique les divers essais sur l'histoire des religions que j'ai publiés, ou que je pourrai publier à l'avenir. Envisagés comme des œuvres de polémique, ces essais, je suis le premier à le reconnaître, seraient fort inhabiles. La polémique exige une stratégie à laquelle je suis étranger : il faut savoir choisir le côté faible de ses adversaires, s'y tenir, ne jamais toucher aux questions incertaines, se garder de toute concession, c'est-à-dire renoncer à ce qui fait l'essence même de l'esprit scientifique. Telle n'est pas ma méthode. La question fondamentale sur laquelle doit rouler la discussion religieuse, c'est-à-dire la question du fait de la révélation et du surnaturel, je ne la touche jamais[1] ; non que cette question ne soit résolue pour moi avec une entière certitude, mais parce que la discussion d'une telle question n'est pas scientifique, ou pour mieux dire parce que la science indépendante la suppose antérieurement résolue. Certes, si je poursuivais un but quelconque de polémique ou de prosélytisme, ce serait là un faute capitale : ce serait transporter sur le terrain des problèmes délicats et obscurs une question qui se laisse traiter avec bien plus d'évidence dans les termes grossiers où la posent d'ordinaire les controversistes et les apologistes. Loin de regretter les avantages que je donne ainsi contre moi-même, je m'en réjouirai, si cela peut convaincre les théologiens que mes écrits sont d'un autre ordre que les leurs, qu'il n'y faut voir

[1] Quelques passages de l'article intitulé : *Les historiens critiques de Jésus* font exception à ce que je dis ici, parce que cet article fut composé à une époque où ma manière de traiter les questions d'histoire religieuse n'était pas arrêtée comme elle l'est aujourd'hui.

que de pures recherches d'érudition, attaquables comme telles, où l'on essaie parfois d'appliquer à la religion juive et à la religion chrétienne les principes de critique qu'on suit dans les autres branches de l'histoire et de la philologie. Quant à la discussion des questions proprement théologiques, je n'y entrerai jamais, pas plus que MM. Burnouf, Creuzer, Guigniaut et tant d'autres historiens critiques des religions de l'antiquité ne se sont crus obligés d'entreprendre la réfutation ou l'apologie des cultes dont ils s'occupaient. L'histoire de l'humanité est pour moi un vaste ensemble où tout est essentiellement inégal et divers, mais où tout est du même ordre, sort des mêmes causes, obéit aux mêmes lois. Ces lois, je les recherche sans autre intention que de découvrir l'exacte nuance de ce qui est. Rien ne me fera échanger un rôle obscur, mais fructueux pour la science, contre le rôle de controversiste, rôle facile en ce qu'il concilie à l'écrivain une faveur assurée auprès des personnes qui croient devoir opposer la guerre à la guerre. A cette polémique, dont je suis loin de contester la nécessité, mais qui n'est ni dans mes goûts ni dans mes aptitudes, Voltaire suffit. On ne peut être à la fois bon controversiste et bon historien. Voltaire, si faible comme érudit, Voltaire, qui nous semble si dénué du sentiment de l'antiquité, à nous autres qui sommes initiés à une méthode meilleure, Voltaire est vingt fois victorieux d'adversaires encore plus dépourvus de critique qu'il ne l'est lui-même. La nouvelle édition qu'on prépare des œuvres de ce grand homme satisfera au besoin que le moment présent semble éprouver de faire une réponse aux envahissements de la théologie : réponse mauvaise en soi, mais accommodée à ce qu'il s'agit de combattre; réponse arriérée à une

science arriérée. Faisons mieux, nous tous que possède l'amour du vrai et la grande curiosité. Laissons ces débats à ceux qui s'y complaisent; travaillons pour le petit nombre de ceux qui marchent dans la grande ligne de l'esprit humain. La popularité, je le sais, s'attache de préférence aux écrivains qui, au lieu de poursuivre la forme la plus élevée de la vérité, s'appliquent à lutter contre les opinions de leur temps; mais, par un juste retour, ils n'ont plus de valeur dès que l'opinion qu'ils ont combattue a cessé d'être. Ceux qui ont réfuté la magie et l'astrologie judiciaire, au XVI^e et au XVII^e siècle, ont rendu à la raison un immense service : et pourtant leurs écrits sont inconnus aujourd'hui ; leur victoire même les a fait oublier. Au contraire, les noms de Scaliger, de Bochart, de Bayle, de Richard Simon, dont les travaux sont pourtant dépassés sur plusieurs points de détail, resteront inscrits à jamais parmi ceux des grands promoteurs du savoir humain.

Le dissentiment regrettable mais nécessaire qui existera toujours sur l'histoire d'une religion entre les sectateurs de cette religion et la science désintéressée, ne doit donc pas faire accuser la science de prosélytisme anti-religieux. Que si, par moments et sous le coup d'entraînements passagers, l'homme voué aux recherches de la critique éprouve quelque chose du désir de saint Paul : *Cupio omnes fieri qualis et ego sum*, c'est là un sentiment qui s'efface devant un jugement plus vrai des limites et de la portée commune de l'esprit humain. En fait de religion, chacun se dresse un abri à sa mesure et selon ses besoins. Oser porter la main sur cette œuvre intime des facultés de chacun est dangereux et téméraire ; car personne n'a le droit de

pénétrer assez profondément dans la conscience d'autrui pour y distinguer l'accessoire du principal : en cherchant à extirper les croyances que l'on croit superflues, on risquerait d'atteindre les organes essentiels de la vie religieuse et de la moralité. Toute propagande est déplacée quand il s'agit de haute culture scientifique ou philosophique, et la discipline intellectuelle la plus excellente, imposée à des personnes qui n'y sont point préparées, n'a que de mauvais effets. Le devoir du savant est donc d'exprimer avec franchise le résultat de ses études, sans chercher à troubler la conscience des personnes qui ne sont pas appelées à la même vie que lui, mais aussi sans tenir compte des motifs d'intérêt et des prétendues convenances qui faussent si souvent l'expression de la vérité.

Il est d'ailleurs un côté par lequel le critique le plus austère, s'il a quelque philosophie, peut sympathiser avec ceux qui n'ont pas le droit d'être aussi tolérants que lui. Il sait que pour la croyance exaltée le dissentiment se change presque toujours en anathème; si l'anathème lui répugne, le mobile qui le dicte obtient tout son respect, et c'est ainsi que le critique arrive à comprendre et presque à aimer la colère qu'il inspire. Cette colère, en effet, bien que supposant une certaine petitesse d'esprit, vient d'une source excellente, la vivacité du sentiment religieux. La plus rude des peines par lesquelles l'homme arrivé à la vie réfléchie expie sa position exceptionnelle est sans doute de se voir ainsi isolé de la grande famille religieuse, où sont les meilleures âmes du monde, et de songer que les personnes avec lesquelles il aimerait le mieux être en communion morale doivent forcément le regarder comme pervers. Il faut être bien sûr de soi pour ne

point se troubler quand les femmes et les enfants joignent leurs mains pour vous dire : Croyez comme nous! On se console en songeant que cette scission entre les parties simples et les parties cultivées de l'humanité est une loi fatale de l'état que nous traversons, et qu'il est une région supérieure des âmes élevées, dans laquelle se rencontrent souvent sans s'en douter ceux qui s'anathématisent ; cité idéale que contempla le Voyant de l'Apocalypse, où se pressait une foule que nul ne pouvait compter, de toute tribu, de toute nation, de toute langue, proclamant d'une seule voix le symbole dans lequel tous se réunissent : « Saint, saint, saint est celui qui est, qui a été et qui sera! »

Le mot de *religion* étant celui sous lequel s'est résumée jusqu'ici, aux yeux du plus grand nombre, la vie de l'esprit, un matérialisme grossier peut seul attaquer dans son essence ce besoin, heureusement éternel, de notre nature. Rien de plus défectueux que les habitudes de langage qui confondent avec l'irréligion le refus d'adhésion à telle ou telle croyance se donnant pour révélée. L'homme qui prend la vie au sérieux et emploie son activité à la poursuite d'une fin généreuse, voilà l'homme religieux ; l'homme frivole, superficiel, sans haute moralité, voilà l'impie. Ceux qui adorent quelque chose sont frères ou certes moins ennemis que ceux qui n'obéissent qu'à l'intérêt, et prétendent avec des jouissances matérielles avoir raison des instincts divins du cœur de l'homme. Le plus faux calcul auquel les passions religieuses puissent se laisser aller, est de chercher dans la légèreté ou l'indifférence un auxiliaire contre les dissidents qui cherchent la vérité avec bonne foi et selon les besoins particuliers de leur esprit.

Pour l'immense majorité des hommes, la religion

établie est toute la part faite dans la vie au culte de l'idéal. Supprimer ou affaiblir dans les classes privées des autres moyens d'éducation ce grand et unique souvenir de noblesse, c'est rabaisser la nature humaine, et lui enlever le signe qui la distingue essentiellement de l'animal. La conscience populaire, dans sa grande et haute spontanéité, ne s'attachant qu'à l'esprit et ne discernant point les scories mêlées à l'or pur, sanctifie le symbole le plus imparfait. La religion est toujours vraie dans la croyance du peuple : car le peuple n'étant pas théologien et entrant fort peu dans le détail des dogmes, n'en prend que ce qui est vrai, je veux dire le souffle et l'inspiration élevée. En ce sens le philosophe est bien plus près de s'entendre avec l'homme simple de cœur qu'avec l'homme à demi-cultivé, qui porte dans les choses religieuses une sorte de de gauche réflexion. Quel charme de voir dans les chaumières et dans les maisons vulgaires, où tout est écrasé sous la préoccupation de l'utile, des figures idéales, des images qui ne représentent rien de réel ! Quelle douceur pour l'homme courbé sous un travail de six journées de venir le septième se reposer à genoux, contempler de hautes colonnes, une voûte, des arceaux, un autel, entendre et savourer des chants, écouter une parole morale et consolante ! L'aliment que la science, l'art, l'exercice élevé de toutes les facultés fournissent à l'homme cultivé, la religion est chargée à elle seule de le donner à l'homme illettré. Cette éducation élémentaire, naturellement portée à se croire supérieure, a souvent pour effet, je le sais, de rapetisser les esprits qui s'y emprisonnent. Mais la plupart de ceux que la religion rapetisse étaient déjà petits avant de s'y livrer : étroits et bornés avec la

religion, peut-être eussent-ils été méchants sans elle. L'élévation intellectuelle sera toujours le fait d'un petit nombre : pourvu que ce petit nombre puisse se développer librement, il s'occupera peu de la manière dont le reste proportionne Dieu à sa hauteur. Ce qu'il y a dans un dogme établi de mesquin ou même de dangereux n'existe pas pour le peuple, dont la vocation n'est pas la critique; et voilà pourquoi des superstitions qui nous déplairaient chez l'homme cultivé ont du charme chez le peuple. La foi simple est la vraie, et j'avoue que je serais inconsolable si je savais que mes écrits dussent jamais scandaliser une de ces âmes naïves qui adorent si bien en esprit. Mais elles sont protégées par leur ignorance; les dogmes qui prêtent à l'attaque n'étant pas pour elles l'objet d'une affirmation explicite, aucune difficulté ne les atteint : c'est le privilége du sentiment pur d'être invulnérable et de jouer avec le venin sans en être blessé.

La séparation hautaine qu'on reproche parfois à la philosophie d'établir entre les hommes sous le rapport de la capacité religieuse n'est donc en réalité ni une injure pour le grand nombre ni un acte d'orgueil. La science, il est vrai, n'est pas faite pour tous : elle suppose une longue éducation intellectuelle, des années d'étude et des habitudes d'esprit dont très-peu d'hommes sont capables. Mais nul n'est pour cela exclu de l'idéal : l'homme simple trouve dans ses instincts spontanés une ample compensation à ce qui lui manque du côté de la réflexion. Lors même qu'on croirait que la grande culture intellectuelle, quand elle n'exclut pas le sentiment religieux, est supérieure à la foi naïve, qu'en conclure? L'inégalité, au fond plus pénible au privilégié qu'à l'inférieur, est la faute de la

nature. Marie a la meilleure part, sans que pour cela Marthe soit blâmée. La formule théologique conserve ici sa parfaite vérité : Tous ont la grâce suffisante pour faire leur salut ; mais tous ne sont pas appelés au même degré de béatitude. Tout homme a son droit à l'idéal ; mais ce serait mentir à l'évidence de prétendre que tous peuvent également participer au culte des parfaits.

Cette distinction entre la religion, entendue dans son sens général, et les formes particulières que l'histoire nous montre se succédant l'une à l'autre avec des fortunes diverses et des mérites divers, est essentielle à maintenir. Loin de chercher à affaiblir le sentiment religieux, je voudrais contribuer en quelque chose à l'élever et à l'épurer. Il me semble, en effet, que de l'étude indépendante des religions sort un résultat consolant, qui suffit pour pacifier l'âme et donner une base à la vie heureuse. Ce résultat, c'est que la religion, étant une partie intégrante de la nature humaine, est vraie dans son essence, et qu'au-dessus des formes particulières du culte, nécessairement entachées des mêmes défauts que les temps et les pays auxquels elles appartiennent, il y a *la religion*, signe évident chez l'homme d'une destinée supérieure. Car s'il est démontré que la religion a toujours été et sera toujours ce qui inspire le plus d'amour et de haine ; s'il est démontré que l'esprit humain, par un invincible effort, s'élève à la conception et au culte du parfait, n'est-ce pas la meilleure preuve de l'esprit divin qui est en nous et qui répond par ses aspirations à un idéal transcendant ? A mes yeux, je l'avoue, il n'est pas de pensée plus rassurante, et c'est ici qu'on doit prononcer le mot de certitude, qu'aucun dogme particulier ni aucune formule philosophique ou théologique ne peu-

vent revendiquer. L'infini ne saurait être renfermé dans un système : comment l'esprit humain saisirait-il, comment la parole rendrait-elle ce dont l'essence est d'être ineffable? Mais cette impuissance même du langage et de la raison pour épuiser l'idée que nous nous formons du monde divin, n'est-elle pas la plus grande marque d'adoration et l'acte de foi le plus significatif? Loin de mener à la négation, l'histoire philosophique des religions, en nous montrant la foi constante de l'humanité à un principe céleste et à un ordre suprême, mène donc à la foi; non à cette foi qui matérialise son objet dans des symboles grossiers, mais à cette foi qui pour croire à l'idéal n'a pas besoin de croire au surnaturel, et qui, suivant une pensée de saint Augustin, voit mieux la divinité dans l'ordre immuable des choses que dans les dérogations à l'ordre éternel.

Des faits qui se passent sous nos yeux, et qui compteront dans l'histoire de l'esprit humain, me confirment dans cette méthode, à la fois respectueuse et libre, sachant discerner la forme qui passe de l'esprit qui demeure éternellement. Quelques restrictions, en effet, que l'on puisse faire sur le sérieux et la profondeur du retour au catholicisme dont nous sommes les témoins, retour qui, comme tous les mouvements d'opinion, a dû servir bien souvent de prétexte aux calculs inférieurs et aux défaillances, on ne saurait nier qu'il ne s'y cache un véritable événement de l'ordre moral. Si ce retour s'est manifesté presque partout sous forme de conversion au catholicisme, c'est moins au catholicisme en lui-même qu'au sentiment religieux que l'on est revenu. Le catholicisme étant la plus caractérisée, et, si j'ose le dire, la plus religieuse des religions, toute réaction religieuse se fait nécessairement un peu à son profit. Disons pour-

tant que le catholicisme, pour la majorité de ceux qui y reviennent, est moins le vaste et minutieux amas de croyances qui remplit les volumes d'un Traité de théologie que la *Religion,* dans son acception générale. Parmi les néophytes qui s'y rattachent avec le plus de zèle, il en est peu qui songent sérieusement aux dogmes qu'ils embrassent; quand ces dogmes leur sont exposés sous une forme rigoureuse, ils les déclinent ou les atténuent par des explications complaisantes : presque tous sont hérétiques sans s'en douter. Ce qui les ramène à l'Eglise, c'est l'éternel instinct qui porte l'homme à s'attacher à une croyance religieuse, instinct tellement impérieux que, pour ne pas rester dans le doute, on accepte sans examen la foi qu'on trouve toute faite. Le xviiie siècle, qui avait pour mission de dégager le champ de l'esprit humain d'une foule d'obstacles que le cours des âges y avait entassés, portait dans ce travail de démolition l'ardeur que l'on met toujours à remplir un devoir de conscience. Le scepticisme et l'impiété (ou plutôt l'apparence du scepticisme et de l'impiété, car au fond peu de siècles procédèrent à leur œuvre avec autant de conviction et de religieux dévouement) lui plaisaient pour eux-mêmes, et il éprouvait une sorte de contentement à s'acquitter de la tâche qu'il n'aurait dû souvent accomplir qu'avec larmes. Mais la génération suivante, qui, revenue à la vie intérieure, a trouvé en elle le besoin de croire et d'être en communion de foi avec d'autres âmes, n'a plus compris la joie de ce premier emportement, et, plutôt que de rester dans un système de négation devenu intolérable, elle a essayé de relever les doctrines mêmes que ses pères avaient renversées. Quand on ne sait plus bâtir d'églises, on restaure et l'on imite les anciennes : car on peut se passer

d'originalité religieuse, mais on ne peut se passer de religion. Qui ne s'est arrêté, en parcourant nos anciennes villes, devant ces gigantesques monuments de la foi antique, qui seuls appellent le regard au milieu du niveau de la vulgarité moderne? Tout s'est renouvelé à l'entour; la cathédrale seule est restée, un peu dégradée à hauteur de main d'homme, mais profondément enracinée dans le sol. Tant il est vrai qu'en fait de création religieuse les siècles sont portés à se refuser le privilége qu'ils accordent si libéralement aux âges reculés ; tant il est vrai aussi que la science rationnelle, étant par sa nature l'apanage d'un petit nombre, ne saurait, dans l'état actuel de la société, peser sur la croyance du monde d'un poids décisif.

On comprend maintenant quelle distance sépare le controversiste, qui aspire à changer les formes religieuses existantes, du savant, qui ne se propose qu'un but spéculatif, sans aucune application directe à l'ordre des faits contemporains. Étranger aux causes qui produisent ces brusques variations de l'opinion qui ont leur légitimité dans le cercle des gens du monde, mais ne doivent pas s'étendre au-delà, le savant n'est pas obligé de faire un acte de foi sur tous les caprices de la mode, ni de se condamner au silence parce qu'il n'a pas été amené par ses études aux idées que tel parti juge les plus convenables à ses vues du moment. Le gouvernement des choses d'ici-bas appartient en fait à de tout autres forces qu'à la science et à la raison; le penseur ne se croit qu'un bien faible droit à la direction des affaires de sa planète, et, satisfait de la portion qui lui est échue, il accepte l'impuissance sans regret. Spectateur dans l'univers, il sait que le monde ne lui appartient que comme sujet d'étude, et, lors même qu'il pourrait le réformer,

peut-être le trouverait-il si curieux tel qu'il est qu'il n'en aurait pas le courage.

Conservons donc à leur place chacun des éléments, souvent contradictoires, sans lesquels le développement de l'humanité reste incomplet. Laissons les religions se proclamer inattaquables, puisque sans cela elles n'obtiendraient pas de leurs adhérents le respect dont elles ont besoin; mais n'obligeons pas la science à passer sous la censure d'un pouvoir qui n'a rien de scientifique. Ne confondons pas la légende avec l'histoire; mais n'essayons pas de bannir la légende, puisque telle est la forme que revêt nécessairement la foi de l'humanité. L'humanité n'est point composée de savants et de philologues. Elle se trompe fréquemment, ou, pour mieux dire, elle se trompe nécessairement sur les questions de faits et de personnes : souvent elle ne place pas convenablement ses sympathies et ses hommages; plus souvent encore elle exagère le rôle des individus, et accumule sur la tête de ses favoris les mérites de générations entières : pour voir le vrai en tout cela, il faudrait une finesse d'esprit et un savoir qui lui manquent. Mais elle ne se trompe pas sur l'objet même de son culte : ce qu'elle adore est réellement adorable; car ce qu'elle adore dans les caractères qu'elle a idéalisés, c'est la bonté et la beauté qu'elle y a mises. On peut affirmer que, si une nouvelle apparition religieuse venait à se produire, le mythe y trouverait sa place, dans la timide mesure que comporte notre âge de réflexion. Quelque soin que l'on mît d'abord à repousser tout ce qui s'écarterait du rationalisme le plus pur, la seconde génération serait sans doute moins puritaine que la première, et la troisième moins encore. Ainsi s'introduiraient des complications successives où les grands instincts imaginatifs de

l'humanité se donneraient pleine carrière, et où la critique trouverait de nouveau au bout de quelques siècles à reprendre son œuvre d'analyse et de discernement.

Les personnes plus portées vers le sentiment que vers la science et plus richement douées pour l'action que pour la pensée comprennent difficilement, je le sais, l'opportunité de pareilles recherches et les accueillent en général avec déplaisir. C'est là un sentiment respectable et qu'il faut se garder de blâmer. A ceux qui l'éprouvent, j'oserai conseiller de ne pas lire les écrits composés au point de vue de la critique moderne : ces écrits ne peuvent que provoquer chez elles des réactions fâcheuses, et le trouble même qu'elles ressentent en les lisant prouve que de telles lectures ne sont pas convenables pour elles. Le bon esprit (ou du moins ce qu'on appelle ainsi), qui confine nécessairement par bien des points au petit esprit, est essentiel au régime de ce monde : un navire sans lest, surmonté d'une brillante voilure, est aussi mal disposé pour la marche qu'un ponton sans voiles et pesamment chargé. L'incapacité de l'Allemagne dans le champ de l'action n'est-elle pas la conséquence des dons incomparables dont la nature l'a douée dans l'ordre des spéculations intellectuelles? L'homme pratique ne saurait avoir la largeur d'esprit de l'homme voué à la pensée : de son côté, le penseur, s'il veut prendre part aux affaires de ce monde, est obligé à une foule de compromis qui l'amoindrissent et nuisent à son originalité. Ici, comme en toute chose, le bon gouvernement de l'esprit humain se résume dans la liberté. Qu'on laisse ces paisibles et inoffensives recherches se poursuivre dans l'obscurité qui leur convient. La science serait bien téméraire si elle aspirait à

modifier l'opinion : ses procédés n'ont de prise que sur un petit nombre ; repoussante et sans séduction, avec quels moyens lutterait-elle contre tant de puissances qui tiennent le monde, sans doute à meilleur droit ? Elle ne demande que la liberté ; avec la liberté, le partage des âmes se fait de lui-même, et chacun choisit spontanément la voie qui est pour lui celle de la vérité.

Je n'ignore pas les malentendus auxquels on s'expose chaque fois que l'on touche aux matières qui sont objet de croyance pour un certain nombre d'hommes. Mais tout exercice délicat de la pensée serait interdit, si l'on était obligé de deviner les contre-sens que des esprits préoccupés peuvent commettre en lisant ce qu'ils ne comprennent pas. Les personnes peu familières avec les choses intellectuelles croient souvent se donner un air de haute sagesse en faussant et en exagérant les opinions à l'égard desquelles elles veulent se donner le mérite de la modération. Pour ces personnes, il faut que les écrivains se classent dans des catégories tranchées ; par leur grâce, on est panthéiste ou athée sans le savoir ; elles créent des écoles de leur autorité privée, et l'on apprend souvent d'elles avec quelque surprise qu'on est élève de maîtres que l'on ne connaît pas. Les gens du monde croient volontiers s'attribuer le privilége du bon sens, en résumant par quelques termes absurdes et qui se réfutent d'eux-mêmes les grandes thèses de la science ou du génie. Strauss est ainsi devenu un insensé qui a nié l'existence de Jésus ; Wolf est un fou qui a nié Homère ; Hegel un extravagant qui a dit que le oui et le non se valent ; et si je me permettais de dire ici que, loin de nier l'existence de Jésus, Strauss la suppose et l'affirme à chaque page de son livre ; que

Wolf n'a fait que nier la composition artificielle de l'Iliade et de l'Odyssée ; que Hegel n'a voulu dans ses formules les plus hardies que signaler le caractère relatif et partiel de toutes nos affirmations, je passerais pour un disciple de Strauss, que j'ai énergiquement combattu ; de Wolf, dont je n'ai pas à m'occuper ; de Hegel, dont j'admire la hauteur d'esprit, mais avec qui j'ai peu de points communs. Les inconvénients de cette sorte sont inévitables. Le discernement des nuances sera toujours le fait d'un petit nombre ; mais ce petit nombre, quand il s'agit des œuvres de l'esprit, est le seul dont le suffrage doive être recherché.

Parmi les objections que je prévois, il en est une à laquelle je dois faire ici d'avance quelque réponse. On pourra regretter qu'en exposant certaines idées contraires aux opinions généralement reçues en France, je ne me sois pas cru obligé de déployer un plus grand appareil de démonstration. Mais ce défaut est absolument inséparable de la nature même des morceaux qui composent le présent volume. Il ne s'agit point ici de mémoires destinés à des recueils spéciaux, où l'érudition et la philologie peuvent se donner toute carrière, il s'agit d'expositions faites pour des Revues et des journaux, et où les résultats, dégagés de l'appareil scientifique qui a servi à les obtenir, doivent seuls trouver place. Que l'on consulte les ouvrages dont je rends compte, ou ceux que je cite sur les points sujets à contestation, on y trouvera des preuves que je ne pouvais développer et auxquelles d'ailleurs j'aurais eu, la plupart du temps, peu de chose à ajouter. Les travaux de critique destinés aux Revues deviendraient impossibles, si, en rendant compte d'un livre, on était obligé de dresser de nouveau tout l'échafaudage qui a servi à

l'auteur pour en construire l'édifice. Dans une autre série de travaux d'un caractère plus technique, en particulier dans mon *Histoire générale des langues sémitiques*, j'ai essayé de traiter, sous leur forme la plus spéciale, quelques-unes des questions que je ne pouvais présenter ici que par leur côté général. J'espère que ce qui semblera gratuit dans les aperçus que j'expose dès à présent au public paraîtra un jour dans sa pleine lumière, si, conformément au plan d'études que je me suis tracé, après avoir achevé l'histoire des langues sémitiques, il m'est permis de contribuer en quelque chose à éclairer l'histoire des religions sémitiques et des origines du christianisme. Je n'épargnerai alors aucun des détails que la nature des travaux recueillis cette fois m'interdisait de donner.

J'avais d'abord résolu de répondre ici à des critiques récentes, qui, par les erreurs de faits et les étranges raisonnements qu'on y a mêlés, bien plus que par leur valeur propre, semblaient appeler une rectification. Mais l'attaque règle la défense, et il m'eût été difficile de répondre au sophisme et à la subtilité sans être quelque peu fastidieux et subtil. Le silence que j'ai gardé jusqu'ici, et dont je permets à mes adversaires de triompher comme d'une victoire, je veux le garder encore. Autant je suis prêt à recevoir avec gratitude, à discuter, à adopter au besoin les observations vraiment scientifiques qui me seront adressées; autant je m'obstinerai à tenir pour non avenues les déclamations de l'esprit de secte et à éviter à tout prix ces pitoyables débats qui trop souvent rendent l'érudition ridicule, en substituant des questions de personnes à la recherche pure de la vérité. Si l'on prétend, par des injures, des citations falsifiées, des dénigrements anonymes et qui

n'osent s'avouer, des équivoques habilement calculées pour faire illusion aux personnes étrangères à la science, m'arrêter dans la voie de recherches et de réflexion où je me suis engagé, on se trompe. Ces recherches ont eu pour moi de bonne heure un suprême intérêt; elles resteront toujours, sous une forme de plus en plus élargie, le principal objet de ma curiosité. Si j'étais, comme tant d'autres, esclave de mes désirs, si l'intérêt ou la vanité me guidaient dans la direction de mes travaux, on réussirait sans doute par de tels procédés à me faire abandonner des études qui ne sont d'ordinaire récompensées que par l'injure. Mais ne désirant rien, si ce n'est de bien faire, ne demandant à l'étude d'autre récompense qu'elle-même, j'ose affirmer qu'il n'est point de mobile humain qui ait le pouvoir de me faire dire un mot de plus ou de moins que je n'ai résolu de dire. La liberté dont j'ai besoin n'étant que celle de la science, ne saurait me manquer; si le XVII[e] siècle a eu sa Hollande, il est difficile que de nos jours l'amoindrissement des esprits, quelque général qu'il soit, aille à ce point qu'il n'y ait pas un coin du monde où l'on puisse penser à son aise. Rien, par conséquent, ne me fera dévier du plan que je me suis tracé, et que j'envisage pour moi comme la ligne du devoir : recherche inflexible de la vérité, selon la mesure de mes forces, par tous les moyens de légitime investigation qui sont à la disposition de l'esprit humain; expression ferme et franche des résultats qui me semblent probables ou certains, en dehors de toute arrière pensée d'application et de toute formule convenue; docilité à me corriger lorsque la critique des personnes compétentes ou le progrès de la science m'y amèneront. Quant aux attaques de l'ignorance et du fanatisme, elles m'affligeront sans m'ébranler, quand

je pourrai les croire sincères; dans le cas où il ne me serait pas permis de les considérer comme telles, j'espère arriver par l'habitude à n'en être pas même attristé.

ÉTUDES
D'HISTOIRE RELIGIEUSE

LES RELIGIONS DE L'ANTIQUITÉ.

La critique est née de nos jours, et il n'appartenait qu'à la critique la plus délicate d'apercevoir, en dehors de tout dogmatisme comme de toute polémique, la véritable importance de l'étude des religions. Si l'homme vaut quelque chose, c'est parce que, s'élevant au-dessus de la vulgarité de la vie, il atteint par ses facultés morales et intellectuelles un monde d'intuitions supérieures et de jouissances désintéressées. La religion, c'est la part de l'idéal dans la vie humaine; elle est toute en ce mot : L'homme ne vit pas seulement de pain. Il est, je le sais, une autre puissance qui prétend, elle aussi, résumer la vie spirituelle de l'humanité, et le moment serait mal

choisi pour en médire ; mais ce n'est pas nier la philosophie, c'est lui rendre sa véritable place, la seule où elle soit grande, forte, inattaquable, que de dire qu'elle n'est pas faite pour le grand nombre. Sublime si on la considère dans le cénacle des sages dont elle a été l'aliment et l'entretien, la philosophie n'est qu'un fait imperceptible si on l'envisage dans l'histoire de l'humanité. On compterait les âmes qu'elle a ennoblies, on ferait en quatre pages l'histoire de la petite aristocratie qui s'est groupée sous ce signe : le reste, livré au torrent de ses rêves, de ses terreurs, de ses enchantements, a roulé pêle-mêle dans les hasardeuses vallées de l'instinct et du délire, ne cherchant sa raison d'agir et de croire que dans les éblouissements de son cerveau et les palpitations de son cœur.

La religion d'un peuple, étant l'expression la plus complète de son individualité, est, en un sens, plus instructive que son histoire. L'histoire d'un peuple, en effet, ne lui appartient pas tout entière : elle renferme une part fortuite ou fatale qui ne dépend pas de la nation, qui parfois même la contrarie dans son développement naturel ; mais la légende religieuse est bien l'œuvre propre et exclusive du génie de chaque race. L'Inde, par exemple, ne nous a pas laissé une ligne d'histoire proprement dite : les érudits parfois le regrettent, et payeraient au poids de l'or quelque chronique, quelque

série de rois ; mais, en vérité, nous avons mieux que tout cela : nous avons ses poëmes, sa mythologie, ses livres sacrés; nous avons son âme. Dans l'histoire, nous eussions trouvé quelques faits sèchement racontés, dont la critique eût à grand'peine ressaisi le vrai caractère : la fable nous donne, comme dans l'empreinte d'un sceau, l'image fidèle de sa manière de sentir et de penser, son portrait moral tracé par elle-même. — Ce que le xviii^e siècle regardait comme un amas de superstitions et de puérilités est ainsi devenu, aux yeux d'une philosophie de l'histoire plus complète, le plus curieux des documents sur le passé de l'humanité. Des études qui autrefois semblaient l'apanage des esprits frivoles se sont élevées au niveau des plus hautes spéculations, et un livre consacré à l'interprétation des fables que Bayle ne trouvait bonnes qu'à amuser les enfants a pris place parmi les œuvres les plus sérieuses de notre siècle.

Pour apprécier toute l'importance de ce livre, — nous voulons parler de la vaste encyclopédie mythologique qu'un des plus dignes représentants de l'érudition française a groupée autour d'une traduction récemment terminée de la *Symbolique* du docteur Fr. Creuzer[1], —

[1] *Religions de l'antiquité considérées principalement dans leurs formes symboliques et mythologiques*, du D^r Fr. Creuzer, ouvrage traduit et refondu par J. D. Guigniaut. 10 vol. in-8°. Paris, 1825-1851.

il faut se reporter à l'époque où fut entreprise l'œuvre méritoire de naturaliser parmi nous toute une série d'études, si florissantes chez nos voisins et chez nous si délaissées. Lorsque le premier volume des *Religions de l'antiquité* parut en 1825, il se rattachait à ce mouvement de curiosité qui agitait alors les esprits, et les portait à chercher dans l'histoire mieux comprise la solution des problèmes qui passionnaient la partie éclairée de l'opinion. Il est rare que de tels travaux s'achèvent au milieu du mouvement qui les a vus naître ; mais si les derniers volumes des *Religions de l'antiquité* n'ont plus rencontré le public plein d'ardeur et d'espérances qui avait accueilli les premiers, ils ont prouvé du moins que rien n'est changé dans le zèle du savant qui, pendant un quart de siècle, a été l'interprète de l'une des branches les plus importantes de l'érudition allemande, et auquel personne ne contestera le titre de rénovateur des études mythologiques en France.

Le traducteur de la *Symbolique* trouva ces études abaissées parmi nous au dernier degré de médiocrité. C'était le temps où M. Petit-Radel dissertait gravement sur les aventures de la vache Io, et dressait dans un mémoire le tableau synoptique des amants d'Hélène, avec leur âge en rapport avec celui de *cette princesse*. L'Allemagne au contraire, initiée à la connaissance de l'antiquité par la grande génération des Wolf et des

Heyne, si rapprochée d'ailleurs par son génie des intuitions religieuses des premiers âges, était riche déjà d'excellents écrits sur les mythologies anciennes et sur la manière de les interpréter. Ce qui importait avant tout, c'était de réparer un arriéré de plus d'un demi-siècle, et de rendre accessibles les trésors de saine érudition que l'Allemagne avait entassés pendant que la France continuait les traditions de critique superficielle du xviii[e] siècle. La *Symbolique* de M. Creuzer, par ses imposantes proportions, sa réputation européenne, l'élévation de vues, la haute philosophie et la science que l'auteur y avait déployées, s'offrit tout d'abord. M. Guigniaut comprit toutefois que la traduction d'un seul ouvrage, déjà dépassé sur plusieurs points de détail par des travaux plus récents, n'atteindrait qu'imparfaitement le but qu'il se proposait. Il résolut donc de rassembler autour du livre de M. Creuzer les résultats des travaux parallèles ou postérieurs, de faire en un mot du texte de la *Symbolique* la trame d'une vaste synthèse embrassant toutes les études mythologiques de l'Allemagne. L'opinion de l'Europe savante s'est prononcée depuis longtemps sur la valeur de ce plan et sur la manière dont il a été rempli. La France y a reconnu le modèle à suivre dans l'œuvre difficile d'introduire parmi nous les produits de la science allemande ; l'Allemagne, de son côté, a donné à l'édition française

la plus haute approbation, puisque elle-même semble avoir adopté sur presque tous les points importants les modifications apportées par le traducteur. Le livre de M. Guigniaut, courageusement mené à terme à travers des circonstances si diverses et quelquefois si contraires, est devenu le manuel indispensable, non-seulement de l'antiquaire et du philologue, mais encore de tous les esprits curieux qui croient que l'histoire des religions est un des éléments les plus essentiels de l'histoire de l'esprit humain, c'est-à-dire de la vraie philosophie.

I

Les religions tiennent si profondément aux fibres intimes de la conscience humaine, que l'interprétation scientifique en devient à distance presque impossible. Les efforts de la critique la plus subtile ne sauraient redresser la position fausse où nous nous trouvons vis-à-vis de ces œuvres primitives. Pleines de vie, de sens, de vérité pour les peuples qui les ont animées de leur souffle, elles ne sont plus à nos yeux que des lettres mortes, des hiéroglyphes scellés ; créées par l'effort simultané de toutes les facultés agissant dans la plus parfaite harmonie, elles ne sont plus pour nous qu'un objet de curieuse analyse. Pour faire l'histoire d'une religion, il faut ne

plus y croire, mais il faut y avoir cru : on ne comprend bien que le culte qui a provoqué en nous le premier élan vers l'idéal. Qui peut être juste envers le catholicisme s'il n'a été bercé de cette légende admirable, si dans les accents de ses hymnes, dans les voûtes de ses temples, dans les symboles de son culte, il ne retrouve les premières sensations de sa vie religieuse? La condition la plus essentielle pour bien apprécier les religions de l'antiquité nous manquera donc à jamais; car il faudrait avoir vécu dans le sein de ces religions, ou du moins en faire renaître en soi le sentiment avec une profondeur dont le génie historique le plus privilégié serait à peine capable. Quelque effort que nous fassions, nous ne renoncerons jamais assez franchement à toutes nos idées modernes pour ne pas trouver absurde et indigne d'occuper un homme sérieux l'ensemble des fables que l'on présente d'ordinaire comme la croyance de la Grèce et de Rome. C'est pour les personnes peu versées dans les sciences historiques un éternel sujet d'étonnement de voir les peuples qu'on leur présente comme les maîtres de l'esprit humain adorer des dieux ivrognes et adultères, et admettre parmi leurs dogmes religieux des récits extravagants, de scandaleuses aventures. Le plus simple se croit en droit de hausser les épaules sur un aussi prodigieux aveuglement. Il faudrait cependant partir de ce principe, que l'esprit humain

n'est jamais absurde à plaisir, et que toutes les fois que les œuvres spontanées de la conscience nous apparaissent comme dénuées de raison, c'est qu'on ne sait pas les comprendre. Quand une race a montré assez de sens pour produire des œuvres comme celles que la Grèce nous a laissées, pour réaliser un plan politique comme celui qui a mené Rome à la domination universelle, ne serait-il pas bien étrange qu'elle fût restée par un autre côté au niveau des peuples livrés au plus grossier fétichisme? N'est-il pas bien probable que, si nous nous placions réellement au point de vue où étaient les anciens, cette prétendue extravagance disparaîtrait, et que nous reconnaîtrions que les fables, comme tous les produits de la nature humaine, ont eu raison en quelque chose? Le bon sens va tout d'une pièce, et il serait inexplicable que des nations qui, dans la vie civile et politique, dans l'art, la poésie, la philosophie, ont donné la mesure de ce que peut l'homme, n'eussent point dépassé en religion des cultes dont l'absurdité révolte de nos jours la raison d'un enfant.

Ce malentendu, au reste, est de fort vieille date, et ce n'est pas seulement dans les temps modernes que le paganisme a commencé d'être l'objet d'un perpétuel contre-sens. Il est évident que l'antiquité elle-même avait cessé de comprendre sa religion, et que les vieux mythes éclos de l'imagination primitive perdirent de très-bonne

heure toute signification. L'idée de faire de ces fables vénérables un ensemble chronologique, une sorte d'histoire amusante et convenue ne date pas de Boccace ou de Demoustier : Ovide l'a réalisée dans un livre un peu moins mauvais que les *Lettres à Emilie*. Je ne veux pas méconnaître ce qu'il y a de charme dans cette guirlande sans fin de récits spirituels et de piquantes métamorphoses; mais quel sacrilége, au point de vue religieux, de jouer ainsi avec des symboles consacrés par le temps, et où l'homme avait déposé ses premières vues sur le monde divin! Le dessein de Mascarille, de mettre en madrigaux toute l'histoire romaine, était plus raisonnable que l'entreprise de travestir d'antiques *théologoumènes* en contes équivoques, qui ressemblent aux mythes primitifs comme de vieilles fleurs en papier, jaunies et enfumées, ressemblent aux fleurs des champs.

Or, une telle manière de traiter les religions de l'antiquité fut celle de tous les mythographes presque jusqu'à nos jours. La *mythologie* (ce fut le mot par lequel on désigna cette compilation de récits grotesques et presque toujours indécents) devint une série de *biographies* où, sous des rubriques consacrées, on contait la vie peu édifiante de Mercure, les légèretés de Vénus, les scènes de ménage de Jupiter et de Junon. Bien loin que le discrédit dont notre siècle a frappé l'usage convenu de ces fables soit à regretter, s'il faut s'étonner de quelque

chose, c'est que tant d'esprits délicats du xviie et du xviiie siècle n'en aient pas senti la fadeur.

Quand la science commença à s'occuper sérieusement de l'interprétation des symboles antiques, ses efforts, en France du moins, ne furent guère plus heureux. La France n'est pas le pays des études mythologiques : l'esprit français manque de cette flexibilité, de cette facilité à reproduire en soi les intuitions des premiers âges, qui sont si essentielles pour l'intelligence des religions. Les érudits de l'ancienne manière, Jean Leclerc, Banier, Larcher, Clavier, Petit-Radel, ne s'élevèrent pas au-dessus d'un *évhémérisme* brutal[1] ou d'un système d'explications allégoriques non moins superficiel : heureux quand, résistant aux préoccupations qui séduisirent Bochart, Huet, Bossuet et toute l'école théologique, ils ne cherchaient pas dans la mythologie grecque une forme altérée des traditions de la Bible! Les critiques qui s'inspirèrent de la philosophie du xviiie siècle, Boulanger, Bailly, Dupuis, ne sortirent de cette méthode que pour essayer un symbolisme moins satisfaisant encore. Sainte-Croix porta dans l'étude des mystères une érudition plus solide, mais une pénétration aussi médiocre que celle de ses devanciers. Enfin Émeric

[1] On sait qu'Évhémère ne voyait dans les dieux que des hommes divinisés.

David donna dans son *Jupiter* le fleuron de la symbolique française. Son système est fort simple ; c'est l'*allégorisme* le plus exclusif. « La mythologie est un ensemble d'énigmes propre à faire connaître la nature des dieux et les dogmes de la religion aux personnes qui en pénètrent le secret. » Le mot à deviner, c'est le dogme religieux. Ainsi, quand au nom d'Apollon on a substitué le mot *soleil*, quand au lieu d'Amphitrite on a dit *la mer*, tout est dit, car le mot à deviner est toujours unique. Essayant ensuite de dégager les dogmes religieux cachés sous ces énigmes, Émeric David en trouve sept, qui sont le résumé de la théologie grecque. La mythologie n'est ainsi qu'une espèce de catéchisme en *rébus* : les fables n'ont été *inventées* que pour couvrir des dogmes ; chacune a un sens très-net et très-arrêté. Comment cette forme énigmatique contribuait-elle à rendre le dogme plus intelligible ? Comment l'esprit humain en possession d'une idée claire aurait-il eu la fantaisie de l'expliquer par une idée plus obscure ? Comment une race tout entière a-t-elle pu se laisser prendre par cet amour du logogriphe pour lui-même ? C'est ce qu'il ne faut pas demander à Émeric David. Locke n'avait-il pas enseigné que l'esprit humain ne procède que du simple au composé, que pour associer deux idées il faut d'abord les avoir eues séparément l'une et l'autre ? Prétendre que dans l'esprit humain la notion de la chose signifiée ne

précède pas celle du signe, que l'homme spontané crée le symbole avant de savoir bien précisément ce qu'il y met, c'eût été vraisemblablement parler une langue inintelligible en un temps où l'on était convaincu que l'esprit humain avait toujours procédé selon les règles tracées par l'abbé de Condillac.

Pendant que la France cherchait à interpréter les religions de l'antiquité d'après sa philosophie superficielle, l'Allemagne y pénétrait plus encore par l'analogie de son génie religieux que par la solidité de son érudition. Gœthe plaçait dans l'Olympe le centre de sa vie poétique. Lessing et Winckelmann, l'hébraïque Herder lui-même découvraient dans les cultes antiques la religion de la beauté. Gœrres y cherchait les fondements de son mysticisme ; Schelling ne croyait pas faire diversion à ses écrits de philosophie transcendantale en dissertant (avec peu de bonheur, du reste) sur les dieux de Samothrace. Une nuée de philologues et d'antiquaires cherchaient à ressaisir, dans les monuments écrits et figurés de l'antiquité, le sens de la grande énigme léguée à la science par le monde primitif. Comme résumé de cet entassement de faits et de systèmes, s'élevait, de 1810 à 1812, l'ouvrage où devait se concentrer tout le premier mouvement des études mythologiques, la *Symbolique* du docteur Frédéric Creuzer. Ce fut un grand enseignement et comme une révélation de voir ainsi pour la

première fois réunis dans un *panthéon* scientifique tous les dieux de l'humanité, indiens, égyptiens, perses, phéniciens, étrusques, grecs, romains. L'élévation soutenue, l'accent religieux et profond, le sentiment des destinées supérieures de l'humanité, qui respirent dans tout le livre, annonçaient qu'une grande révolution s'était accomplie, et qu'à un siècle irréligieux, parce qu'il était exclusivement analytique, allait succéder une école meilleure, réconciliée par la synthèse avec la nature humaine tout entière. L'esprit néoplatonicien de Plotin, de Porphyre et de Proclus semblait revivre dans cette grande et philosophique manière d'expliquer les symboles antiques, et l'ombre de Julien dut tressaillir en entendant un docteur en théologie chrétienne relever sa thèse, proclamer que le paganisme pouvait suffire aux besoins les plus profonds de l'âme, et amnistier les nobles intelligences qui, à l'heure suprême, cherchèrent à réchauffer dans leur sein les dieux près de s'enfuir [1].

C'est surtout dans les sciences historiques qu'il est vrai de dire que les qualités d'une manière en sont les défauts, et que ce qui fait la vérité et la force d'un système est aussi ce qui en fait l'erreur et la faiblesse.

[1] Voir *Religions de l'antiquité*, tome I^{er}, page 3, et tome III, page 830.

Cet enthousiasme mystique, premier élan de la *philosophie de la nature* alors naissante en Allemagne, cette manière sympathique qui signalait un progrès réel dans les études mythologiques, si on la compare aux dissertations froides et sans intelligence de l'école française, devait avoir ses excès et en quelque sorte son ivresse. M. Creuzer a tous les défauts de ses maîtres d'Alexandrie : l'exagération symbolique, une tendance trop prononcée à chercher partout du mystérieux, le syncrétisme quelquefois le plus intempérant. Jamblique à côté d'Hésiode, Nonnus à côté d'Homère, figurent à la même page pour l'interprétation du même mythe. Les alexandrins sont à ses yeux de bons exégètes, de vrais restaurateurs du paganisme, qui souvent sont revenus par l'intuition philosophique au sens primitif des dogmes ; les orphiques eux-mêmes, si suspects de charlatanisme, avaient conservé l'esprit de la religion primitive. Il semble qu'il n'y ait pas de temps pour M. Creuzer. Il cherche trop haut ses solutions, parce que lui-même réside trop haut, parce qu'il n'a pas le sentiment de la vie simple, naïve, enfantine, toute sensuelle et pourtant toute divine, qui fut celle des premières races indo-helléniques. Il faudrait une âme tout enivrée de poésie pour comprendre le ravissant délire que l'homme de ces races ressentit d'abord en face de la nature et de lui-même. Habitués à chercher

en tout quelque chose de raisonnable, nous nous obstinons à trouver de profondes combinaisons où il n'y eut qu'instinct et fantaisie ; sérieux et positifs, nous épuisons notre philosophie à suivre la trame des songes d'un enfant.

La mythologie grecque, ou, dans un sens plus général, la mythologie des peuples indo-européens, envisagée dans son premier essor, n'est que le reflet des sensations d'organes jeunes et délicats, sans rien de dogmatique, rien de théologique, rien d'arrêté. Autant vaut expliquer le son des cloches ou chercher des figures dans les nuées que poursuivre un sens précis dans ces rêves de l'âge d'or. L'homme primitif voyait la nature avec les yeux de l'enfant; or, l'enfant projette sur toute chose le merveilleux qu'il trouve en lui-même. La charmante petite ivresse de la vie qui lui donne le vertige lui fait voir le monde à travers une vapeur doucement colorée ; jetant sur toute chose un curieux et joyeux regard, il sourit à tout, et tout lui sourit. Désabusés par l'expérience, nous n'attendons plus rien de bien extraordinaire de l'infinie combinaison des choses; mais l'enfant ne sait ce qui va sortir du coup de dés qui se joue devant lui : il croit plus au possible, parce qu'il connaît moins le réel. De là ses joies et ses terreurs : il se fait un monde fantastique qui l'enchante et qui l'effraye tour à tour. Il affirme ses rêves ; il n'a pas cette âpreté d'a-

nalyse qui, dans l'âge de la réflexion, nous pose en froids observateurs vis-à-vis de la réalité. Tel était l'homme primitif. A peine séparé de la nature, il conversait avec elle, il lui parlait et entendait sa voix ; cette grande mère, à laquelle il tenait encore par ses artères, lui apparaissait comme vivante et animée. A la vue des phénomènes du monde physique, il éprouvait des impressions diverses, qui, recevant un corps de son imagination, devenaient ses dieux. Il adorait ses sensations, ou, pour mieux dire, l'objet vague et inconnu de ses sensations ; car, ne séparant pas encore l'objet du sujet, le monde était lui-même, et lui-même était le monde.

En face de la mer par exemple, de ses lignes voluptueuses, de ses couleurs tour à tour éblouissantes et sombres, les sentiments de vague, de tristesse, d'infini, de terreur et de beauté, qui montaient dans son âme, lui révélaient tout un cycle de dieux mélancoliques, capricieux, multiformes, insaisissables. Tout autres étaient les impressions et les divinités des montagnes, tout autres celles de la terre, tout autres celles du feu et des volcans, tout autres celles de l'atmosphère et de ses phénomènes variés. La nature entière se reflétait ainsi dans les consciences primitives en divinités encore innommées.

« Il semble, dit M. Creuzer, qu'on ait affaire non pas à des hommes comme nous, mais à des esprits élémen-

taires, doués d'une vue merveilleuse de la nature même des choses, d'un pouvoir de tout sentir et de tout comprendre en quelque sorte magnétique. » De là ces races mystérieuses des Telchines de Rhodes, des Curètes de Crète, des Dactyles de Phrygie, des Carcines et des Sintiens de Lemnos, des Cabires de Samothrace, races extatiques et magiques, comme les *Trolls* de la Scandinavie, en rapport direct avec les forces de la nature. Tout ce qui frappait l'homme, tout ce qui excitait dans son âme l'impression du divin, était dieu ou élément d'un dieu : un grand fleuve, une grande montagne, un astre remarquable par son éclat ou les particularités de son cours, mille objets dont le sens symbolique s'est évanoui pour nous. Examinez les lieux que l'antiquité considéra comme sacrés, il vous sera presque toujours impossible de découvrir le motif qui a pu faire supposer que la Divinité y était plus présente qu'ailleurs. Ces lieux, à part les souvenirs qui s'y rattachent, ne nous disent que peu de chose. Le Capitole, envisagé comme une simple colline, a peu de caractère. Le lac Averne, qui frappa si vivement l'imagination des anciens, ne nous offre qu'un paysage gracieux et petit.

Ce serait vouloir retrouver la trace de l'oiseau dans les airs, que de prétendre saisir la trame déliée de ces premières intuitions religieuses et décrire les sentiers

capricieux de l'imagination dans ces créations délicates, auxquelles l'homme et la nature fournissaient leur part avec l'entente la plus intime. Un fait historique, une pensée morale, un aperçu sur les phénomènes atmosphériques, géologiques, astronomiques, une sensation vive, une frayeur s'exprimaient par un mythe. La langue elle-même, comme dit M. Creuzer, fut une mère féconde de dieux et de héros. Le trait qui semble caractéristique du bel esprit sous sa forme la plus épuisée, le jeu de mots, le calembour, fut un des procédés les plus familiers de la mythologie primitive. Plusieurs mythes importants de l'antiquité ne reposent que sur des étymologies fictives, des allitérations comme celles où se joue l'imagination d'un enfant : témoin l'épaule d'ivoire de Pélops, *Drépane* et la faux de Cérès, *Tarse* et les talonnières de Persée. D'autres fois des contresens, de vraies bévues engendraient de fantastiques récits. C'est ainsi que le vase niliaque, le *canope* surmonté d'une tête humaine, dont l'image frappa sans doute les premiers Grecs qui voyagèrent en Egypte, devint, par une longue série de coq-à-l'âne, un héros grec qui assista au siége de Troie. Le héros Cantharus sortit de même du canthare ou verre à boire, et fut à la fois le vase et le compagnon de Bacchus. Souvent enfin des liaisons d'idées presque insaisissables, des raisons d'eurhythmie, comme celles qui déterminent les contours de

l'arabesque, présidaient à la formation de ces étranges fables. Pourquoi Neptune et le cheval, Vénus et la mer sont-ils toujours associés? Peut-être ne faut-il chercher à un pareil rapprochement d'autre raison que la grâce infinie de l'élément humide, les ondulations de ses contours et la manière harmonieuse dont ses courbes se marient aux lignes flexibles du plus beau type de la nature animale.

Impossible, on le voit, d'établir une classification quelconque entre ces dieux venus des quatre vents du ciel. L'indétermination du sens sous la plus entière détermination de la forme, tel est le caractère essentiel de l'art comme de la mythologie grecque. La mythologie est un second langage, né comme le premier de l'écho de la nature dans la conscience, aussi inexplicable que le premier par l'analyse, mais dont le mystère se révèle à qui sait comprendre les forces cachées de la spontanéité, l'accord secret de la nature et de l'âme, l'hiéroglyphisme perpétuel sur lequel se fonde l'expression des sentiments humains. Chaque dieu nous apparaît ainsi comme un cycle achevé, une région d'idées, un ton de l'harmonie des choses. Ce n'est pas assez de dire avec la vieille école allégorique : *Minerve est la prudence, et Vénus la beauté.* Minerve et Vénus sont la nature féminine envisagée par ses deux côtés : le côté spiritualiste et saint, le côté esthétique et voluptueux. Si

Mercure n'était que le dieu des voleurs et Bacchus le dieu du vin, comme on l'enseigne aux enfants, ce seraient là des fictions médiocrement ingénieuses, d'assez pauvres figures de rhétorique qu'il faudrait laisser à l'épopée de Boileau; mais l'antiquité n'adora jamais des dieux si grossièrement puérils. Mercure est la nature humaine envisagée dans ses aptitudes et son industrie, l'éphèbe, tel que l'a fait le gymnase, beau par sa vigueur et sa souplesse. Au contraire toutes les idées de jeunesse, de plaisir, de volupté, d'expéditions aventureuses, de faciles triomphes, d'emportements terribles, se groupent autour de Bacchus. C'est le côté brillant de la vie ; c'est l'enfant chéri des nymphes, toujours jeune, beau, fortuné, entouré de caresses et de baisers; sa molle langueur, ses formes moins pures, son embonpoint, son type féminin dégénérant souvent en androgynisme, décèlent une moins noble origine. Comparé au dieu grec par excellence, à Apollon, c'est encore un étranger qui, malgré un long séjour en Grèce, n'a pas perdu son air asiatique; il est vêtu d'une longue *bassaride*, car il a peur d'aller nu; son front est ceint de la mitre orientale, car ses cheveux ne suffisent pas pour le couronner.

Un des mythes qui me semblent les plus propres à faire comprendre cette extrême complexité, ces aspects fuyants, ces innombrables contradictions des fables an-

tiques, est celui de Glaucus[1], mythe humble pourtant, mythe de pauvres gens, mais ayant par là même mieux conservé son caractère primitif et populaire. Ceux qui ont passé leur enfance sur les bords de la mer savent combien d'associations d'idées profondes et poétiques se forment en présence du spectacle animé qu'offre le rivage. Glaucus est la personnification et le résumé de ces croyances et de ces impressions, un dieu créé par des matelots, en qui se résume toute la poésie de la vie marine, telle qu'elle apparaît à de pauvres gens. La vieillesse l'accable; en proie au désespoir, il se précipite dans la mer et devient prophète; prophète de malheur, triste vieillard, on le rencontre parfois, le corps tout appauvri par l'action des eaux, couvert de coquillages et de plantes marines. Selon d'autres, il se précipita dans les vagues pour n'avoir pu prouver à personne son immortalité. Depuis ce temps, il revient chaque année visiter les rivages et les îles. Le soir, quand le vent s'annonce, Glaucus (c'est-à-dire le flot de couleur glauque) s'élève en prononçant de bruyants oracles. Les pêcheurs se couchent au fond de leur barque, et cherchent par des jeûnes, des prières et de

[1] Je prends d'autant plus volontiers ce mythe pour exemple, qu'il a été très-bien discuté par un des collaborateurs de M. Guigniaut, M. Ernest Vinet, dans les *Annales de l'Institut archéologique de Rome*, t. XV.

l'encens à détourner les maux qui les attendent. Glaucus cependant, monté sur un rocher, menace en langue éolique leurs champs et leurs troupeaux, et se lamente sur son immortalité. On contait aussi ses amours, amours tristes, malheureux, finissant comme un mauvais rêve. Il aima une belle vierge de mer, nommée Scylla; un jour, espérant la toucher, il lui apporta des coquilles et de jeunes alcyons sans plumes pour l'amuser. Elle vit ses larmes et en eut pitié; mais Circé, par jalousie, empoisonna le bain de la jeune fille, et elle devint un monstre aboyant, personnification de l'horreur naturelle qu'inspirent les squales et des dangers de la mer de Sicile. Le pauvre Glaucus, de ce moment, resta toujours gauche, méchant, murmurant, malveillant. On le voit sur les monuments, avec sa barbe d'algues marines, le regard fixe, les sourcils contractés. Les Amours s'égayent à ses dépens : l'un lui tire les cheveux, l'autre lui donne un soufflet. Quelquefois il est *Glaucé*, c'est-à-dire cette teinte tirant sur le vert et le bleu que revêt la mer dans les endroits où elle repose peu profonde sur un sable blanc : la couleur de la mer devient ainsi une femme, comme le sommet moutonnant des vagues devient la tête blanche des *Grées* (vieilles femmes), qui font peur aux matelots. Quelquefois il est Lamie, qui attire les hommes et les séduit par ses attraits; d'autres fois, un épervier qui plonge en tournoyant sur sa proie, puis

une sirène insatiable tenant un jeune homme de chaque main.—Jetez pêle-mêle toutes les idées des gens de mer, amalgamez les branches éparses des rêves d'un matelot, vous aurez le mythe de Glaucus : préoccupation mélancolique, songes pénibles et difformes, sensation vive de tous les phénomènes qui naissent dans les flots, inquiétude perpétuelle, le danger partout, la séduction partout, l'avenir incertain, grande impression de la fatalité. Glaucus est à la fois la couleur et le bruit de la mer, le flot qui blanchit, le reflet du ciel sur le dos des vagues, le vent du soir qui prédit la tempête du lendemain, le mouvement du plongeur, les formes rabougries de l'homme de mer, les désirs impuissants, les tristes retours de la vie solitaire, le doute, la dispute, le désespoir, le long ennui d'une certitude s'épuisant contre le sophisme, et la triste immortalité qui ne peut ni s'assurer ni se délivrer d'elle-même ; énigme pénible, écho de ce sentiment mélancolique qui parle à l'homme de son origine inconnue et de sa destinée divine, vérité que pour son malheur il lui est impossible de prouver, car elle est supérieure à l'entendement, et l'homme ne saurait ni la démontrer ni s'y soustraire.

On sent combien ces aperçus délicats et à peine saisissables, ces restes d'impressions fugitives durent paraître inintelligibles à un âge de réflexion plus avancée. Souvent, les anciens éprouvèrent devant leur mytholo-

gie le même embarras que nous éprouvons nous-mêmes. On voulut trouver de la réalité dans de vagues images, donner du corps à des songes. Or, tel était le caractère indécis des fables antiques, que chacun pouvait y trouver ce qu'il y cherchait. Les uns adoptèrent le système platement impie d'Évhémère, qui expliquait toutes les traditions merveilleuses par des faits historiques. Les autres, pénétrés d'une philosophie plus élevée, cherchèrent dans les mythes une traduction symbolique de cette philosophie. Les dieux de la naïve antiquité, participant aux besoins et aux plaisirs des hommes, mangent et boivent. — Cela signifie, dit Proclus, qu'ils créent sans cesse par le mélange du fini et de l'infini : l'ambroisie, aliment solide, représente le fini ; le nectar, aliment liquide, figure l'infini.—Uranus, Saturne et Jupiter sont, pour Plotin, les trois principes du monde intelligible, l'*un*, l'*intelligence* et l'*âme*. Jupiter engendrant Vénus, c'est l'âme universelle se produisant au dehors. Saturne dévorant ses enfants, c'est l'intelligence dont la loi est de rentrer sans cesse en elle-même. Tout fut ainsi allégorie et métaphore. Les fleurs écloses au soleil des premiers jours, les charmants enfantillages de la conscience naissante devinrent, entre les mains du pédantisme philosophique, des énigmes froides et sans grâce. S'il est un mythe où se soit conservée, de la manière la plus transparente, à travers l'enveloppe anthro-

pomorphique, la trace du culte primitif de la nature, c'est, sans contredit, celui des nymphes. A peine est-il nécessaire de changer leurs noms et leurs attributs pour retrouver les sources et les eaux courantes dans ces divinités fraîches, vives, délicates, sautillantes, rieuses, tantôt visibles, tantôt invisibles, qui s'élancent au milieu des rochers, en chantant et tournoyant comme des enfants, dont la voix est douce et mystérieuse, qui ne dorment jamais, qui filent de la laine teinte en vert de mer ou tissent des étoffes purpurines entre les rochers, déesses compatissantes qui guérissent des maladies, et qui parfois ravissent et tuent. Voilà pourtant d'où Porphyre tirera, dans son *Antre des Nymphes*, toute une philosophie. Les *nymphes* sont les âmes ; leur *voile*, c'est le corps ; l'*antre*, c'est le monde. L'*intérieur* de l'antre figure le côté sensible, obscur ; l'*extérieur*, le côté intelligible, lumineux, etc.

Le défaut essentiel du système de M. Creuzer est d'avoir trop envisagé le paganisme dans cette forme mystique et philosophique. C'est comme si, avec les ouvrages de l'école néo-catholique, on prétendait reconstituer la théorie du christianisme primitif. Le mythe n'a réellement toute sa signification qu'aux époques où l'homme croit vivre encore dans un monde divin, sans notion bien arrêtée des lois de la nature. Or, longtemps avant la fin du paganisme, cette naïveté pre-

mière avait disparu. Le surnaturel n'était plus que le *miracle*, c'est-à-dire une dérogation apportée par la divinité à un ordre établi : conception radicalement différente de celle de l'homme primitif, pour lequel il n'y avait pas d'ordre naturel, mais un jeu continu de forces vivantes et libres. A cet âge antique, il n'y avait rien qui pût s'appeler dogme, religion positive, livre sacré. L'enfant ne dispute pas, il n'a pas besoin de solution, car il ne se pose pas de problème ; pour lui, tout est clair. L'auréole dont le monde resplendit à ses yeux, la vie déifiée, le cri poétique de son âme, voilà son culte, culte céleste, renfermant un acte d'adoration sans retour et dégagé de toute subtilité réfléchie.

C'est donc une très-grave erreur de supposer qu'à une époque reculée l'humanité ait créé des symboles afin de couvrir des dogmes, et avec la vue distincte du dogme et du symbole. Tout cela est né simultanément, d'un même bond, en un moment indivisible, comme la pensée et la parole, l'idée et son expression. Le mythe ne renferme pas deux éléments, une enveloppe et une chose enveloppée ; il est indivis. Cette question : — l'homme primitif comprenait-il ou ne comprenait-il pas le sens des mythes qu'il créait ? — est déplacée, car dans le mythe l'intention n'était pas distincte de la chose même. L'homme comprenait le mythe sans rien voir au delà, comme une

chose simple et non comme deux choses. Le langage abstrait que nous sommes forcés d'employer pour expliquer les fables antiques ne doit pas faire illusion. Nos habitudes analytiques nous obligent à séparer le signe et la chose signifiée; mais pour l'homme spontané la pensée morale et religieuse se présentait engagée dans le mythe, comme dans sa forme naturelle. L'âge primitif n'était ni grossièrement fétichiste, car tout était significatif pour lui; ni spiritualiste raffiné, car il ne concevait rien d'une manière abstraite, en dehors de l'enveloppe sensible : c'était un âge de confuse unité, où l'homme voyait l'un dans l'autre et exprimait l'un par l'autre les deux mondes ouverts devant lui.

Qu'il y ait eu dans l'antiquité des allégories proprement dites, des personnifications d'êtres moraux, tels que Hygie, la Victoire, la Pudicité patricienne, la Fortune des femmes, le Sommeil, etc.; qu'il y ait eu des mythes inventés ou du moins développés avec réflexion, tels que celui de Psyché; c'est ce qui est absolument incontestable. Mais une ligne profonde de démarcation existe entre ces allégories claires, simples, spirituelles, et les énigmes antiques, vraies œuvres de sphinx, où l'idée et le symbole sont entièrement inséparables. M. Creuzer a fort bien vu que le sens des symboles antiques se perdit dès une époque reculée, qu'Homère est déjà un très-mauvais théologien, que ses

dieux ne sont plus que des personnages poétiques au niveau des hommes, menant une noble et joyeuse vie partagée entre le plaisir et l'action, comme les chefs des tribus helléniques ; que les mythes les plus respectables deviennent entre ses mains de piquantes histoires, de jolis thèmes de récits empreints d'une couleur tout humaine. Était-il néanmoins en droit d'en conclure qu'avant l'âge de l'épopée, il y eut un grand âge théologique, durant lequel la Grèce faillit devenir un pays sacerdotal, avec une religion profonde, des symboles vénérés, des institutions hiérarchiques et un fonds de monothéisme venu de l'Orient? Nous ne le pensons pas. Que l'on dise tant qu'on voudra que la période hellénique fut une décadence religieuse, un triomphe du héros et du poëte sur le prêtre, d'une religion populaire, claire, facile, mais vide de sens, laïque en un mot, sur les arcanes sacerdotaux : il ne suit pas de là que les Pélasges aient eu une théologie arrêtée, une symbolique savante, un sacerdoce organisé. « Toujours on part, dit Ottfried Müller, de cette supposition, qu'un poëte, un sage plus ancien aurait, avec préméditation, enveloppé des idées claires de symboles et de mythes allégoriques qui, plus tard, auraient été pris pour des faits réels et développés sous la forme historique. Mais l'époque dont il s'agit se représentant toutes les relations de la divinité, de la nature et de l'homme comme

autant de personnes à part, autant d'actes significatifs, ce que nous appelons méprise ou malentendu existait dans le principe au cœur du mythe lui-même, et n'y est pas venu du dehors. »

Ce serait une exagération aussi contraire à la vérité de l'histoire qu'à la saine notion de la nature humaine de prétendre que la religion hellénique fût complètement dépourvue d'organisation sacerdotale et dogmatique. Les oracles, celui de Delphes en particulier, étaient comme une révélation permanente et respectée même de la politique qui s'en servait. Qu'est-ce que la *Théogonie* d'Hésiode, si ce n'est un premier rudiment de théologie nationale, un essai pour organiser la cité des dieux et leur histoire, comme les tribus et les cités de la Grèce tendaient d'elles-mêmes à s'organiser en un corps de nation? Le nom d'Orphée servit, on n'en peut douter, à couvrir une tentative du même genre. Les mystères concentrèrent plus tard dans leur sein les éléments de la vie religieuse la plus développée. Il faut avouer néanmoins que la destinée de la Grèce ne l'appelait pas à être un pays hiératique. Toutes les grandes révolutions de la Grèce, les conquêtes successives des Hellènes, des Héraclides, des Doriens, sont autant de triomphes de l'esprit laïque, autant de soulèvements de l'énergie populaire contre une forme sacerdotale imposée. Le prêtre, relégué dans le temple, sera désor-

mais peu de chose : le poëte n'a plus rien de commun avec lui. Dans Homère, le poëte nous apparaît sans cesse exalté aux dépens des sacrificateurs et des devins. Là est le charme du monde homérique : c'est le réveil de la vie profane, la liberté qui s'épanouit au plein soleil, l'humanité sortant des hypogées et secouant son sommeil pour s'élancer dans le champ de l'activité guerrière et se jouer dans les mille aventures de la vie héroïque. La même révolution s'opère dans l'art. L'art hiératique, limité dans ses types, sacrifiant la forme au sens, le beau au mystique, fait place à un art plus désintéressé, dont le but est d'exciter le sentiment de la beauté et non celui de la sainteté. L'Inde ne croit pouvoir mieux faire, pour relever ses dieux, que d'entasser signes sur signes, symboles sur symboles; la Grèce, mieux inspirée, les façonne à son image, comme Hélène, pour honorer la Minerve de Lindos, lui offrit une coupe d'ambre jaune faite sur la mesure de son sein.

Sans doute le symbolisme perdit quelque chose à cette transformation. La Vénus pudique des premiers âges avait un caractère plus sacré que la courtisane déifiée qui trôna sur les autels quand Praxitèle eut fait tomber avec les plis de sa robe cet air de retenue qui révélait encore la déesse. Aussi conçoit-on que, par un sentiment fort commun aux époques de décadence religieuse, les dévots des derniers temps du paganisme se

soient épris d'une admiration rétrospective pour les formes roides de l'art hiératique. De nos jours, l'art grossier du moyen âge paraît aussi à plusieurs personnes la forme véritable de l'art religieux : on ne peut nier en effet que le mystère chrétien, en tant que mystère, ne soit beaucoup mieux compris par Giotto et le Pérugin que par Léonard de Vinci et Titien. M. Creuzer exagère pourtant une idée juste à quelques égards, quand il voit une décadence, un contre-sens sacrilége, dans la transformation par laquelle on dépouilla les dieux de leur signification physique supérieure pour en faire des personnages purement humains. Il serait facile de montrer que, même au point de vue religieux, ce fut là un véritable progrès. Phidias n'était pas un impie, comme on voudrait le faire croire, parce qu'il cherchait dans sa propre pensée et non dans la tradition le type de son Jupiter. Des témoignages respectables nous attestent au contraire que cette modification de l'art correspondit à une renaissance religieuse et contribua à réchauffer la piété dans les âmes. On estimait malheureux ceux qui mouraient sans avoir vu l'image du Jupiter Olympien, et on croyait que quelque chose manquait à leur initiation religieuse, parce qu'ils n'avaient pas contemplé la plus haute réalisation de l'idéal. La forme humaine n'est-elle pas le plus expressif des symboles? Dira-t-on que les canopes, les dieux-vases, les

nains emmaillottés de l'âge cabirique étaient plus significatifs que les dieux éclos du ciseau de Praxitèle et de Phidias? Il faut se rappeler d'ailleurs que la Grèce saisissait entre les formes humaines et les idées pures mille analogies qui nous échappent, et que, le sens de la nature réelle lui faisant défaut, tout se transfigurait à ses yeux en êtres vivants. Le pays qui éleva Philippe de Crotone au rang des demi-dieux, parce qu'il était le plus beau des Hellènes de son temps, est le même qui, pour exprimer la campagne, représentait un faune ; qui, pour signifier une fontaine, au lieu d'ombre, d'eau, et de verdure, figurait une tête de femme avec des poissons autour de ses cheveux, et qui ne trouvait pas de meilleure épithète à donner à un fleuve que celle de καλλιπάρθενος (aux belles vierges), en vue de la blancheur des flots, lesquels, pour son imagination, se résolvaient en jeunes filles.

II

L'erreur principale de M. Creuzer était écrite dans le titre de son livre. Il est trop *symbolique*. Toujours préoccupé de théologie et d'institutions sacerdotales, méconnaissant le côté naïf et vulgaire de l'antiquité, il cherche

des idées abstraites et dogmatiques dans des créations légères où il n'y avait bien souvent que les joyeuses folies de l'enfance. Persuadé que la religion grecque a dû avoir comme les autres un âge hiératique, et ne rencontrant point ce caractère dans les œuvres spontanées du génie grec, il se rejette sur les colonies et les influences venues de l'Orient. A cette double exagération correspondirent dans le mouvement des études mythologiques en Allemagne deux réactions : à l'excès du symbolisme s'opposa une école toute négative et anti-symbolique, représentée par Voss, G. Hermann et Lobeck; à l'abus des influences orientales s'opposa l'école purement hellénique de MM. Ottfried Müller, Welcker et autres.

J. H. Voss fut sans contredit le plus rude adversaire que rencontra d'abord la *Symbolique*. Protestant zélé et partisan déclaré du rationalisme, il crut voir dans l'œuvre du docteur Creuzer une dangereuse tendance vers les doctrines mystiques qui germaient alors en Allemagne. Ce livre, que bien des consciences timorées regardent en France comme d'une intolérable hardiesse, fut considéré dans l'Allemagne de 1820 comme un manifeste catholique, une apologie du sacerdoce et de la théocratie. Quelques conversions qui eurent assez d'éclat, en particulier celle du comte Frédéric de Stolberg, vinrent fortifier les alarmes de Voss sur les dan-

gers de la ligue qu'il supposait s'être formée entre le système symbolique et le prosélytisme romain. Il crut voir dans M. Creuzer un agent déguisé des jésuites et entreprit l'examen de son livre dans sept numéros consécutifs de la *Gazette littéraire d'Iéna* (mai 1821). Le ton acerbe de cette critique indigna les amis de M. Creuzer. L'auteur de la *Symbolique* répondit aux diatribes de Voss par un petit écrit où il refusait dédaigneusement d'entrer en discussion avec un adversaire incapable de concevoir l'esprit de ses théories, pour l'intelligence desquelles le sentiment et le goût poétique étaient aussi nécessaires que l'érudition et l'analyse. Voss revint à la charge et publia en 1824, à Stuttgart, son *Anti-symbolique*, pamphlet érudit, rempli des plus affligeantes personnalités. De toutes parts on se récria contre une polémique aussi violente ; M. Creuzer crut devoir garder le silence.

La *Symbolique* trouva dans M. Lobeck un adversaire plus mesuré dans les formes, mais non moins exclusif. Son *Aglaophamus* (1829) est la négation la plus complète du système de M. Creuzer. Jamais la critique ne courut plus rapidement d'un pôle à l'autre ; jamais des qualités et des défauts opposés n'établirent entre deux hommes une dissonance plus absolue. Égaré par l'exégèse néoplatonicienne, M. Creuzer a supposé la haute antiquité beaucoup plus mystique qu'elle n'était en effet ; esprit po-

sitif, analytique, convaincu que l'horreur du mysticisme est le commencement de la sagesse, M. Lobeck semble prendre plaisir à la trouver insignifiante. Partout où M. Creuzer a voulu chercher une pensée honnête et morale, des rites saints et respectables, M. Lobeck ne voit que des bouffonneries obscènes et des enfantillages. L'ancienne religion pélasgique, où M. Creuzer a cru découvrir une émanation du symbolisme oriental, n'est, aux yeux de M. Lobeck, qu'un fétichisme absurde et grossier; ces mystères, restes, selon M. Creuzer, d'un culte pur et primitif, ne sont pour M. Lobeck que des jongleries analogues à celles des loges maçonniques. Plein d'une sainte indignation contre ce que Voss appelait les *ordures allégoriques*, les *mensonges de Platon*, il repousse hautement toute interprétation portant un cachet religieux. M. Creuzer, entraîné par sa vive imagination, dépasse sans cesse les bornes de ce qu'il est permis de savoir. M. Lobeck n'est jamais plus heureux que quand il peut nier et montrer à ses devanciers qu'ils ont trop affirmé. Aucun mythologue ne l'a égalé pour la critique des textes originaux; mais s'il rapproche les textes, ce n'est pas pour en faire sortir la lumière, c'est pour les briser les uns contre les autres, et montrer qu'il ne reste que des ténèbres. La conclusion de son livre est qu'on ne sait rien sur les religions antiques, et qu'il n'y a pas même lieu à conjecturer. Ses

attaques, d'ailleurs, ne s'arrêtent pas aux religions de l'antiquité. Ce n'est pas seulement envers Éleusis et Samothrace que M. Lobeck se montre irrévérencieux et railleur. Toute forme religieuse supposant hiérarchie et mystères, tout ce qui de près ou de loin ressemble au catholicisme lui est antipathique. Impitoyable pour les superstitions populaires, il l'est bien plus encore pour les interprètes qui veulent y trouver un sens élevé. La religion et la philosophie n'ont, selon lui, rien à faire ensemble; les néo-platoniciens sont d'impudents faussaires, qui n'ont réussi qu'à détruire la physionomie de la religion ancienne, sans la rendre plus acceptable. A quoi bon chercher à n'être qu'à moitié absurde? A quoi bon suer sang et eau pour trouver un sens à ce qui n'en a pas?

Si M. Lobeck possède éminemment les facultés du critique, il faut reconnaître qu'il manque d'un sens pour l'interprétation mythologique, le sens des choses religieuses. On dirait vraiment, en le lisant, que l'humanité a inventé les religions comme elle a inventé les charades et les logogriphes, pour se jouer d'elle-même. M. Lobeck croit triompher en démontrant que la religion ancienne n'était qu'un tissu d'anachronismes et de contradictions, qu'on ne saurait trouver deux mythographes qui soient d'accord entre eux sur les dates, les lieux, les généalogies; mais, en vérité, qu'a-t-il prouvé

par là? Une seule chose, c'est que la mythologie ne doit pas être traitée comme une réalité, que la contradiction est de son essence. Or, c'est précisément pour cela que la critique a mauvaise grâce quand elle demande de l'histoire à ce qui n'est point historique, et de la raison à ce qui ne se propose pas d'être raisonnable.

Certes il est bon qu'il y ait des esprits de la trempe de celui de M. Lobeck; mais ce qu'il importe de maintenir, c'est qu'une telle méthode ne saurait satisfaire ni le philosophe ni le critique. On ne prouve rien en attaquant la religion avec l'esprit positif, car la religion est d'un autre ordre. Le sentiment religieux porte en lui-même sa certitude, que la raison ne saurait ni fortifier ni affaiblir. Il est superflu de reprocher aux religions les absurdités qu'elles peuvent offrir au point de vue du sens commun : c'est vouloir argumenter l'amour, et prouver à la passion qu'elle est bien peu raisonnable. Si le drame d'Éleusis était représenté devant nous, il nous ferait probablement l'effet d'une misérable parade. Et pourtant douterez-vous de la véracité des mille témoins qui attestent les effets consolants et l'efficacité morale de ces saintes cérémonies? Pindare parlait-il sérieusement ou non, quand il disait des mystères de Cérès : « Heureux qui, après avoir vu ce spectacle, descend dans les profondeurs de la terre! Il sait la fin de la vie, il en sait la divine origine? » Andocide plaisantait-il à la face des Athéniens

quand, pour les exhorter à la gravité et à la justice, il leur disait : « Vous avez contemplé les rites sacrés des déesses, afin que vous punissiez l'impiété et que vous sauviez ceux qui se défendent de l'injustice? » Le protestant sincère n'éprouve devant les cérémonies catholiques qu'un sentiment d'indifférence ou de répulsion, et pourtant ces rites sont pleins de charmes pour ceux qui y sont habitués depuis leur enfance. Voilà pourquoi toute expression méprisante et légère est déplacée quand il s'agit des pratiques d'une religion. Rien ne signifie par soi-même, et l'homme ne trouve dans les objets de son culte que ce qu'il y met. L'autel sur lequel les patriarches sacrifiaient à Jéhova n'était matériellement qu'un tas de pierres ; et pourtant, envisagé dans sa signification religieuse, comme symbole du Dieu abstrait et sans forme de la race sémitique, ce tas de pierres valait un temple de la Grèce. Il ne faut pas demander raison au sentiment religieux. L'esprit souffle où il veut. S'il lui plaît d'attacher l'idéal à ceci, à cela, qu'avez-vous à dire ?

Pendant que le sceptique professeur de Kœnigsberg déployait toutes les ressources de son érudition et de sa critique pour dépouiller les dieux de leur auréole et déprécier le secret des mystères, la science mythologique aspirait de plus en plus à s'asseoir sur la base désintéressée de l'histoire, à égale distance des velléités

mystiques de M. Creuzer et des préjugés anti-religieux de M. Lobeck. Buttmann, Vœlcker, Schwenck, par la philologie et l'étude des textes; Welcker, Gerhard, Panofka, par l'archéologie et l'étude des monuments, essayaient de saisir entre ces préoccupations diverses l'exacte nuance de la vérité. Tous ou presque tous s'accordent à reconnaître contre M. Creuzer l'originalité de la mythologie grecque. Tous s'accordent à rejeter comme un blasphème cette proposition, que jamais la Grèce ait été une province de l'Asie, que le génie grec, si libre, si dégagé, si limpide, doive quelque chose au génie obscur de l'Orient. Sans doute, les populations primitives de la Grèce et de l'Italie, comme toutes les branches de la famille indo-européenne, conservèrent dans leurs idées religieuses, aussi bien que dans leur langue, les traits communs de la race à laquelle elles appartenaient, et cette parenté primitive se reconnaît encore dans de frappantes similitudes[1]; mais là n'est point la question, car ces principes identiques, que tous les peuples de la grande race emportèrent avec eux comme leur provi-

[1] Des découvertes capitales, fondées principalement sur l'étude des Védas, ont répandu sur ce point un jour nouveau et inattendu. Nous voulons parler des travaux de Kuhn, Aufrecht, A. Weber, Roth, travaux encore à peine connus en France, et auxquels il convient de joindre les ingénieux aperçus de M. le baron d'Eckstein. Ces belles recherches amèneront dans l'étude des mytholo-

sion de voyage, se retrouvent également chez les Germains, les Celtes, les Slaves, que l'on ne songe point à placer sous la tutelle de l'Orient. Ce qu'il importe de maintenir, c'est l'indépendance du développement de l'esprit hellénique dans ses parties essentielles; c'est qu'à part l'étincelle première et quelques emprunts d'importance secondaire, la Grèce ne doit rien qu'aux dieux, à ses mers, à son ciel, à ses montagnes; c'est que ce coin privilégié du monde, cette divine feuille de mûrier jetée au milieu des mers, vit éclore pour la première fois la chrysalide de la conscience humaine dans sa naïve beauté. Voilà pourquoi la Grèce est vraiment une Terre Sainte pour celui dont la civilisation est le culte; voilà le secret de ce charme invincible qu'elle a toujours exercé sur les hommes initiés à la vie libérale. Les vraies origines de l'esprit humain sont là; tous les nobles de l'intelligence y retrouvent la patrie de leurs pères.

A la tête de cette école exclusivement hellénique [1] se

gies une révolution analogue à celle qu'a produite dans l'étude des langues la découverte de la méthode comparative, je veux dire la création d'une *mythologie comparée*, où les religions seront classées par races et par familles, et où la transformation des mythes primitifs se laissera décrire par des procédés vraiment organiques et dans lesquels l'arbitraire n'aura aucune part. Voir surtout, comme répertoire de ces travaux encore fragmentaires, le *Journal pour la philologie comparée* de MM. Kuhn et Aufrecht.

[1] Nous pouvons dire maintenant *trop exclusivement hellénique*.

place l'homme rare que le soleil de Delphes enleva trop tôt à la science, et qui, dans une vie de quarante années, sut indiquer ou résoudre avec une merveilleuse sagacité les problèmes les plus délicats de l'histoire des races helléniques : je veux parler d'Ottfried Müller. Tout en admettant, comme M. Creuzer, un culte mystérieux chez les populations les plus anciennes de la Grèce, M. Müller se sépare profondément du chef de l'école symbolique, en rejetant l'hypothèse surannée des colonies orientales, et en niant la couleur sacerdotale et théologique de ces cultes primitifs. La religion des Pélasges fut le culte de la nature embrassé surtout par les sens et l'imagination. La *Terre-Mère* (*Da-Mater*) et les divinités *chthoniennes*, telles que Perséphoné, Hadès, Hermès, Hécate, dont le culte se continua dans les mystères, étaient les dieux des tribus thraces et pélasgiques, auxquelles les Hellènes empruntèrent leurs croyances mythologiques pour les transformer, selon leur manière de concevoir plus morale et moins cosmique. Ces cultes ne furent ni une révélation primitive, ni une institution apportée de

Car Ottfried Müller, en rejetant avec raison les influences orientales dans le sens vague que M. Creuzer donnait à ce mot, méconnaît aussi les liens incontestables qui rattachèrent primitivement les traditions religieuses des Grecs à celles des peuples de l'Asie appartenant à la souche indo-européenne. Il est vrai que les faits qui ont mis ces relations en évidence n'étaient guère connus à l'époque d'Ottfried Müller.

l'étranger, mais bien l'expression du génie, des mœurs, de la vie politique de chacune des peuplades de la Grèce. La distinction des races devint aussi entre les mains d'Ottfried Müller la base de l'explication mythologique. De là ces excellentes monographies des *Doriens*, des *Minyens*, des *Etrusques*, ces recherches si délicates sur la nationalité de chaque dieu et ses conquêtes successives. La lutte d'Hermès et d'Apollon est la lutte des vieilles divinités rustiques de l'Arcadie contre les dieux plus nobles des conquérants ; l'infériorité des races vaincues se montre dans le rang subalterne de leurs dieux ; admis par grâce dans l'Olympe hellénique, ils n'y montent jamais bien haut, et n'arrivent qu'à être les hérauts et les messagers des autres. Qu'est-ce qu'Apollon, en effet, si ce n'est l'incarnation du génie dorien? Rien de mystique dans son culte, rien d'orgiastique, rien de cet enthousiasme sauvage qui caractérise les cultes phrygiens. Ennemi des dieux industrieux et agricoles des Pélasges, ce type idéal du Dorien n'a pour mission ici-bas que celle du guerrier, se venger, protéger et punir : le travail est au-dessous de lui. Qu'est-ce qu'Artémis, de son côté, si ce n'est la personnification féminine du même génie, la vierge dorienne qu'une mâle éducation a rendue l'égale des hommes, chaste, fière, maîtresse d'elle-même, n'ayant besoin ni de protecteur ni de maître? Que nous sommes loin de ces

dieux pélasgiques, à peine dégagés de l'univers, couverts de suie et de fumée, comme s'ils venaient de sortir des officines de la nature, étalant sans vergogne leur naïve obscénité! Ici ce sont des dieux immaculés, exempts d'efforts et de peine; les phénomènes physiques ne forment plus le canevas des mythes divins; l'humanité prend définitivement le dessus.

Doué d'une admirable intuition historique, d'un esprit juste et fin, Ottfried Müller avait tracé la voie pour une véritable mythologie scientifique, et l'on peut croire que, sans le déplorable accident qui l'enleva si jeune à la science [1], il eût corrigé ce qu'il y avait dans sa première manière d'un peu trop arrêté. Telle est la fluidité et l'inconséquence des mythes antiques qu'aucun système exclusif n'y est applicable, et qu'on ne peut se permettre une affirmation en matière si délicate qu'à condition de la faire suivre de restrictions sans nombre, qui retirent à peu près tout ce qu'on avait affirmé d'abord. Que l'on dise, par exemple : — Apollon est un dieu dorien, Apollon n'offre d'abord aucun caractère solaire, — rien de mieux, si l'on ne prétend énoncer par là qu'un à-peu-près, un trait général. Autrement, M. Creuzer vous montrera que l'identité d'*Hélios* et

[1] Il mourut à Athènes en 1849, des suites d'un coup de soleil qu'il avait reçu en visitant les ruines de Delphes.

d'Apollon, pour n'être pas d'abord aussi apparente qu'elle le fut plus tard, n'en existait pas moins dans le fond des idées grecques, et que les flèches de l'archer divin sont aussi les rayons de l'astre qui darde la vie et la mort. Hélas! le malheureux Ottfried devait en ressentir la fatale influence. « L'infortuné, écrivait M. Welcker au traducteur de la *Symbolique*, il avait toujours méconnu la divinité solaire d'Apollon; fallait-il que le dieu se vengeât en lui faisant sentir, des ruines mêmes de son temple, combien ses traits sont encore redoutables pour qui ose les braver! »

M. Preller[1], à bien des égards, peut être considéré comme le continuateur de la méthode d'Ottfried Müller. —A ses yeux aussi l'élément mystique de la religion grecque appartient aux Thraces et aux Pélasges. L'idée fondamentale du culte pélasgique était l'adoration de la nature envisagée comme vivante et divine, de la terre et surtout des divinités chthoniennes. En opposition avec le naturalisme des Pélasges, M. Preller place l'anthropomorphisme des Hellènes, représenté par l'âge homérique, où se fonda d'une manière définitive la mythologie nationale et populaire; mais, quand le torrent de cette époque guerrière se fut écoulé, au siècle de Solon et de Pisistrate, il y eut comme une

[1] *Demeter und Persephone* (Hambourg, 1837).

réaction en faveur des anciens cultes, qui s'exprima par deux formes, l'*orphisme* et les *mystères*, toutes deux assez modernes, toutes deux mêlées de quelque charlatanisme, toutes deux relevées plus tard avec empressement par les néo-platoniciens.

La distinction des époques est ainsi la base des études de M. Preller ; les dieux ont leur chronologie comme leur nationalité. En général, l'antiquité se fatiguait vite de ses symboles ; un culte n'en avait guère pour plus de cent ans ; la mode, comme de nos jours, était pour beaucoup dans la dévotion. La religion, étant un des produits vivants de l'humanité, doit vivre, c'est-à-dire changer avec elle. Sont-ce les saints de plus vieille date et de meilleur aloi qui, dans nos églises, jouissent de plus de faveurs, qui reçoivent le plus de vœux et de prières ? La Grèce, à cet égard, se donnait pleine carrière, et bien souvent traitait ses dieux, non selon leurs mérites et leur ancienneté, mais selon leur jeunesse et leur bonne grâce. Le moindre dieu venant de l'étranger était sûr d'obtenir bientôt plus de vogue que ceux qui avaient pour eux la plus longue possession. C'est ainsi que les Cabires, nains difformes de Samothrace, furent relégués à leurs forges et à leurs soufflets. Presque toutes les divinités pélasgiques éprouvèrent des affronts de cette espèce. Le vieux Pan entre à grand'peine dans le cortége d'un jeune dieu fort à la mode, Dionysos.

Hermès, le grand dieu pélasgique, est réduit à garder le coin des routes et à montrer le chemin aux voyageurs, engagé dans sa gaîne. L'honnête Vulcain, ce consciencieux travailleur, ne monte dans l'Olympe que pour essuyer les coups de pied de Jupiter, les rebuffades de Vénus, lui si serviable, si laborieux. Tous ces dieux antiques d'un peuple industrieux,—dieux forgerons, dieux agricoles, dieux pasteurs, divinités tristes, sérieuses, utiles, peu favorisées des grâces,—deviennent des demi-dieux, satellites ou serviteurs de dieux plus nobles. En général, les *héros* représentent des dieux étrangers qui n'ont pas su prendre rang parmi les divinités nationales, ou les divinités déclassées qui ne vivent plus que dans les superstitions populaires. Rarement, en effet, les dieux détrônés l'étaient sans compensation. Les nouveaux cultes ne détruisaient pas les cultes antérieurs, mais les rejetaient dans l'ombre; plus souvent encore ils se les assimilaient, en devenant comme de vastes creusets où les mythes et les attributs des dieux plus anciens se fondaient sous un nom nouveau. Ainsi les mythes de Cérès et de Proserpine absorbèrent presque tous les autres; ainsi les mystères sabaziens de Phrygie firent fortune en se greffant sur ceux de Bacchus.

Ce fut surtout lors de l'invasion des mystères sabaziens, vers le viie siècle avant notre ère, que se manifesta chez les Grecs cette singulière curiosité pour les

rites étrangers, que saint Paul, en excellent observateur, donne comme un des traits de leur caractère [1]. Les cultes d'Attis, de Cybèle, d'Adonis, avec leurs bruyantes orgies, leurs clameurs, leur génie sauvage et licencieux, surprirent le goût si pur de la Grèce. Il y eut surtout un dieu mort, Zagreus, qui fit tout d'abord une prodigieuse fortune. C'était Dionysos lui-même, le dieu toujours jeune, que l'on supposait frappé dans sa fleur, comme Adonis, et qu'on honorait d'un culte sanglant. Repoussés avec dégoût par les gens d'esprit et les hommes honnêtes, ces cultes furent exploités par de grossiers charlatans (*mystes, métragyrtes, orphéotélestes, théophorites*), imitateurs des honteuses dépravations des sacerdoces phrygiens, qui couraient les rues et les carrefours, et faisaient leurs dupes dans la foule crédule. Ils remettaient les péchés pour quelque argent, trafiquaient des indulgences, composaient des philtres et guérissaient les maladies. « Après les quêteurs de la mère des dieux, dit un des interlocuteurs du *Banquet* d'Athénée, par Jupiter! c'est la plus détestable engeance que je connaisse. »

Ainsi se trouve réduite à sa juste valeur l'influence orientale que M. Creuzer avait si fort exagérée. Si l'on fait abstraction des origines, cette influence ne s'exerce

[1] *Actes des Apôtres*, ch. XVII, v. 22.

qu'à une date relativement moderne, et signale une dégradation bien plutôt qu'un progrès des cultes helléniques. L'élément barbare ne se glisse d'abord qu'en prenant l'apparence et la couleur du mythe grec. Plus tard, les cultes étrangers ne se donneront plus la peine de changer de vêtement. Isis, Sérapis, Mithra viendront trôner en pleine Grèce, sous leur accoutrement exotique, comme pour préluder à ces monstrueux amalgames où les superstitions de l'Orient et celles de l'Occident, les excès du sentiment religieux et ceux de la pensée philosophique, l'astrologie et la magie, la théurgie et l'extase néo-platonicienne semblent se donner la main.

Tout le progrès des études mythologiques, depuis M. Creuzer, s'est borné, on le voit, à distinguer les temps, les lieux et les races que l'illustre auteur de la *Symbolique* avait trop souvent confondus. M. Creuzer fait l'histoire du paganisme de la même manière que l'ancienne école faisait l'histoire du christianisme, c'est-à-dire comme d'un corps de doctrines toujours identiques et traversant les siècles sans autres vicissitudes que celles qui proviennent des circonstances extérieures. Or, si la critique moderne nous a révélé quelque chose, c'est que, dans l'infinie variété des temps et des lieux, il n'y a rien d'assez stable pour être ainsi tenu fixement sous le regard, et que l'histoire de l'esprit hu-

main, pour être sincère, doit offrir le tableau d'une éternelle mobilité.

III

En présence d'un aussi riche mouvement d'études, la méthode de M. Guigniaut était toute tracée. Le savant académicien eût pu ajouter un système de plus à ceux que l'Allemagne avait créés ; il aima mieux se mettre en dehors des hypothèses et se réserver la tâche plus délicate de les discuter, non en vue d'une réfutation mesquine, mais dans une intention de haute impartialité et d'intelligente conciliation. En cela il ne fit que suivre la ligne imposée à tous les esprits sérieux en France au XIXe siècle. Le caractère du XIXe siècle, c'est la critique. Que les systèmes aient été autrefois utiles et nécessaires, qu'un grand développement d'idées dans un sens donné ne se produise d'ordinaire que par la lutte d'écoles rivales, l'histoire est là pour le prouver ; mais le spectacle de l'esprit humain de nos jours établit d'une manière non moins évidente que le temps des systèmes est passé, les maîtres n'ayant plus assez d'autorité pour former école, ni les élèves assez de docilité pour accepter une direction exclusive. L'éclectisme est en ce sens la méthode obli-

gée de notre siècle et de la France en particulier. Le tempérament intellectuel de la France n'est qu'un milieu entre des qualités opposées, un compromis entre les extrêmes, quelque chose de clair, de simple, de tempéré. Ne nous en plaignons pas; car c'est peut-être, après tout, la combinaison des facultés de l'esprit à laquelle il est donné de serrer de plus près la vérité. Les écoles sont dans la science ce que les partis sont en politique : chacune a raison à son tour, et il est impossible à l'homme éclairé de se renfermer dans l'une d'elles assez exclusivement pour fermer les yeux à ce que les autres contiennent de raisonnable.

C'est surtout vers les questions relatives au culte et aux mystères que M. Guigniaut a cru devoir diriger les efforts de sa critique. Ces questions en effet sont par un certain côté beaucoup plus importantes que celles qui concernent les mythes. La partie purement mythologique des religions anciennes n'avait pour l'antiquité elle-même rien de dogmatique ni de défini. Le même mythe n'est jamais présenté par deux auteurs exactement de la même manière; chacun conservait à cet égard la liberté de broder à sa guise, et d'assez bonne heure les mythes ne furent plus que des thèmes romanesques que l'artiste taillait et ajustait selon son bon plaisir. Les mystères, au contraire, paraissent avoir été la partie réellement sérieuse des religions anciennes.

Qu'était-ce donc que ces mystères autour desquels l'imagination, l'esprit de système et la fausse érudition se sont plu à rassembler les nuages ? Qu'était-ce en particulier que ces *Éleusinies* sur la majesté et la sainteté desquelles l'antiquité n'a qu'une voix ?

Le doute n'est plus permis aujourd'hui sur ce sujet ; nous pouvons presque aussi bien qu'un initié décrire les scènes diverses de ce que Clément d'Alexandrie appelle le *drame mystique d'Éleusis.* — Rappelons-nous d'abord que le nom de *mystère* a été emprunté par l'Église au langage païen, et ne craignons pas, pour en expliquer le sens original, de recourir à l'emploi que l'Église en a fait; ne craignons même pas de commettre un anachronisme en songeant aux *mystères* du moyen âge. Représentons-nous le mystère chrétien primitif, le prototype de la messe; qu'y trouvons-nous ? Un grand acte symbolique accompagné de cérémonies significatives.—Prenons le culte chrétien à une époque plus avancée de son développement, suivons les cérémonies de la semaine sainte dans une cathédrale du moyen âge; qu'y voyons-nous encore? Un drame mystique, des rites commémoratifs d'un fait historique ou considéré comme tel, des alternatives de joie et de douleur continuées durant plusieurs jours, un symbolisme compliqué, une imitation des faits qu'il s'agit de rappeler, souvent même des représentations scéniques

plus ou moins directes, où le récit divin est rendu sensible aux yeux des spectateurs.

A part l'immense supériorité du dogme chrétien, à part l'esprit de haute moralité qui pénètre sa légende et auquel rien dans l'antiquité ne saurait être comparé, peut-être, s'il nous était donné d'assister à un mystère ancien, n'y verrions-nous pas autre chose : des spectacles symboliques où le myste était acteur et spectateur à la fois; un ensemble de représentations calquées sur une fable pieuse et relatives presque toujours au passage d'un dieu sur la terre, à sa passion, à sa descente aux enfers, à son retour à la vie. Tantôt c'était la mort d'Adonis, tantôt la mutilation d'Attis, tantôt le meurtre de Zagreus ou de Sabazius. Une légende surtout prêta merveilleusement aux représentations commémoratives; ce fut celle de Cérès et de Proserpine. Toutes les circonstances de ce mythe, tous les incidents de la recherche de Proserpine par sa mère, donnèrent lieu à un symbolisme pittoresque, qui captiva puissamment l'imagination. On imitait les actes de la déesse, on entretenait en soi les sentiments de joie ou de douleur qui avaient dû successivement l'animer. C'était d'abord une longue procession entremêlée de scènes burlesques, des purifications, des veillées, des jeûnes suivis de réjouissances, des courses de nuit aux flambeaux représentant les recherches de la mère, des cir-

cuits dans les ténèbres, des terreurs, des anxiétés, puis tout à coup de splendides clartés. Les propylées du temple s'ouvraient; les mystes étaient reçus dans des lieux de délices, où ils entendaient des voix. Des changements à vue produits par des machines de théâtre ajoutaient à l'illusion; des récitations (nous en avons le type dans l'hymne homérique à Cérès) entrecoupaient le cycle des représentations. Chaque journée avait son nom, ses exercices, ses jeux, ses stations, que les mystes exécutaient de compagnie. Un jour c'était une petite guerre ou *lithobolie*, où l'on s'attaquait à coups de pierres; un autre jour, on rendait hommage à la *Mater Dolorosa (Da-mater achœa)*, probablement une statue représentant Cérès en *addolorata*, une vraie *Pietà*. Un autre jour, on buvait le *cycéon*; on imitait les plaisanteries par lesquelles la vieille Iambé réussit à égayer la déesse; on faisait des processions aux lieux voisins d'Éleusis, au figuier sacré, à la mer; on mangeait des mets déterminés; on pratiquait des rites mystiques, dont le sens presque toujours était perdu pour ceux qui les accomplissaient. Il s'y mêlait des cérémonies orgiastiques, des danses, des fêtes nocturnes, avec des instruments symboliques. Au retour, on donnait carrière à la joie; le burlesque reprenait sa place dans les *géphyrismes* ou *farces du pont*. Sitôt que les initiés étaient arrivés au pont du Céphise, les habitants

des lieux voisins, accourus de toutes parts pour voir la procession, se répandaient sur la troupe sainte en sarcasmes et en plaisanteries licencieuses, auxquels celle-ci répondait avec une égale liberté. Nul doute qu'il ne se joignît à tout cela des scènes d'un comique grotesque, des espèces de mascarades dont l'influence sur les premières ébauches de l'art dramatique se laisse apercevoir. Des cérémonies qui renfermaient un symbolisme si vague sous un réalisme si grossier avaient pour les anciens un grand charme, et laissaient une profonde impression; elles réunissaient ce que l'homme aime le plus dans les œuvres d'imagination, une forme très-déterminée et un sens peu arrêté. Leur vogue dépendait en grande partie de la manière dont elles étaient exécutées, et ce fut par une magnificence exceptionnelle que les mystères d'Éleusis effacèrent tous les autres et excitèrent l'envie du monde entier.

Tels étaient donc les mystères. On ne peut dire qu'ils fussent tout à fait mystiques, dans l'acception qu'adopte M. Creuzer, ni tout à fait vides de sens, comme le veut M. Lobeck. Il n'y faut chercher ni une révélation supérieure, ni un haut enseignement moral, ni une profonde philosophie. Le symbole y était sa propre fin à lui-même. Croira-t-on que les femmes qui célébraient les Adonies pensaient beaucoup au sens mystérieux des actes qu'elles accomplissaient? Tout est-il expliqué

quand on a dit qu'Adonis est le soleil, parcourant durant six mois les signes supérieurs du zodiaque et durant six mois les signes inférieurs; que le sanglier qui le fait périr est l'hiver; qu'il est lui-même, par un autre côté, la végétation annuelle avec ses diverses périodes de floraison et de fanaison, etc.? On peut douter que ces considérations abstraites eussent eu pour les femmes grecques tant de charmes. Qu'est-ce donc qui les faisait courir en foule pour pleurer Adonis? Le désir de pleurer un jeune dieu trop vite épanoui, de le contempler couché sur son lit funèbre, épuisé dans sa fleur, la tête languissamment penchée, entouré d'oranges et de plantes d'une végétation hâtive qu'on voyait éclore et mourir, de l'ensevelir de leurs mains, de se couper les cheveux sur son tombeau, de se lamenter et se réjouir tour à tour, de savourer en un mot toutes les impressions de joies éphémères et de tristes retours groupées autour du mythe d'Adonis.

Ainsi, loin que le culte fût toujours la conséquence d'une légende mystique acceptée comme un dogme, c'était bien souvent le mythe qui se subordonnait aux instincts de la foule et y fournissait un prétexte. Il faut se rappeler d'ailleurs que le mot de *foi* n'a pris un sens que depuis le christianisme, et que, dans les questions de symbolique religieuse, il est presque indifférent pour le peuple de comprendre ou ne pas comprendre.

L'impression résulte de l'ensemble et non de l'intelligence de chaque particularité. On suit avec plaisir ces drames qui parlent aux yeux, sans s'inquiéter de leur sens métaphysique ; tout y est significatif, il est vrai, mais non pas directement. Parmi les paysans qui assistent à une messe de minuit, combien y en a-t-il qui pensent au mystère de l'incarnation ? « Aristote, dit Synésius, est d'avis que les initiés n'apprenaient rien précisément, mais qu'ils recevaient des impressions, qu'ils étaient mis dans une certaine disposition d'âme. » L'enseignement des mystères était donc une sorte d'enseignement indirect, analogue à celui que reçoit un homme simple, lorsqu'il assiste aux offices sans savoir le latin et sans pénétrer le sens de tout ce qu'il voit. C'était comme un sacrement agissant par sa vertu propre, un gage de salut conféré par des signes sensibles et des formules consacrées. Le baptême dans les premiers siècles de l'Église, bien qu'il fût ouvert à tous, conservait néanmoins les caractères d'une initiation. M. Lobeck, du reste, a fort bien montré que les conditions imposées aux initiés étaient tellement vagues et illusoires, que les mystères n'avaient plus ni privilége ni secret. C'était un vrai pêle-mêle. Pour y être admis, il suffisait d'être Athénien ou d'avoir un parrain à Athènes. Plus tard, les portes furent ouvertes à deux battants, et tous ceux qui pouvaient faire le voyage étaient initiés.

Sans s'exagérer le côté moral et philosophique des mystères, auquel, il faut l'avouer, on pensait assez peu, sans s'arrêter non plus à ce que ces pratiques auraient pour nous d'insignifiant et de fade, on ne peut nier qu'elles n'aient puissamment contribué à entretenir la tradition religieuse et morale de l'humanité. « Longtemps, dit M. Guigniaut, les mystères pacifièrent les âmes par ces augustes cérémonies, qui révélaient la destinée de l'homme dans l'histoire transparente des grandes déesses de l'initiation, et qui le rendaient digne, en le purifiant, de vivre sous leur empire et de partager leur immortalité... Il est certain que les mystères d'Éleusis en particulier eurent une influence morale et religieuse, qu'ils consolèrent la vie présente, enseignèrent à leur manière la vie à venir, qu'ils en promirent les récompenses aux initiés, sous certaines conditions, non-seulement de pureté et de piété, mais aussi de justice, et que, s'ils n'enseignèrent pas également le monothéisme, ce qui eût été la négation du paganisme lui-même, du moins ils s'en rapprochèrent autant qu'il était permis au paganisme de s'en rapprocher. Ils entretinrent, ils nourrirent dans les âmes, à titre même de mystère, de culte épuré de la nature, le sentiment de l'infini, de Dieu après tout, qui résidait au fond de la croyance populaire, mais que l'anthropomorphisme mythologique tendait sans cesse à effacer. »

C'est cependant à un autre titre, je veux dire comme ayant servi de transition entre le paganisme et la religion plus sainte qui l'a remplacé, que les mystères sont surtout dignes de fixer l'attention du philosophe et du critique. Des recherches approfondies montreraient que presque tout ce qui, dans le christianisme, ne relève point de l'Évangile, n'est que le bagage importé des mystères du paganisme dans le camp ennemi [1]. Le culte chrétien primitif n'était qu'un *mystère*. Toute la police intérieure de l'église, les grades d'initiation, la prescription du silence, une foule de particularités du langage ecclésiastique [2], n'ont pas d'autre origine. La révolution qui a détruit le paganisme semble au premier coup d'œil une rupture brusque, tranchée, absolue avec le passé, et elle fut telle, en effet, si l'on n'envisage que l'inflexibilité dogmatique et l'esprit de sévère moralité qui caractérisait la religion nouvelle; mais, sous le rapport du culte et des habitudes extérieures, le changement s'opéra par une pente insensible, et la foi populaire sauva dans le naufrage ses symboles les plus familiers. Le christianisme apporta d'abord si peu de changement dans les habitudes de la vie intime et

[1] Voir l'ouvrage de M. Creuzer, t. III, p. 774, et la note de M. Guigniaut, p. 1205.

[2] Le mot *mystère* se lit souvent dans S. Paul; celui d'*épopte* se trouve dans a 2ᵉ épître attribuée à S. Pierre.

de la vie sociale que, pour une foule d'hommes considérables du IV^e et du V^e siècle, il reste incertain s'ils furent païens ou chrétiens; plusieurs paraissent même avoir suivi une ligne indécise entre les deux cultes. L'art, de son côté, qui formait une partie essentielle de l'ancienne religion, n'eut à rompre avec presque aucune de ses traditions[1]. L'art chrétien primitif n'est réellement que l'art païen en décadence ou pris dans ses régions inférieures. Le bon pasteur des catacombes de Rome, copié de l'Aristée ou de l'Apollon Nomios, qui figurent dans la même pose sur les sarcophages païens, porte encore la flûte de Pan au milieu des quatre Saisons demi-nues. Sur les tombeaux chrétiens du cimetière de Saint-Calixte, Orphée charme les animaux; ailleurs, le Christ en Jupiter-Pluton, Marie en Proserpine, reçoivent les âmes que leur amène, en présence des trois Parques, Mercure coiffé du pétase et portant en main la verge du *psychopompe*. Pégase, symbole de l'apothéose, Psyché, symbole de l'âme immortelle, le ciel personnifié par un vieillard, le fleuve Jourdain, la Victoire, figurent sur une foule de monuments chrétiens. Qui a pu voir sans émotion ces églises

[1] C'est ce qui résulte de la collection de monuments figurés par laquelle M. Guigniaut a essayé de montrer la transition de la symbolique païenne à la symbolique chrétienne (t. IV, fig. 908 et suiv.).

de Rome composées avec des débris de temples antiques, comme les centons de Proba Falconia avec des vers de Virgile? Ainsi fait l'humanité : en assemblant de vieux fragments broyés, réduits en poussière, elle construit un nouvel édifice, plein d'originalité; pour elle l'esprit est tout, et les matériaux sont peu de chose.

Il faut donc envisager le *mystère* comme une grande transformation que subirent les religions de l'antiquité au moment où, les imaginations enfantines des premiers âges ne pouvant plus satisfaire les nouveaux besoins de la conscience, l'esprit humain souhaita une religion plus dogmatique et plus sérieuse. Le polythéisme primitif, vague, indécis, livré à l'interprétation individuelle, ne suffisait plus à une époque réfléchie. L'incrédulité épicurienne, d'une part, avait beau jeu contre ces innocentes divinités; d'un autre côté, des sentiments religieux plus élevés et plus délicats se faisaient jour aux dépens de la simplicité antique. Les aspirations au monothéisme et à une religion morale, aspirations dont le christianisme était la plus haute expression, gagnaient dans tous les sens : le paganisme lui-même ne pouvait s'y soustraire. Je n'admire que médiocrement, je l'avoue, la tentative dont Julien a porté la responsabilité aux yeux de l'histoire. Autant la mythologie primitive me paraît aimable et belle dans sa naïveté, autant ce

néo-paganisme, cette religion d'archéologues et de sophistes, était niaise et insignifiante. Le sens de la beauté, qui faisait le fonds de la religion hellénique, semble se perdre. Les dieux monstrueux de l'Orient, conçus en dehors de toute proportion, remplacent les harmonieuses créations de la Grèce. Un *Deus magnus Pantheus*, Dieu occulte et sans nom, menace de tout envahir. Le culte aboutit au sanglant taurobole, le sentiment religieux se réfugie dans des scènes d'abattoir. On a recours au sang pour apaiser des dieux irrités et jaloux : une terreur profonde semble dicter tous les vœux qui nous ont été transmis par les inscriptions[1]. Au milieu de tout cela, impossibilité absolue de fonder un enseignement moral qui, de près ou de loin, ressemble à l'homélie chrétienne.

C'est pour n'avoir envisagé la religion antique qu'à ce moment de décadence, qu'on l'a en général si mal jugée. Il faut avouer qu'à l'époque de Constantin ou de Julien le paganisme était une religion fort médiocre, et que les tentatives qu'on fit pour le réformer n'aboutirent à rien de satisfaisant. La critique toutefois ne saurait adopter sans restriction la sentence dont le vieux culte fut frappé. Si elle accepte le fond du jugement,

[1] Voir le *Journal des Savants* du mois de janvier 1850 (article de M. Hase).

elle ne peut que se récrier sur la partialité des considérants. La polémique sous laquelle succomba le paganisme fut lourde, violente, de mauvaise foi, comme toutes les polémiques. Chose étrange ! rien ne ressemble plus à l'attaque par laquelle le XVIII^e siècle crut en finir avec le christianisme. Aucun dogme n'aurait tenu contre de tels assauts. Lisez le *Persiflage* d'Hermias, les écrits de Tatien et d'Athénagore contre le paganisme; on croirait entendre Voltaire égayant ses lecteurs aux dépens des naïvetés de la Bible. Les controversistes en général, ne songeant qu'à trouver leur adversaire en défaut, cèdent trop souvent à la tentation de présenter comme ridicule la doctrine qu'ils combattent, pour se donner l'avantage de découvrir l'absurdité qu'ils y ont mise : procédé commode, car il n'est rien qui ne puisse être pris par le côté ridicule, mais procédé dangereux, car il se retourne infailliblement contre ceux qui l'emploient ! Quelques Pères de l'Église en usèrent avec une effrayante prodigalité. La plupart, s'emparant du système évhémériste, se firent une arme contre le paganisme du paganisme mal interprété; ils s'attaquèrent corps à corps aux dieux issus de la fantaisie, et triomphèrent dans ce facile combat contre des ombres. D'autres embrassèrent un système plus grossier encore, l'hypothèse démonologiste : les dieux ne furent plus que des démons; ce furent des démons qui rendirent les

oracles. « Les démons, dit Tertullien, prennent la place des dieux ; ils s'introduisent dans les statues, respirent l'encens, boivent le sang des victimes[1]. » D'autres enfin, donnant bravement la main à Lucrèce et à Épicure, déclarèrent que les mythes n'étaient que des contes frivoles, inventés à plaisir, sans but et sans signification. Il est remarquable toutefois (et cette observation ingénieuse n'a pas échappé à M. Creuzer) que les Pères nés en Orient, élevés souvent dans le respect du paganisme ou dans les écoles de philosophie, gardèrent quelque chose du sentiment délicat de la Grèce. Cette œuvre de démolition par la calomnie et le contre-sens les blessa profondément, et ils se montrent presque aussi sévères contre Évhémère que les païens honnêtes eux-mêmes. Origène et saint Grégoire de Nazianze, par exemple, apprécient souvent le paganisme avec une impartialité remarquable, et devinent sur plusieurs points les aperçus les plus délicats de la critique moderne.

Certes, on peut croire que plusieurs des reproches adressés par les Pères de l'Église au paganisme, et en particulier aux mystères, n'étaient pas sans fondement ; mais était-il équitable de ne prendre ainsi le paganisme que dans ses basses régions, dans son interprétation po-

[1] *Apologétique*, ch. 22-24.

pulaire ? Les idées religieuses les plus élevées, entre les mains des peuples sensuels, dégénèrent forcément en sensualisme et en superstition. C'est comme si l'on jugeait le catholicisme par ce que l'on a sous les yeux à Naples ou à Lorette. Le tableau des *Thesmophories* et des *Adonies*, tel que nous le trouvons dans Aristophane et Théocrite, ne présente rien de bien immoral, mais seulement quelque chose de léger et d'assez peu sérieux. L'ivrognerie est le plus grave des abus qu'on y signale; mais qui verrait à certaines heures un *pardon* de la pieuse Bretagne pourrait bien croire aussi que l'objet principal de la réunion est de boire. Les fêtes des martyrs dans l'Église primitive donnaient lieu à des scènes tout aussi peu édifiantes, contre lesquelles les Pères s'élèvent avec énergie. Quant aux symboles adoptés par le paganisme, et qui seraient à nos yeux de la plus grossière obscénité, il faut dire avec M. Creuzer : « Ce que l'homme civilisé cache avec pudeur et dérobe soigneusement au regard, l'homme simple et droit de la nature en avait fait, de nom et de figure, un symbole religieux consacré par le culte public. Avec cette foi qui met Dieu dans la nature, avec les mœurs plus libres des peuples méridionaux, surtout des Grecs, toutes ces distinctions de décent ou d'indécent, de digne ou d'indigne de la majesté divine, ne pouvaient se faire sentir. De là vient que ces peuples,

avec une innocence devenue étrangère aux Romains du temps de l'empire ainsi qu'à l'Europe moderne, admettaient dans leurs religions ces légendes sacrées que nous trouvons scandaleuses, ces emblèmes que nous taxons d'obscénité. » Il faut croire en effet que de tels emblèmes réveillaient chez les anciens des idées complétement différentes de celles qu'ils nous inspirent, puisqu'ils n'excitaient en eux que des sentiments de sainteté et de respect religieux. Quoi de plus révoltant, selon nos habitudes, que de trouver à chaque carrefour et à l'angle des chemins une borne obscène? Et pourtant cela choquait si peu les anciens, que nous voyons Hipparque faire graver sur les Hermès des sentences morales pour l'édification des passants.

Il en faut dire autant du ridicule, qui avait une si large place dans le paganisme hellénique. Les religions devant représenter de la manière la plus complète toutes les faces de l'esprit humain, et le burlesque étant un des aspects sous lesquels nous concevons la vie, le burlesque est un élément essentiel de toutes les religions. Voyez les époques et les pays religieux par excellence, le moyen âge, l'Italie, l'Espagne : quelle irrévérence! quel déluge de fabliaux sur la Vierge, les saints, Dieu lui-même! Ceux qui ont vu de près le culte italien savent combien est indécise la limite qui y sépare le sérieux du comique, et par quelle transition insensible la dévotion y confine

à la plaisanterie. Nous nous étonnons de voir sur les monuments de la grave Étrurie les scènes les plus respectables tournées en caricatures ; nous ne comprenons pas comment le peuple qui condamnait Socrate pour un soupçon d'impiété laissait Aristophane donner les étrivières à Bacchus sur la scène, et transformer Hercule en marmiton. Les peuples méridionaux, plus familiers avec les dieux que les peuples réfléchis du Nord, éprouvent de temps en temps le besoin de rire avec eux. Le sans-gêne des Napolitains envers saint Janvier n'a rien qui doive nous surprendre : il y a dix-huit cents ans, les gens de Pompeï, quand ils voulaient obtenir quelque chose de leurs dieux, stipulaient les conditions par écrit, et, pour plus d'efficacité, les menaçaient de coups de bâton.

Le monothéisme est devenu un élément si essentiel de notre constitution intellectuelle que tous nos efforts pour comprendre le polythéisme de l'antiquité seraient à peu près inutiles. Arrivé à un certain degré de son développement, l'esprit humain devient nécessairement monothéiste ; mais il s'en faut que cette conception de la divinité se retrouve également au berceau de toutes les races. Il y a des races monothéistes comme des races polythéistes, et cette différence tient à une diversité originelle dans la manière d'envisager la nature. Dans la conception arabe ou sémitique, la nature ne vit pas. Le

désert est monothéiste. Sublime dans son immense uniformité, il révéla dès le premier jour l'idée de l'infini, mais non ce sentiment d'activité féconde qu'une nature incessamment créatrice a inspiré à la race indo-européenne. Voilà pourquoi l'Arabie a toujours été le boulevard du monothéisme. La nature ne joue aucun rôle dans les religions sémitiques : elles sont toutes de la tête, toutes métaphysiques et psychologiques. L'extrême simplicité de l'esprit sémitique, sans étendue, sans diversité, sans arts plastiques, sans philosophie, sans mythologie, sans vie politique, sans progrès, n'a pas d'autre cause : il n'y a pas de variété dans le monothéisme. Exclusivement frappés de l'unité de gouvernement qui éclate dans le monde, les Sémites n'ont vu dans le développement des choses que l'accomplissement de la volonté d'un être supérieur. Dieu est, Dieu a fait le ciel et la terre : voilà toute leur philosophie. Telle n'est pas la conception de cette autre race destinée à épuiser toutes les faces de la vie, qui, de l'Inde à la Grèce, de la Grèce aux extrémités du Nord et de l'Occident, a partout animé et divinisé la nature, depuis la statue vivante d'Homère jusqu'au vaisseau vivant des Scandinaves. Pour elle, la distinction de Dieu et du non-Dieu est toujours restée indécise. Engagés dans le monde, ses dieux devaient en partager les vicissitudes : ils eurent une histoire, des générations

successives, des dynasties, des combats. Jupiter est maintenant le roi des dieux et des hommes; mais son règne ne sera pas plus éternel que celui de Cronos; Prométhée enchaîné a prédit que son art sera moins fort que le Temps, et qu'un jour il devra céder à la Nécessité.

La religion de l'antiquité était, comme la société ancienne, fondée sur l'exclusion : c'était une religion libérale et nationale; elle n'était faite ni pour l'esclave ni pour l'étranger. La première condition exigée pour l'admission aux mystères était de déclarer qu'on n'était pas barbare. L'ancienne Grèce s'était montrée bien plus exclusive encore. Là, chaque promontoire, chaque ruisseau, chaque village, chaque montagne avait sa légende. Le culte de la femme n'était pas celui de l'homme, le culte de l'homme de mer n'était pas celui de l'agriculteur, celui de l'agriculteur n'était pas celui du guerrier. Hercule et les Dioscures, pour participer aux Éleusinies, furent obligés de se faire adopter par les Athéniens. Rome prépara la grande idée de *catholicité :* tous les dieux devinrent communs à tous les peuples civilisés; mais le barbare et l'esclave étaient encore frappés d'incapacité religieuse, et ce fut une singulière nouveauté quand saint Paul osa dire : « Il n'y a plus de Juif ni de Grec, il n'y a plus d'esclave ni de maître, il n'y a plus d'homme ni de femme; car vous n'êtes tous qu'une seule chose en Jésus-Christ. »

Ce serait faire violence à nos associations d'idées les plus arrêtées que de ne pas voir en cela un progrès ; mais l'égalité s'achète toujours cher, et l'on conçoit que le parti conservateur du IV[e] et du V[e] siècle, composé d'hommes bien élevés et attachés aux traditions du passé, répétât sans cesse : « Oh ! que nos pères étaient heureux ! oh ! combien nos pères furent favorisés par le temps[1] ! » La grande vie libérale des belles époques de l'antiquité devint impossible le jour (béni pourtant soit ce jour !) où l'esclave fut regardé comme un être religieux et capable de mérite. Les dieux de l'Olympe n'étaient que pour l'homme libre ; pas un pli sur leur front, pas un rayon de tristesse ; la nature humaine toujours prise dans sa noblesse ; nul compte de la douleur. Or ceux qui souffrent veulent que leurs dieux souffrent avec eux, et voilà pourquoi, tant qu'il y aura des douleurs dans le monde, le christianisme aura sa raison d'être. Tel est le secret du divin paradoxe : Heureux ceux qui pleurent !

Loin de moi la pensée d'essayer ici un de ces parallèles où l'on est obligé d'être injuste pour le passé, si l'on ne veut être injurieux envers le présent. Le paganisme mieux compris, grâce à ce vaste ensemble de

[1] Voir le bel ouvrage de M. Beugnot sur la *Destruction du paganisme en Occident*. Paris, 1837.

travaux où la France et l'Allemagne ont si heureusement combiné leurs efforts, ne doit être entre nos mains ni une arme livrée à la polémique, ni un simple aliment offert à la curiosité. Ce qui, pour un esprit élevé, résulte du spectacle de si longues aberrations, ce n'est ni le dédain ni la pitié; c'est la conviction d'un grand fait : l'humanité est religieuse, et la forme obligée de toute religion est le symbolisme. Que le symbole soit, par sa nature, insuffisant et condamné à rester bien au-dessous de l'idée qu'il représente; que la tentative de définir l'infini et de le montrer aux yeux implique une impossibilité, — cela est trop clair pour qu'il y ait quelque mérite à le dire. Toute expression est une limite, et le seul langage qui ne soit pas indigne des choses divines, c'est le silence. Mais la nature humaine ne s'y résigne pas. Si l'homme réfléchi, en présence du mystère de l'existence suprême, arrive malgré lui à se poser cette question : Ne serait-il pas mieux de laisser là les figures et de renoncer à exprimer l'ineffable? il est certain du moins que l'humanité livrée à ses instincts ne s'est pas arrêtée à un pareil scrupule : elle a mieux aimé parler imparfaitement de Dieu que se taire; elle a mieux aimé se tracer une carte fantastique du monde divin que résister à l'invincible charme qui l'entraîne vers les régions invisibles.

Ainsi l'immense travail dont nous avons essayé d'esquisser l'histoire aboutit à une conclusion à la fois consolante et religieuse ; car si l'homme, par un effort spontané, aspire à saisir la cause infinie et s'obstine à dépasser la nature, n'est-ce pas un grand signe que par son origine et sa destinée il sort de l'étroite limite des choses finies? A la vue de ces efforts sans cesse renouvelés pour escalader le ciel, on se prend d'estime pour la nature humaine, on se persuade que cette nature est noble et qu'il y a lieu d'en être fier. Alors aussi on se rassure contre les menaces de l'avenir. Il se peut que tout ce que nous aimons, tout ce qui fait à nos yeux l'ornement de la vie, la culture libérale de l'esprit, la science, le grand art, soient destinés à ne durer qu'un âge ; mais la religion ne mourra pas. Elle sera l'éternelle protestation de l'esprit contre le matérialisme systématique ou brutal, qui voudrait emprisonner l'homme dans la région inférieure de la vie vulgaire. La civilisation a des intermittences, mais la religion n'en a pas.

L'HISTOIRE DU PEUPLE D'ISRAËL.

C'est le propre des grandes choses de se laisser embrasser à des points de vue très-divers et de s'élargir avec l'esprit humain lui-même, en sorte que chaque homme, selon son degré de culture, et chaque siècle, selon qu'il comprend plus ou moins profondément le passé, trouvent, pour des motifs différents, à les admirer. Quand les critiques de l'antiquité et ceux du XVII[e] siècle nous font part des beautés qu'ils croient découvrir dans Homère, la puérilité de leur esthétique nous étonne; nous admirons Homère autant qu'ils le faisaient, mais pour de tout autres raisons. Quand Bossuet et M. de Chateaubriand croient admirer la Bible

en admirant des contre-sens et des non-sens [1], la docte Allemagne a le droit de sourire; et pourtant l'admiration de Herder et d'Ewald, pour être mieux fondée, n'en est pas moins vive. Plus on envisagera le monde et le passé tels qu'ils sont, en dehors des conventions et des idées préconçues, plus on y trouvera de véritable beauté, et c'est en ce sens qu'on peut dire que la science est la première condition de l'admiration sérieuse. Jérusalem est sortie plus brillante et plus belle du travail en apparence destructeur de la science moderne; les pieux récits dont on berça notre enfance sont devenus, grâce à une saine interprétation, de hautes vérités, et c'est à nous qui voyons Israël dans sa réelle beauté, c'est à nous autres critiques qu'il appartient vraiment de dire : *Stantes erant pedes nostri in atriis tuis, Jerusalem!*

Si nous envisageons dans son ensemble le dévelop-

[1] « Pour sentir les beautés de la Vulgate, dit M. de Maistre, *faites choix d'un ami qui ne soit pas hébraïsant, et vous verrez comment une syllabe, un mot, et je ne sais quelle aile légère donnée à la phrase,* feront jaillir sous vos yeux des beautés de premier ordre. » (*Soirées de Saint-Pétersbourg*, vii^e entret.) Voilà, certes, une esthétique commode et qui est bien d'un gentilhomme! Voulez-vous sentir les beautés d'Homère, faites choix d'un ami qui ne soit pas helléniste, et il vous découvrira dans la traduction de M^{me} Dacier mille beautés de premier ordre, auxquelles Homère n'a jamais pensé.

pement de l'esprit hébreu, nous sommes frappés de ce haut caractère de perfection absolue qui donne à ses œuvres le droit d'être envisagées comme *classiques,* au même sens que les productions de la Grèce, de Rome et des peuples latins. Seul entre tous les peuples de l'Orient, Israël a eu le privilége d'écrire pour le monde entier. C'est certainement une admirable poésie que celle des Védas, et pourtant ce recueil des premiers chants de la race à laquelle nous appartenons ne remplacera jamais, dans l'expression de nos sentiments religieux, les Psaumes, œuvre d'une race si différente de la nôtre. Les littératures de l'Orient ne peuvent, en général, être lues et appréciées que des savants; la littérature hébraïque, au contraire, est la *Bible,* le livre par excellence, la lecture universelle : des millions d'hommes ne connaissent pas d'autre poésie. Il faut faire sans doute, dans cette étonnante destinée, la part des révolutions religieuses, qui, depuis le XVIe siècle surtout, ont fait envisager les livres hébreux comme la source de toute révélation; mais on peut affirmer que si ces livres n'avaient pas renfermé quelque chose de profondément universel, ils ne fussent jamais arrivés à cette fortune. La proportion, la mesure, le goût furent en Orient le privilége exclusif du peuple hébreu. Israël eut, comme la Grèce, le don de dégager parfaitement son idée, de l'exprimer dans un cadre réduit et achevé :

par là il réussit à donner à la pensée et aux sentiments une forme générale et acceptable pour tout le genre humain.

Grâce à cette adoption universelle, nulle histoire n'est plus populaire que celle d'Israël, et pourtant nulle histoire n'a tardé plus longtemps à être comprise. C'est le sort des littératures qui deviennent la base d'une croyance religieuse de contracter la rigidité du dogme, et de perdre leur physionomie réelle pour devenir une symbolique convenue, où l'on va chercher des arguments pour toutes les causes. De l'histoire du peuple le plus opposé à la monarchie qui ait jamais existé, Bossuet a pu tirer une justification de la politique de Louis XIV; tel autre en a conclu la théocratie; tel autre y a vu la république. L'Allemagne la première, avec ce don d'intuition historique qui lui semble spécialement départi pour les époques primitives, aperçut la vérité, et fit de l'histoire du peuple juif une histoire comme une autre, dressée non d'après des vues théologiques arrêtées à l'avance, mais d'après l'étude critique et grammaticale des textes. Le travail de l'exégèse biblique, construit pierre à pierre avec une suite merveilleuse et une incomparable ténacité de méthode, est sans contredit le chef-d'œuvre du génie allemand et le plus parfait modèle qu'on puisse proposer aux autres branches de la philologie. Déjà, plusieurs an-

nées avant la réforme, l'Allemagne s'était fait de la science de l'hébreu une sorte de domaine propre, dont elle n'a pas été depuis dépossédée. Au XVII° et au XVIII° siècle, la critique, arrêtée en France par l'esprit étroit des théologiens[1], ou égarée par l'inintelligence qui caractérise en histoire l'école de Voltaire, y fit de merveilleux progrès, et, après la génération des Michaelis, des Eichhorn, des Rosenmüller, des de Wette, des Winer, des Gesenius, on pouvait croire qu'il n'y avait plus rien à faire dans le cercle des études hébraïques.

M. Ewald cependant a prouvé, dans ces dernières années, par de nombreux écrits et surtout par sa belle *Histoire du peuple d'Israël*[2], que le rôle de la grande critique dans ce champ toujours nouveau était loin d'être épuisé. Par la hardiesse de ses vues, sa pénétration d'esprit, sa brillante imagination, le merveilleux sentiment qu'il possède des choses religieuses et poétiques, M. Ewald a de beaucoup surpassé tous ceux qui avant lui se sont occupés de l'histoire et de la littérature du peuple hébreu. Quelques taches obscurcissent, il est vrai, ces rares mérites : la finesse des aperçus dégénère

[1] Cette compression est d'autant plus regrettable que le XVII° siècle eut un homme supérieur, Richard Simon, de l'Oratoire, qui, sans les obstacles qui lui furent suscités, eût créé en France la saine exégèse un siècle avant que l'Allemagne l'eût fondée.

[2] *Geschichte des Volkes Israël*, 4 v. in-8°, 2° éd. Gœttingen, 1854.

parfois chez lui en subtilité; il ne s'arrête pas toujours assez tôt dans la voie des conjectures ; les origines du peuple d'Israël, l'époque patriarcale, les fables primitives, sont traitées avec trop d'arbitraire, au moyen de rapprochements hasardés avec des mythologies complétement étrangères à l'esprit hébreu. Le tableau des derniers siècles de l'histoire juive, de ceux qui précèdent et préparent immédiatement le christianisme, se ressent aussi parfois des idées particulières de M. Ewald en fait de religion et de philosophie, idées auxquelles on ne peut contester du moins une singulière originalité, et dans lesquelles l'auteur croit pouvoir associer une sorte de fanatisme chrétien au rationalisme le plus avoué[1]. La partie excellente de l'œuvre de M. Ewald est le récit de la période purement hébraïque, depuis Samuel jusqu'aux Macchabées. L'histoire de David et de Salomon, le rôle des prophètes, les diverses révolutions religieuses de l'époque des rois, les temps de la captivité,

[1] Ce sont surtout les *Jahrbücher der biblischen Wissenschaft*, recueil annuel publié par M. Ewald et tout rempli de ses idées, qu'il faut lire pour se représenter le rôle singulier qu'il a pris dans les questions politiques et religieuses de l'Allemagne. Ce rôle, où le savant et l'historien se combinent de la façon la plus étrange avec le prédicant et le sectaire, serait un phénomène inexplicable, si l'on ne se rappelait la forte impression que l'étude des prophètes a faite sur l'esprit de M. Ewald, impression qui se trahit avec naïveté dans sa conduite et ses écrits.

le caractère de la poésie hébraïque, et surtout de celle des Psaumes, sont de merveilleux exposés qu'il sera possible de rectifier en bien des points, mais non de dépasser quant à l'ensemble et à la conception générale. Pourquoi le savant professeur de Gœttingue commet-il la faute de mêler à tant de beaux et brillants aperçus, à des pages pleines d'enthousiasme, une polémique acerbe contre des personnes dont l'opinion ne diffère souvent que par une nuance de la sienne? Pourquoi en particulier M. Ewald se croit-il obligé de rabaisser un homme comme Gesenius, qui ne saurait en aucune manière lui être comparé pour la philosophie et le sentiment esthétique, mais qui n'a pas été surpassé comme philologue et comme grammairien? M. Ewald, si supérieur à son rival par l'intelligence poétique et l'élévation d'esprit, n'avait pas besoin de lui dénier ces solides qualités pour briller lui-même au premier rang parmi les critiques et les exégètes de notre siècle.

I

Une question préliminaire domine tous les problèmes relatifs au peuple d'Israël : — comment furent rédigés les documents qui servent de base à l'histoire des Hébreux, et surtout les cinq parties les plus anciennes

de leurs annales, qu'on s'est habitué à réunir sous le nom de Pentateuque? Une hypothèse présentée au siècle dernier comme un paradoxe hardi, et d'après laquelle le Pentateuque se serait formé par la réunion de fragments historiques de provenance diverse, est maintenant adoptée de tous les critiques éclairés en Allemagne[1]. La distinction du fond et de la forme, distinction si essentielle dans les littératures primitives, l'est surtout dans la littérature hébraïque, car aucune n'a subi autant de remaniements. On peut affirmer, par exemple, que nous trouvons dans les livres de l'Exode et des Nombres des renseignements tout à fait authentiques et contemporains sur l'état et les actes des Israélites dans le désert de la presqu'île du Sinaï : faut-il en conclure que les livres de l'Exode et des Nombres, tels que nous les possédons, datent de cette époque? Non, certes. La rédaction définitive des livres qui contiennent l'histoire

[1] Cette assertion, contraire aux idées généralement reçues en France, aurait besoin de développements qui ne doivent point trouver place ici, mais qu'on peut lire dans l'ouvrage de M. Ewald, et dans Lengerke, *Kenaan*, préf.; de Wette, *Einleitung in das Alte Testament*, § 150 et suiv.; Stæhelin, *Kritische Untersuchungen uber den Pentateuch*, 1843; Tuch, *Kommentar über die Genesis*, Halle, 1838. — On peut consulter en français la *Palestine* de M. S. Munk (Paris, 1845, dans la collection de l'*Univers pittoresque* de Didot), p. 132 et suiv., où la question est traitée avec une excellente critique dans le sens que nous indiquons.

ancienne d'Israël ne remonte pas probablement au delà du viiie siècle avant notre ère; à côté de fragments antiques, conservés d'une manière presque textuelle, il peut s'y trouver des morceaux beaucoup plus modernes et auxquels doivent s'appliquer des principes de critique entièrement différents.

Les pénétrants et doctes philologues qui se sont voués en Allemagne à la discussion de ce curieux problème ont très-bien aperçu, dans les derniers temps, où il fallait chercher l'analogie des lois qui ont présidé aux transformations successives des écritures historiques des Hébreux : c'est dans l'historiographie arabe. Lorsque l'on compare, en effet, les unes aux autres les diverses classes d'historiens musulmans, on reconnaît que tous ne font guère que reproduire un fond identique, dont la première rédaction se trouve dans la *Chronique* de Tabari. L'ouvrage de Tabari n'est lui-même qu'un recueil de traditions mises à la suite les unes des autres sans la moindre intention de critique, plein de répétitions, de contradictions, de dérogations à l'ordre naturel des faits. — Dans Ibn-al-Athir, qui marque un degré de rédaction plus avancé, le récit est continu, les contradictions sont écartées, le narrateur choisit une fois pour toutes la tradition qui lui paraît la plus probable et passe les autres sous silence; des *dires* plus modernes sont insérés çà et la; mais au fond c'est

toujours la même histoire que dans Tabari, avec quelques variantes et aussi quelques contre-sens, lorsque le second rédacteur n'a pas parfaitement compris le texte qu'il avait sous les yeux. — Dans Ibn-Khaldoun enfin, la rédaction a passé, si j'ose le dire, une fois de plus au creuset. L'auteur mêle à son récit des vues personnelles ; on voit percer ses opinions et le but qu'il poursuit. C'est une histoire arrangée, complétée, vue à travers le prisme des idées de l'écrivain.

L'historiographie hébraïque a traversé des degrés analogues. Le Deutéronome nous présente l'histoire arrivée à sa dernière période, l'histoire remaniée dans une intention oratoire, où le narrateur ne se propose pas simplement de raconter, mais d'édifier. Les quatre livres précédents laissent eux-mêmes apercevoir les sutures de fragments plus anciens, réunis, mais non assimilés, dans un texte suivi. On peut différer sur la division des parties, sur le nombre et le caractère des rédactions successives, et il faut avouer que M. Ewald, en poursuivant sur tous ces points une rigueur impossible à atteindre, a dépassé les bornes que la critique sévère doit s'imposer ; mais on ne peut plus douter du procédé qui amena le Pentateuque et le Livre de Josué à leur état définitif. Il est clair qu'un rédacteur *jéhoviste* (c'est-à-dire employant dans sa narration le nom de Jéhovah) a donné la dernière forme à ce grand ouvrage

historique, en prenant pour base un écrit *élohiste* (c'est-à-dire où Dieu est désigné par le mot *Elohim*), dont on pourrait encore aujourd'hui reconstruire les parties essentielles [1]. Quant à l'opinion qui attribue la rédaction du Pentateuque à Moïse, elle est en dehors de la critique, et nous n'avons pas à la discuter : cette opinion, du reste, paraît assez moderne, et il est bien certain que les anciens Hébreux ne songèrent jamais à regarder leur législateur comme un historien [2]. Les récits des temps antiques leur apparaissaient comme des œuvres absolument impersonnelles, auxquelles ils n'attachaient pas de nom d'auteur.

Ainsi se forma l'écrit fondamental des annales hébraïques, ce que M. Ewald appelle le *livre des origines*, à la suite duquel vinrent se grouper successivement les annales des juges, des rois, des temps de la captivité, jusqu'à Alexandre. Aucun peuple ne peut se vanter as-

[1] Nous devons faire remarquer que ce système, depuis longtemps classique en Allemagne, n'a rien de commun avec la tentative malheureuse du docteur Donaldson pour rétablir le *Iaschar*, l'un des livres cités dans les plus anciennes annales d'Israël. Il est surprenant que, dans un récent article, on ait présenté comme le dernier mot de l'exégèse allemande un pareil travail, composé par un docteur de l'Université de Cambridge, et universellement réprouvé par les critiques allemands.

[2] L'opinion que Moïse est l'auteur du Pentateuque ne paraît guère établie avant l'ère chrétienne. M. de Wette croit même qu'à cette époque elle n'était pas entièrement acccceptée.

surément de posséder un corps d'histoire aussi complet, ni des archives aussi régulièrement tenues Ce qu'il importe de maintenir en effet, c'est que les remaniements de la forme n'altérèrent jamais gravement le fond, en sorte que les fragments ainsi réunis, que le contenu en soit historique ou légendaire, ont la valeur de documents originaux. Le Pentateuque renferme, selon toute apparence, des renseignements empruntés aux archives des peuples voisins d'Israël : tels sont le récit de la guerre des rois iraniens contre les rois de la vallée de Siddim, où Abraham figure comme un étranger, — *Abraham l'Hébreu qui habitait la chesnaie de Mambré l'Amorrhéen* ; — les généalogies des Édomites ; le curieux synchronisme établi entre la fondation de Hébron et celle de Tanis en Égypte. Les premières pages mêmes, consacrées aux origines antédiluviennes, toutes mythologiques qu'elles paraissent, sont certainement les documents qui nous font approcher le plus de l'origine du genre humain.

Il est impossible de bien comprendre Israël sans le rattacher au groupe de peuples dont il fait partie, je veux dire à la race sémitique, dont il est le rameau le plus élevé et le plus pur. Le résultat essentiel de la philologie moderne a été de montrer dans l'histoire de la civilisation l'action d'un double courant, produit par deux races profondément distinctes de mœurs, de

langue et d'esprit : d'une part, la race indo-européenne, embrassant les populations nobles de l'Inde, de la Perse, du Caucase, de l'Europe entière ; de l'autre, la race appelée du nom très-fautif de sémitique [1], comprenant les populations indigènes de l'Asie occidentale et méridionale depuis l'Euphrate. A la race indo-européenne appartiennent presque tous les grands mouvements militaires, politiques, intellectuels de l'histoire du monde ; à la race sémitique, les mouvements religieux. La race indo-européenne, préoccupée de la variété de l'univers, n'arriva pas d'elle-même au monothéisme. La race sémitique au contraire, guidée par ses vues fermes et sûres, dégagea tout d'abord la Divinité de ses voiles, et sans réflexion ni raisonnement, atteignit la forme religieuse la plus épurée que l'humanité ait connue. Le monothéisme dans le monde a été l'œuvre de l'apostolat sémitique, en ce sens qu'avant l'action et en dehors de l'action du judaïsme, du christianisme et de l'islamisme, le culte du Dieu unique et suprême n'arriva point à se formuler nettement pour la foule. Or ces trois grands mouvements religieux sont trois faits sémitiques, trois rameaux du même tronc, trois traductions

[1] Ce nom désigne ici, non les peuples donnés dans la Genèse comme issus de Sem, mais les peuples qui parlent ou ont parlé les langues appelées à tort sémitiques, c'est-à-dire les Hébreux, les Phéniciens, les Syriens, les Arabes, les Abyssins.

inégalement belles de la même idée. Il n'y a que quelques lieues de Jérusalem au Sinaï et du Sinaï à la Mecque.

Quand et comment la race sémitique arriva-t-elle à cette notion de l'unité divine que le monde a admise sur la foi de sa prédication? Je crois que ce fut par une intuition primitive et dès ses premiers jours. On n'invente pas le monothéisme : l'Inde, qui a pensé avec tant d'originalité et de profondeur, n'y est pas encore arrivée de nos jours ; toute la force de l'esprit grec n'eût pas suffi pour y ramener l'humanité sans la coopération des peuples sémitiques. On peut affirmer de même que ceux-ci n'eussent jamais conquis le dogme de l'unité divine, s'ils ne l'avaient trouvé dans les instincts les plus impérieux de leur esprit et de leur cœur. Les premières religions de la race indo-européenne paraissent avoir été purement physiques. C'étaient de vives impressions, telles que celles du vent dans les arbres ou les roseaux, celles des eaux courantes, celles de la mer, qui prenaient un corps dans l'imagination de ces peuples enfants. L'homme de la race indo-européenne n'arriva pas aussi vite que le Sémite à se séparer du monde. Longtemps il adora ses propres sensations, et, jusqu'au moment où les religions sémitiques l'initièrent à une notion plus élevée de la Divinité, son culte ne fut qu'un écho de la nature. La race sémitique, au contraire, arriva évidemment sans aucun effort à la notion du Dieu

suprême. Cette grande conquête ne fut pas pour elle l'effet du progrès et de la réflexion philosophique : ce fut une de ses premières aperceptions. Ayant détaché beaucoup plus tôt sa personnalité de l'univers, elle en conclut presque immédiatement le troisième terme, Dieu, créateur de l'univers. Au lieu d'une nature animée et vivante dans toutes ses parties, elle conçut, si j'ose le dire, une nature sèche et sans fécondité. Qu'il y a loin de cette rigide et simple conception d'un Dieu isolé du monde, et d'un monde façonné comme un vase entre les mains du potier, à la théogonie indo-européenne, animant et divinisant la nature, comprenant la vie comme une lutte, l'univers comme un perpétuel changement, et transportant en quelque sorte dans les dynasties divines la révolution et le progrès !

L'intolérance des peuples sémitiques est la conséquence nécessaire de leur monothéisme. Les peuples indo-européens, avant leur conversion aux idées sémitiques (juives, chrétiennes ou musulmanes), n'ayant jamais pris leur religion comme la vérité absolue, mais comme une sorte d'héritage de famille ou de caste, devaient rester étrangers à l'intolérance et au prosélytisme : voilà pourquoi on ne trouve que chez ces peuples la liberté de penser, l'esprit d'examen et de recherche individuelle. Les Sémites, au contraire, aspirant à réaliser un culte indépendant des provinces et des pays,

devaient déclarer mauvaises toutes les religions différentes de la leur. L'intolérance est bien réellement en ce sens un fait de la race sémitique, et une partie des legs bons et mauvais qu'elle a faits au monde. Le phénomène extraordinaire de la conquête musulmane n'était possible qu'au sein d'une race incapable comme celle-ci de saisir les diversités, et dont tout le symbole se résume en un mot : Dieu est Dieu. Certes la tolérance indo-européenne partait d'un sentiment plus élevé de la destinée humaine et d'une plus grande largeur d'esprit ; mais qui osera dire qu'en révélant l'unité divine et en supprimant définitivement les religions locales, la race sémitique n'a pas posé la pierre fondamentale de l'unité et du progrès de l'humanité ?

On comprend maintenant comment cette race, si éminemment douée pour créer les religions et les propager, devait, dans toutes les voies profanes, ne point dépasser la médiocrité. Race incomplète par sa simplicité même, elle n'a ni arts plastiques, ni science rationnelle, ni philosophie, ni vie politique, ni organisation militaire. La race sémitique n'a jamais compris la civilisation dans le sens que nous attachons à ce mot : on ne trouve dans son sein ni grands empires organisés, ni esprit public, rien qui rappelle la cité grecque, rien aussi qui rappelle la monarchie absolue de l'Égypte et de la Perse. Les questions d'aristocratie, de démocratie,

de féodalité, qui renferment tout le secret de l'histoire des peuples indo-européens, n'ont pas de sens pour les Sémites. La noblesse sémitique est toute patriarcale : elle ne tient pas à une conquête, elle a sa source dans le sang. Quant au pouvoir suprême, le Juif, comme l'Arabe, ne l'accorde rigoureusement qu'à Dieu. L'infériorité militaire des Sémites tient à cette incapacité de toute discipline et de toute organisation. Pour se créer des armées, ils furent obligés de recourir à des mercenaires : ainsi firent David, les Phéniciens, les Carthaginois, les khalifes. La conquête musulmane elle-même s'accomplit sans organisation et sans tactique ; le khalife n'a rien d'un souverain ni d'un chef militaire ; c'est un *vice-prophète*. Le plus illustre représentant de la race sémitique de nos jours, Abd-el-Kader, est un savant, un homme de méditations religieuses et de fortes passions, nullement un soldat. Aussi l'histoire ne nous offre-t-elle aucun grand empire fondé par des peuples sémitiques ; le judaïsme, le christianisme, l'islamisme, voilà leur œuvre, œuvre toujours dirigée vers le même but : simplifier l'esprit humain, bannir le polythéisme, écrire en tête du livre des révélations ce mot qui a rendu à la pensée humaine un si grand service en effaçant les complications mythologiques et cosmogoniques où se perdait l'antiquité profane : « Au commencement, Dieu créa le ciel et la terre. »

II

C'est deux mille ans environ avant notre ère que le regard de l'historien s'arrête avec quelque assurance sur cette famille prédestinée. Une émigration de Sémites nomades à laquelle se rattache le nom de Tharé ou Térach quitte les montagnes de l'Arménie et se porte vers le sud. Il faut supposer qu'il y eut longtemps dans les montagnes du nord un foyer d'aristocratie monothéiste, qui resta fidèle à ses mœurs patriarcales et à son culte élevé. Même en sortant de ce sanctuaire, les tribus émigrantes se regardaient comme liées envers Dieu par une alliance et un pacte spécial : c'est ainsi que nous voyons Abraham, Isaac, Jacob, continuant en Chanaan et en Égypte leur noble métier de pasteurs, riches, fiers, chefs d'une nombreuse domesticité, en possession d'idées religieuses pures et simples, traversant les diverses civilisations sans s'y confondre et sans en rien accepter. Abraham, personnage définitivement historique et réel, conduit l'émigration en Palestine. Il n'y était pas du reste le premier de sa race ; car, indépendamment des Chananéens, il y trouva un chef sémite et monothéiste comme lui, Melchisédech, avec le-

quel il fit amitié. Cependant la Mésopotamie resta longtemps encore le centre de la famille térachite, et c'est là que l'aristocratie, fidèle aux idées sémitiques sur la pureté du sang, envoya, jusqu'à son entrée en Égypte, chercher des femmes pour ses fils.

La vie d'Israël à cette époque est celle d'un douar arabe, avec son prodigieux développement d'individualité et de poésie, mais d'un autre côté avec son manque absolu d'idées politiques et de culture intellectuelle un peu raffinée. On ne sait guère quel fut le résultat des premiers contacts de la tribu israélite avec l'Égypte et les Chananéens. L'antipathie si vive qui respire dans toute l'histoire hébraïque contre Chanaan n'est point une raison pour soutenir que nulle influence n'a pu s'exercer de Chanaan sur Israël. Le parti pris des Hébreux de ne pas reconnaître les Chananéens pour leurs frères ne les a-t-il pas portés à retirer les Chananéens de la race élue de Sem pour les rejeter dans la famille infidèle de Cham, contrairement au témoignage évident du langage [1] ? Ces haines de frères n'ont nulle part été plus fortes que dans la race juive, la plus méprisante et la plus aristocratique de toutes. Sans admettre, avec quelques savants, que les Hébreux et les Chananéens aient eu pendant longtemps une religion à peu près iden-

[1] La langue phénicienne était de l'hébreu presque pur.

tique, on doit reconnaître que ce n'est qu'à une époque relativement moderne que les premiers arrivèrent à cet esprit d'exclusion qui caractérise les institutions mosaïques. Plusieurs données de la religion phénicienne se retrouvent dans l'ancien culte hébreu : à l'époque patriarcale, on voit les Abrahamides accepter pour sacrés les lieux et les objets que les Chananéens prenaient comme tels, arbres, montagnes, sources, bétyles ou *beth-el* [1].

D'impénétrables ténèbres couvrent pour nous le premier mouvement religieux d'Israël, celui dont Moïse fut l'hiérophante et le héros. Autant il serait contraire à la saine critique de rapporter à ces temps reculés l'organisation compliquée que nous voyons décrite dans le Pentateuque, organisation dont on ne trouve pas de trace à l'époque des juges, ni même au temps de David et de Salomon; autant il serait téméraire de nier qu'Israël, en sortant de l'Egypte, ait subi l'action d'un grand organisateur religieux. Les Abrahamides paraissent avoir gardé en Egypte toute l'originalité de leur génie sémitique : en rapports continuels avec les autres tribus térachites de l'Arabie Pétrée, ils purent, sous l'impression d'une vive antipathie contre l'idolâtrie

[1] Ce nom désigne les pierres sacrées auxquelles on attribuait des vertus divines.

égyptienne, concevoir une de ces réactions monothéistes si familières aux peuples sémitiques et d'ordinaire si fécondes: Toute religion est portée à fuir son berceau : le mouvement dont nous parlons, qui paraît avoir eu son foyer principal dans la tribu de Lévi, fut suivi d'une sorte d'*hégire* ou émigration et d'une époque héroïque, qui prit dans l'imagination des siècles plus modernes les proportions de l'épopée. Le Sinaï, la montagne sainte de toute la région où se passa ce grand acte, fut le point auquel la révélation s'attacha. Un nom sacré de la Divinité renfermant la notion du monothéisme le plus élevé, deux tables sur lesquelles étaient inscrits dix préceptes de la meilleure morale, quelques aphorismes qui formaient, avec les dix préceptes la *loi de Jého-vah*, des rites simples et accommodés à la vie d'un peuple nomade, tels que l'arche, le tabernacle, la pâque, furent vraisemblablement les éléments essentiels de cette première institution, qui depuis se compliqua, en même temps que le rôle de son fondateur alla grandissant. M. Ewald [1] prouve de la façon la plus ingénieuse que la gloire de Moïse subit en Israël une longue éclipse, que son nom fut presque inconnu sous les juges et durant les premiers siècles des rois, et que le vieux fondateur ne sortit de son tombeau avec l'éclat extraordi-

[1] Tome II, page 44 et suiv.

naire qui entoure son front qu'un ou deux siècles avant la chute du royaume de Juda.

. La vie arabe dans toute sa perfection, tel est en effet le spectacle que nous présente encore Israël durant toute l'époque des juges et avant son organisation en monarchie : des tribus sans autre lien que le souvenir de leur fraternité et l'hégémonie de l'une d'entre elles; la religion la plus simple qui ait jamais existé; une poésie vive, jeune, abrupte, dont l'écho est venu jusqu'à nous dans le sauvage et admirable cantique de Débora; nulle institution, si ce n'est celle d'un chef temporaire (juge ou *suffète*) et le pouvoir encore moins défini du prophète ou *voyant*, censé en rapport avec la Divinité; enfin le sacerdoce envisagé comme l'apanage exclusif de la tribu de Lévi, à tel point que les individus qui se laissent aller à l'idolâtrie se croient obligés de prendre à leurs gages un lévite pour le service de leur idole. Rien ne désignait encore Israël comme un peuple prédestiné : il se peut que parmi les tribus voisines de la Palestine il y eût alors des peuplades aussi avancées, et le curieux épisode de Balaam nous prouve que le prophétisme, la religion et la poésie avaient chez ces tribus la même organisation qu'en Israël.

C'est vers le temps d'Héli et de Samuel (1100 ans environ avant l'ère chrétienne) que le sceau de l'élection divine se marque tout à fait sur Israël. Ce moment est

celui où la nation israélite arrive à la réflexion et passe de l'état de tribu, pauvre, simple, ignorant l'idée de majesté, à l'état de royaume, avec un pouvoir constitué, aspirant à devenir héréditaire. Jusque-là, Israël avait vécu dans cette anarchie patriarcale, excluant tout gouvernement régulier et uniquement tempérée par la solidarité des membres de la famille, qui est l'état habituel des tribus arabes. Un tel ordre de choses devenait impossible à maintenir en présence des développements que prenait la vie sociale en Orient ; le peuple demandait à grands cris « un roi comme en avaient les autres nations. » Tout nous indique en effet que cette révolution se fit à l'imitation de l'étranger, peut-être des Philistins ou des Phéniciens, et contrairement au désir du parti conservateur des traditions, qui la présentait comme une sorte d'infidélité envers Jéhovah. Le récit qui nous en est parvenu [1] est évidemment l'œuvre d'un opposant : la royauté y est présentée sous le plus mauvais jour et hautement mise au-dessous des anciennes formes patriarcales. Il n'est pas impossible que ce récit soit de la main même de Samuel ; les chapitres du livre qui porte son nom, où son rôle politique est exposé, ont un caractère si personnel, qu'on est tenté de croire qu'il en est lui-même l'auteur. Ce qu'il

[1] I Sam., ch. VIII.

y a de certain, c'est que Samuel, retirant d'une main ce qu'il avait donné de l'autre, ne sortit jamais d'un système de taquineries contre la royauté, qu'il avait inaugurée avec répugnance et pour céder aux exigences de la foule. La royauté, inexpérimentée et n'ayant aucune tradition, fut d'abord son jouet. Enfin l'homme destiné à résumer tant de besoins contraires et à former le nœud de l'histoire du peuple hébreu, par la réunion en sa personne du sacerdoce, du prophétisme et de la royauté, David, paraît et devient le représentant de l'idéal poétique, religieux, intellectuel, politique d'Israël.

Des contrastes bizarres frappent au premier coup d'œil celui qui essaye de se rendre compte du caractère de David d'après les idées épurées que nous nous faisons de la moralité. Comment l'homme que nous trouvons tour à tour, aux différentes époques de sa carrière agitée, servant l'étranger contre sa patrie, associé à des brigands, souillé de crimes domestiques, cruel et vindicatif jusqu'à l'atrocité, a-t-il pu passer dans la tradition d'Israël pour un roi selon le cœur de Dieu, et fut-il en effet un admirable organisateur politique et religieux, l'auteur de ces psaumes où les sentiments les plus délicats du cœur sont arrivés à une si fine expression ? Comment les mœurs d'un *condottiere* ont-elles pu s'unir à une vraie grandeur d'âme, à la piété la plus exquise, à la poésie la plus sentimentale ? Comment l'homme qui sa-

crifie à un caprice adultère son plus fidèle serviteur put-il se persuader avec une entière bonne foi que Jéhovah était son protecteur spécial, obligé à le faire réussir et à le venger de ses ennemis, comme si Dieu n'existait que pour lui? Tous ces traits seraient inexplicables, si on ne les rapportait au caractère sémitique, dont David est le type accompli dans ses bonnes comme dans ses mauvaises parties. Essentiellement égoïste, le Sémite ne connaît guère de devoirs qu'envers lui-même : poursuivre sa vengeance, revendiquer ce qu'il croit être son droit, est à ses yeux une sorte d'obligation. La religion n'a pour lui qu'un lien fort éloigné avec la morale de tous les jours. De là ces étranges caractères de l'histoire biblique, qui provoquent l'objection, et devant lesquels l'apologie est aussi déplacée que le dénigrement. Les actes de la politique la moins scrupuleuse n'empêcheront pas Salomon d'être reconnu le plus sage des rois. Le mélange bizarre de sincérité et de mensonge, d'exaltation religieuse et d'égoïsme, qui nous frappe dans Mahomet, la facilité avec laquelle les musulmans avouent que dans plusieurs circonstances le prophète obéit plutôt à sa passion qu'à son devoir, ne peuvent s'expliquer que par l'espèce de relâchement qui rend les Orientaux profondément indifférents sur le choix des moyens, quand ils ont pu se persuader que le but à atteindre est la volonté de Dieu. Notre manière

désintéressée et pour ainsi dire abstraite de juger les choses leur est inconnue.

Il serait donc contraire à une bonne critique de discuter avec malveillance, comme l'ont fait Bayle et le fragmentiste de Wolfenbüttel, ou avec bouffonnerie, comme l'a fait Voltaire, tant d'actes de la vie de David qui en bonne morale ne sauraient être justifiés. Sa conduite envers Saül est assez équivoque. Après la mort de Saül, le trône appartenait à son fils Isboseth ; toutes les tribus, à l'exception du Juda, se groupaient autour de lui : la trahison et l'assassinat délivrent bientôt David de ce rival. Grâce à la faveur sacerdotale et à de fortes institutions militaires qu'il semble avoir empruntées aux Philistins, chez lesquels il avait fait un long séjour, peut-être aussi au moyen de milices étrangères soudoyées [1], le nouveau roi réalisa son idée dominante, la suprématie de la tribu de Juda, une royauté forte, héréditaire dans sa maison, ayant son centre à Jérusalem. Cette future capitale du monde religieux n'avait été jusque-là qu'une bourgade fortifiée ; David en fit « une ville dont les maisons se touchent. » A sa mort,

[1] C'est du moins l'explication que l'on donne du nom de *Cari* (Cariens?) et de *Crethi-Plethi* (Crétois? Philistins?) que portaient les gardes du corps de David. Les Cariens faisaient dans tout le monde ancien le métier de mercenaires, et les Philistins, selon une hypothèse très-vraisemblable, sont venus de la Crète.

le vieux roi avait écrasé tous ses adversaires, réalisé tous ses projets, et put répéter avec orgueil ce chant de guerre du temps de sa jeunesse, qui nous étonne par sa fière et brutale énergie :

« Jéhovah a dit à mon maître : « Assieds-toi à ma droite, jusqu'à ce que je fasse de tes ennemis un escabeau pour tes pieds. »

« Jéhovah étendra de Sion le sceptre de ta puissance; domine au milieu de tes ennemis.

« Ton peuple est accouru à ton appel dans l'éclat des saints ornements ; la jeunesse qui t'entoure est comme une rosée qui sort du sein de l'aurore.

« Jéhovah l'a juré, et il ne s'en repentira pas : tu es prêtre pour jamais à la manière de Melchisédech.

« Le Seigneur est à ta droite : au jour de sa colère, il brise les rois.

« — Il régnera sur les nations, il remplira tout de cadavres, il brisera des têtes sur une vaste étendue.

« Il se rafraîchira dans sa route à l'eau d'un torrent; par-là il relèvera sa tête. »

Cette royauté profane, contraire, à beaucoup d'égards, à la vraie destinée d'Israël, se continua durant tout le règne de Salomon. Le trône de David, selon les règles de la stricte hérédité, appartenait à Adonias. Salomon l'emporta, grâce à la préférence de son père et à une intrigue de harem dirigée par sa mère Bethsabée, qui fut toujours l'épouse favorite. L'affaire fut décidée par les *forts de David,* petite troupe de soudards de la

plus rude espèce, qui avait fait le nerf du règne précédent. La volonté de David fut prépondérante, tant il avait accoutumé Israël à lui obéir. Le plus sage des rois inaugura son règne, suivant l'usage de l'Orient, en faisant égorger Adonias et son parti. Adonias, s'il l'eût emporté, eût traité de même, sans aucun doute, le parti de Salomon. Quoi qu'il en soit, ces perturbations apportées à l'hérédité eurent de graves conséquences, et portèrent à la légitimité en Israël un coup dont elle ne se releva jamais.

Si l'idée d'une monarchie conquérante traversa un moment la tête de David, habitué à vivre avec ses hommes de guerre et les Philistins, c'était là une idée impossible à réaliser, et qui fut bientôt abandonnée. Le peuple hébreu était incapable d'une grande organisation militaire, et en effet, sous Salomon, tout ce grand appareil de guerre tourne à la paix. Le règne de Salomon resta l'idéal profane d'Israël. Ses alliances avec tout l'Orient, sans égard pour les différences de religion, son superbe sérail, qui renfermait jusqu'à sept cents reines et trois cents concubines, l'ordre et la beauté des services de son palais, la prospérité industrielle et commerciale de son temps, réveillèrent dans les imaginations ce goût du bien-être et des joies mondaines auquel Israël s'est abandonné toutes les fois que l'aiguillon de la souffrance ne l'a point poussé vers de plus hautes

destinées. Le Cantique des Cantiques est l'expression charmante de la vie gaie, heureuse, finement sensuelle d'Israël, à l'un de ces moments où, laissant sommeiller la pensée divine, il s'est donné au plaisir. Une littérature profane, commune en partie aux peuples voisins de la Palestine, prit le dessus sur la poésie lyrique des psalmistes et des voyants. Salomon cultiva lui-même cette sagesse mondaine presque étrangère au culte de Jéhovah, et qui n'est guère que l'art de réussir ici-bas. On lui attribue des ouvrages, et il est certain qu'il écrivit. Moins poëte que son père et n'étant pas doué comme lui du sentiment vrai de la vocation d'Israël, il se mit à décrire les créatures, « depuis le cèdre jusqu'à l'hysope [1] ; » puis, s'il faut en croire la légende, il tomba dans le scepticisme, le dégoût de toute chose, et se réfugia dans une sagesse désespérée : « Vanité des vanités!... Rien de nouveau sous le soleil.... Augmenter sa science, c'est augmenter sa peine.... J'ai voulu

[1] M. Ewald entend par cette expression une cosmographie dans le genre de celle du naturaliste arabe Kazwini, ou description de toutes les créatures en commençant par les plus grandes et finissant par les plus petites. J'aime mieux croire qu'il s'agit de moralités tirées des animaux et des plantes, analogues à celles que nous lisons dans les *Proverbes* (ch. xxx) ou à celles du *Physiologus* et des *Bestiaires*, qui furent si populaires au moyen âge L'idée d'une science descriptive de la nature est restée étrangère aux peuples sémitiques jusqu'à leur contact avec l'esprit grec.

rechercher ce qui se passe sous le ciel, et j'ai vu que ce n'était qu'affliction d'esprit. »

On sent combien nous sommes loin de l'idéal pur d'Israël. La vocation d'Israël n'était ni la philosophie, ni la science, ni l'art (la musique exceptée), ni l'industrie, ni le commerce. En ouvrant ces voies profanes, Salomon fit en un sens dévier son peuple de sa destinée toute religieuse. C'en était fait du vrai Dieu, si de pareilles tendances eussent prévalu. Le christianisme et la conversion du monde au monothéisme étant l'œuvre essentielle d'Israël, à laquelle le reste doit être rapporté, tout ce qui l'a détourné de ce but supérieur n'a été dans son histoire qu'une distraction frivole et dangereuse. Or, loin d'avoir avancé cette grande œuvre, on peut dire que Salomon fit tout pour la compromettre. S'il eût réussi, Israël eût cessé d'être le peuple de Dieu, et fût devenu une nation mondaine comme Tyr et Sidon. Les prophètes eurent sous lui peu d'influence. Entraîné par ses relations avec les peuples les plus divers et par le désir de plaire à ses femmes égyptiennes, sidoniennes, moabites, il arriva à une sorte de tolérance pour les cultes étrangers. Pendant que le successeur de David passait son temps à jouer aux énigmes avec l'infidèle reine de Saba, on vit sur le mont des Oliviers des autels à Moloch et à Astarté. Quoi de plus contraire au premier devoir d'Israël? Gardien d'une idée à laquelle le monde

devait se rallier, chargé de substituer dans la conscience de l'homme le culte du Dieu suprême à celui des divinités nationales, Israël devait être intolérant et affirmer hardiment que tous les cultes en dehors de celui de Jéhovah étaient faux et sans valeur. Le règne de Salomon fut ainsi, à beaucoup d'égards, un intervalle dans la carrière sacrée d'Israël. Le développement intellectuel et commercial qu'il avait inauguré n'eut pas de suite. Sur la fin de sa vie, les prophètes, qu'il avait réduits au silence, reprirent le dessus et lui firent une vive opposition. Ses ouvrages, considérés comme profanes, se perdirent pour la plupart; sa mémoire resta douteuse, et la largeur d'idées qu'il avait un moment inaugurée ne laissa en Israël qu'un vague et brillant souvenir.

Nous voyons se manifester ici la grande loi de toute l'histoire du peuple hébreu, la lutte de deux besoins opposés qui semblent avoir toujours entraîné en sens contraires cette race intelligente et passionnée : d'une part la largeur d'esprit, aspirant à comprendre le monde, à imiter les autres peuples, à sortir de l'étroite enceinte où les institutions mosaïques renfermaient Israël; de l'autre la pensée conservatrice, à laquelle le salut du genre humain était attaché. Les prophètes sont les représentants de la tendance exclusive; les rois, d'une pensée plus ouverte aux idées du dehors. Le prophétisme, bien mieux accommodé au génie et à la vocation

du peuple hébreu, devait nécessairement triompher et empêcher la royauté laïque de prendre jamais de sérieuses racines en Israël.

Ce qu'il importe de remarquer, c'est que l'autorité prophétique, si hostile à la royauté, ne l'est guère moins au sacerdoce. Le prophète [1] ne sort pas de la tribu de Lévi; il n'enseigne pas dans le temple, mais sur les places, dans les rues et les marchés; loin de pousser aux observances, selon l'habitude du prêtre, il prêche le culte pur, l'indifférence des pratiques extérieures quand elles ne se joignent pas à l'adoration du cœur. Le prophète ne tient sa mission que de Dieu et représente les intérêts populaires contre les rois et contre les prêtres, souvent alliés aux rois. De là un genre de pouvoir qui n'a d'analogue dans l'histoire d'aucun peuple, une sorte de tribunat inspiré, voué à la conservation des anciennes idées et des anciens droits. On ne peut nier que la politique générale des prophètes ne se présente à nous comme étroite et opposée au progrès; mais c'était la vraie politique d'Israël. Elle paraît d'abord importune,

[1] Nous regrettons d'être obligé d'employer le mot *prophète*, qui ne date que des traducteurs grecs de la Bible, et pourrait faire croire que la prédiction de l'avenir était la fonction essentielle de ces hommes inspirés. Il serait préférable, au moins pour les époques anciennes, de les appeler *voyants*, ou de leur conserver le nom sémitique de *nabi*.

cette voix austère et monotone, prédisant toujours des ruines, anathématisant les instincts qui entraînaient l'homme antique vers le culte de la nature. Souvent, dans cette longue lutte des rois et des prophètes, c'est aux rois que nous sommes tentés de donner raison. L'opposition de Samuel contre Saül est d'ordinaire peu sensée, et si les prophètes adressent parfois à David de très-justes avertissements, quand ils rappellent à la morale ce grand roi, qui était trop porté à l'oublier, on ne peut nier que souvent aussi leurs reproches ne révèlent une politique bien naïve,—par exemple, quand ils présentent comme un crime capital le recensement ordonné par David, et qu'ils veulent faire envisager les calamités qui suivirent comme une punition de cette mesure, sans doute peu populaire. Plusieurs des rois présentés par les auteurs sévères du Livre des Rois et des Paralipomènes comme des scélérats étaient peut-être des princes raisonnables, tolérants, partisans d'alliances nécessaires avec l'étranger, obéissant aux besoins de leur temps et à un certain penchant pour le luxe et l'industrie. Les prophètes, pleins du vieil esprit sémitique, ennemis ardents des arts plastiques, iconoclastes fougueux, hostiles à tout ce qui entraînait Israël dans le mouvement du monde, demandaient aux rois des persécutions contre les cultes qui s'éloignaient du monothéisme, et leur reprochaient comme des crimes les

alliances sensées qu'ils contractaient au-dehors. Jamais opposition ne fut plus âcre, plus violente, plus anarchique, et pourtant au fond l'opposition avait raison. Dès que l'on part de ce principe qu'Israël n'avait qu'une vocation, la conservation du monothéisme, la direction de son mouvement appartenait de droit aux prophètes. Israël ne pouvait rallier l'humanité autour d'une même foi qu'en écartant d'abord scrupuleusement toute influence étrangère ; la conservation du monothéisme ne demandait ni étendue, ni variété d'esprit, mais une inflexible ténacité.

III

David et Salomon représentèrent durant soixante ans (dix siècles environ avant l'ère chrétienne) le plus haut degré de gloire et de prospérité temporelle que les Hébreux aient jamais atteint. Désormais tous leurs rêves de bonheur se tourneront vers un idéal composé de David et de Salomon, vers un roi puissant et pacifique, qui règnera d'une mer à l'autre et dont tous les rois seront tributaires. A quel moment cette pensée féconde, d'où sortira le Messie, fit-elle son apparition en Israël? La critique ne saurait le dire. Ces idées, écloses au fond de la conscience d'une nation, n'ont pas de commencement; comme toutes les œuvres profondes de la nature, elles

cachent leur origine dans de mystérieuses ténèbres. L'idée de l'empire du monde est-elle née dans Rome à un moment donné? Non; elle est aussi ancienne que Rome même, et fut en quelque sorte scellée dans la première pierre du Capitole. La foi au Messie, vague, obscure, entremêlée d'éclipses et d'oublis, repose de même dans les plus antiques assises d'Israël.

L'inaptitude des Hébreux à un grand rôle politique se dévoile de plus en plus. A partir de Roboam, ils sont presque toujours en vasselage, d'abord sous l'Égypte, puis sous l'Assyrie, puis sous la Perse, puis sous les Grecs, puis sous les Romains. Une cause particulière accéléra la ruine de leur puissance temporelle. La tribu de Juda, arrivée à la prépondérance par la victoire de David, ne réussit jamais à étouffer l'individualité des autres tribus et à fonder l'unité de la nation. Les tribus du nord de la Palestine, groupées autour de celle d'Éphraïm, aspiraient à se séparer et ne supportaient qu'impatiemment la dépendance religieuse où les tenait Jérusalem. Les dépenses considérables de Salomon, qui pesaient lourdement sur les provinces et ne profitaient qu'à la capitale, achevèrent de séparer les intérêts du nord et du sud. Éphraïm, avec sa montagne de Garizim, rivale de Sion, sa ville sainte de Béthel, ses nombreux souvenirs de l'âge patriarcal, était sans contredit la plus considérable des individualités qui luttaient contre

l'action absorbante de Juda. La rivalité de ces deux familles principales des Israélites date des époques les plus reculées de leur histoire. Au temps des juges, Éphraïm, par le séjour de l'arche à Silo et par son importance territoriale, tint vraiment l'hégémonie de la nation. L'idée d'une monarchie israélite faillit un moment être réalisée par Éphraïm [1]. Après la mort de Saül, nous voyons cette tribu grouper autour d'elle toutes les tribus du nord, opposer sans succès Isboseth à David, l'habile et heureux champion des prétentions de Juda, enfin, après la mort de Salomon, faire triompher ses tendances séparatistes par le schisme du royaume d'Israël et l'avénement d'une dynastie éphraïmite. Parmi les chefs des ouvriers que Salomon faisait travailler à la construction de la terrasse entre Sion et Moria, il remarqua un robuste jeune homme d'Éphraïm, dont l'air intelligent le frappa et auquel il donna une fonction importante dans son administration. C'était l'homme destiné à porter un coup mortel à la maison de David. Jéroboam leva, du vivant même de Salomon, l'étendard de la révolte : les embarras financiers qui suivirent la mort du grand roi lui fournirent une excellente occasion pour consommer une séparation devenue inévitable.

[1] Voyez le récit de la tentative d'Abimélech (*Juges*, ch. IX)

On ne saurait dire que le schisme des dix tribus ait été, au point de vue de la destinée générale du peuple hébreu, un sérieux malheur. Réduit à un espace de vingt lieues de long sur quinze de large, Juda, abandonné à lui-même, s'épure et s'exalte; ses idées religieuses se développent et se compliquent. Le nord au contraire, livré à des dynasties brutales et en proie à de continuelles révolutions, fut de bonne heure annulé : la tradition religieuse y devint faible. Durement repoussés par les Juifs dédaigneux de Jérusalem, quand ils voulurent après la captivité rebâtir le temple avec eux, les Samaritains ne firent guère que copier de loin les institutions de Juda. Ils prirent leur revanche par le christianisme. Le Christ trouva ses plus nombreux disciples dans les provinces méprisées, mal famées pour l'orthodoxie, de l'ancien royaume du Nord, et en ce sens on peut soutenir que Samarie a eu autant de part que Jérusalem à l'œuvre capitale d'Israël. Cette antique fraction du peuple hébreu, qui, si elle n'a pas eu la destinée brillante de Juda, l'a presque égalé par sa persévérance et sa foi, est de nos jours à la veille de s'éteindre, et offre au monde le singulier spectacle d'une religion qui va mourir. Les persécutions, la misère et le prosélytisme des sectes plus actives, surtout des missions protestantes, menacent à chaque instant sa frêle existence. En 1820, les Samaritains étaient encore au

nombre d'environ cinq cents. Robinson, qui visita Naplouse (l'ancienne Sichem) en 1838, n'en trouva plus que cent cinquante. Dans une supplique qu'ils adressèrent au gouvernement français en 1842, ils avouent qu'ils sont réduits à quarante familles. Leur vieux prêtre, Salamé fils de Tobie, qui correspondit avec l'évêque Grégoire et M. de Sacy, vit encore [1]; mais il ne paraît pas qu'après lui la connaissance de la langue et des traditions samaritaines doive se continuer. Aujourd'hui que tout le monde cherche en Orient quelqu'un à protéger, qui songera à ces pauvres Samaritains?

Il est remarquable du reste que le prophétisme dans le royaume du nord fut d'abord un élément de perturbation politique encore plus grave que dans le sud, et y rendit impossible toute loi d'hérédité, tandis qu'à Jérusalem le prestige de la maison de David et le privilége incontesté des lévites maintinrent une sorte de droit divin pour la succession au trône et au sacerdoce. Élie et son école nous représentent ce moment de la toute-puissance prophétique, faisant et défaisant les dynasties, gouvernant en réalité sous le nom de rois en tutelle. Les plus belles pages du livre de M. Ewald sont celles où il expose le caractère et le rôle d'Élie. Ce géant des prophètes, par sa vie anachorétique, par le costume

[1] Voyez l'opuscule de M. l'abbé Bargès intitulé *Les Samaritains de Naplouse*, Paris, 1855.

particulier qu'il portait, par sa retraite invisible dans les montagnes, d'où il ne sortait, comme un être surnaturel, que pour porter ses menaces et disparaître aussitôt, tranche fortement avec la physionomie plus simple des prophètes anciens et l'école moins ascétique des prophètes lettrés. Une grande révolution ne tarda pas, en effet, à s'opérer dans la forme du prophétisme. Les prophètes de l'école d'Élie et d'Élisée n'écrivaient pas : à l'ancien prophète homme d'action succède le prophète écrivain, ne cherchant sa force que dans la beauté de la parole. Ces étonnants publicistes enrichirent les écritures hébraïques, limitées jusque-là au récit historique, au cantique et à la parabole, d'un genre nouveau, d'une sorte de littérature politique, alimentée par l'événement du jour, et à laquelle la presse et la tribune des temps modernes peuvent seules être comparées.

Autant l'avenir profane d'Israël semblait détruit sans retour, autant ses destinées religieuses s'agrandissaient. Les derniers temps du royaume de Juda présentent l'un des mouvements religieux les plus étonnants de l'histoire. Les premières origines du christianisme sont là. L'ancienne religion hébraïque, simple, sévère, sans théologie raffinée, n'est presque qu'une négation. Vers le temps dont nous parlons, un piétisme exalté, qui aboutit aux réformes d'Ézéchias et surtout de Josias, introduit dans le mosaïsme des éléments nouveaux. Le

culte se centralise de plus en plus à Jérusalem; la prière commence. Le mot de dévotion, qui ne correspond à rien dans l'ancienne religion patriarcale, commence à avoir un sens. De nouvelles éditions du code mosaïque, conçues sur le ton de la prédication, et dont on relevait l'autorité par certains artifices pieux, se répandent[1]; des cantiques composés par des lettrés et empreints de quelque rhétorique réchauffent dans les âmes le zèle du mosaïsme. Un style lâche, prolixe, mais plein d'onction, dont nous trouvons le type dans l'œuvre de Jérémie, caractérise ces productions. Inutile d'ajouter que chaque recrudescence de piété était accompagnée d'une recrudescence d'intolérance et de persécution contre tout ce qui n'était pas conforme au monothéisme le plus pur.

Une profonde modification se manifeste en même temps dans la manière de sentir. Un esprit de douceur, un sentiment délicat de compassion pour le faible, l'amour du pauvre et de l'opprimé, avec des nuances inconnues de l'antiquité, se font jour de toutes parts. La prophétie de Jérémie et le Deutéronome sont déjà sous ce rapport des livres chrétiens. L'amour, la charité naissent dans le monde. En même temps grandissait l'idée chérie d'Israël, l'attente d'un roi modèle qui ferait régner Dieu dans Jérusalem et réaliserait les anciens

[1] V. II livre des Rois (IV selon la Vulgate), ch. xxii-xxiii.

oracles. On crut longtemps que ce roi parfait allait venir ; mais quand on vit Josias réaliser presque l'idéal du souverain théocratique et périr misérablement, l'espérance se trouva déplacée. Le système très-simple sur lequel reposait l'édifice social d'Israël, le pacte de Dieu et de la nation, en vertu duquel, tant que la nation resterait fidèle à Jéhovah, elle serait heureuse et triomphante, ce système, dis-je, ne pouvait échapper aux plus rudes démentis. Les prophètes, chargés d'appliquer cet étrange principe, devaient avoir plus d'une lutte à soutenir contre la réalité. Souvent les époques où la piété était le plus vive furent les plus malheureuses, et on peut dire que la catastrophe finale surprit Israël au milieu d'une période d'assez grande ferveur. Endurci contre les déceptions, habitué à espérer contre l'espérance, Israël en appela de la lettre à l'esprit. L'idée d'un royaume spirituel de Dieu et d'une loi écrite non sur la pierre, mais dans les cœurs, lui apparut comme l'aurore d'un nouvel avenir.

Pendant qu'au sein de Jérusalem s'agitaient ces délicates questions, d'où dépendait l'avenir religieux du monde, s'établissaient en Orient d'immenses et toutes-puissantes monarchies, auxquelles la destruction du royaume de Juda devait à peine coûter un effort. Les Hébreux, avec leurs idées si simples en fait d'organisation politique et militaire, éprouvèrent une vive impres-

sion d'étonnement et de terreur, quand ils se trouvèrent pour la première fois en présence de cette redoutable organisation de la force, de ce matérialisme impie et brutal, de ce despotisme où le roi usurpait la place de Dieu. Les prophètes, aveugles selon la chair, clairvoyants selon l'esprit, ne cessaient de repousser la seule politique qui pût sauver Israël, de battre en brèche la royauté et d'exciter par leurs menaces et leur puritanisme des agitations intérieures [1]. On les vit sur les ruines de Jérusalem maintenir leur obstination et triompher presque des désastres qui réalisaient leurs prédictions. Une politique vulgaire les condamnerait et les rendrait en grande partie responsables des malheurs de leur patrie; mais le rôle religieux du peuple juif devait toujours être fatal à son rôle politique. Israël devait avoir le sort des peuples voués à une idée, et promener son martyre à travers les dédains du monde, en attendant que le monde rallié vînt lui demander en suppliant une place dans Jérusalem.

IV

La captivité n'atteignit qu'un assez petit nombre des habitants de la Palestine; mais elle frappa la tête de la

[1] Voyez, par exemple, Jérémie, ch. xxxvi.

nation et la classe entière où résidait la tradition religieuse, en sorte que l'esprit tout entier de la Judée se trouva transporté à Babylone. Telle est la cause qui fit éclore sur les bords de l'Euphrate les plus belles productions du génie hébreu, ces psaumes si touchants qui vont à l'âme, l'enchantent et la pénètrent de tristesse et d'espérance, ces incomparables odes prophétiques qu'on a ajoutées à la suite des œuvres d'Isaïe [1]. Il se forma dès lors à Babylone, ou pour mieux dire dans les petites villes groupées autour de la grande cité, comme une seconde capitale du judaïsme. Les restaurateurs des institutions et des études anciennes en Judée, comme Esdras et Néhémie, viennent de là, et s'indignent à leur arrivée de l'ignorance et de la corruption de langage de leurs coreligionnaires de Palestine. Après la destruction de Jérusalem par les Romains, Babylone deviendra de nouveau le centre principal de la culture intellectuelle d'Israël, en sorte qu'on peut dire que deux fois la continuation de la tradition juive s'est faite par cette ville, à la suite des deux grandes catastrophes qui, à sept siècles de distance, ruinèrent entièrement le judaïsme à Jérusalem.

Je ne sais s'il y a dans l'histoire de l'esprit humain un

[1] Ch. xl-lxvi. Les plus fortes preuves établissent que ces morceaux ne sont pas d'Isaïe, mais bien du temps de la captivité.

spectacle plus étrange que celui dont Babylone fut témoin au vie siècle avant l'ère chrétienne. Ce petit groupe d'exilés, perdu au milieu d'une foule profane, sentant à la fois sa faiblesse matérielle et sa supériorité intellectuelle, voyant autour de lui le règne brutal de la force et de l'orgueil, s'exalte et atteint le ciel. De tant d'oracles divins non encore accomplis, de cet amas d'espérances trompées, de cette lutte de la foi et de l'imagination contre la réalité, naquit définitivement le Messie. En présence de l'iniquité triomphante, Israël en appela au *grand jour de Jéhovah* et s'élança résolûment dans l'avenir.

Qu'y vit le prophète innomé [1] qui fut à ce moment décisif l'interprète de la pensée d'Israël? Les rêves du malade qui, dans les accès de la fièvre, voit se dérouler devant lui un autre monde et briller un autre soleil, n'eurent jamais de pareilles ardeurs. On ne peut qu'indiquer le motif de ces hymnes divins par lesquels l'illustre inconnu salua la nouvelle Jérusalem : « Lève-toi, resplendis, Jérusalem!... »—« Voix qui crie dans le désert : préparez les voies de Jéhovah, aplanissez ses sentiers!... »—« Qu'ils sont beaux sur les montagnes, les pieds de celui qui annonce le salut!... »—« Cieux, ré-

[1] Celui dont les ouvrages ont été mis à la suite du recueil d'Isaïe.

pandez votre rosée, et que les nues versent la justice...»
— « Quel est celui-ci qui vient d'Édom, qui arrive de
Bosra les habits rouges de sang?... »—Puis, dans une
obscure et mystérieuse vision, cette sublime apothéose
de l'*homme de douleur,* le premier hymne à la souffrance que le monde ait entendu. Nulle part n'éclate
mieux que dans les pages inspirées dont nous parlons le
don spécial d'Israël, la *foi,* la conscience de sa supériorité
survivant à toutes les défaites, la certitude de l'avenir,
qui donna à une poignée de captifs l'assurance d'affirmer que le monde leur appartiendrait un jour. « Lève
tes yeux à l'entour et regarde, Jérusalem, ces foules
qui viennent et se rassemblent : des fils te sont amenés
des contrées lointaines, des filles se pressent sur ton
sein. Une multitude de chameaux, les dromadaires de
Madian et d'Epha te débordent ; ceux-ci viennent de
Saba, portant l'or et l'argent et annonçant les louanges
de Jéhovah. Les troupeaux de Cédar accourront vers
toi ; les béliers des Nabatéens s'offriront d'eux-mêmes
pour tes sacrifices. Quels sont ceux-ci qui volent comme
des nuées, comme des colombes vers leur abri? Les
îles de la mer sont dans l'attente ; les vaisseaux de Tartesse sont prêts pour t'amener des fils. Des étrangers
s'offriront pour bâtir tes murailles ; les rois se feront tes
serviteurs. Tes portes seront ouvertes nuit et jour afin
de laisser entrer l'élite des nations et les rois amenés

pour te rendre hommage. Les fils de ceux qui t'ont humiliée viendront courbés vers toi ; ceux qui te méprisaient baiseront la trace de tes pieds et t'appelleront Cité de Dieu, sainte Sion d'Israël. Tu suceras le lait des nations, tu t'allaiteras à la mamelle des rois. On n'entendra plus parler d'iniquités sur ta terre, ni de désastres dans tes frontières ; la paix régnera sur tes murs, la gloire siégera à tes portes. Tu n'auras besoin ni de soleil pour éclairer tes jours, ni de lune pour illuminer tes nuits : ton soleil ne se couchera jamais, et ta lune ne connaîtra plus de déclin ; car Jéhovah sera ta lumière éternelle, et les jours de ton deuil seront passés à jamais. »

A partir de ce moment, Israël nous apparaît exclusivement possédé de son idée religieuse. Aucune des distractions profanes auxquelles il s'était par moments attardé ne le troublera désormais. Plus un doute, plus une révolte, plus une tentation d'idolâtrie ; le paganisme ne lui inspire plus que les amères et hautaines dérisions du *Livre de la Sagesse*. Le judaïsme va se resserrant et se fortifiant de plus en plus. La liberté, la simplicité de l'antique génie hébreu, si étranger à tout scrupule de théologie et de casuistique, font place aux petitesses du rabbinisme. Le scribe succède au prophète. Un sacerdoce fortement organisé étouffe toute vie profane : la *Synagogue* devient ce que sera plus tard l'*Église*, une sorte d'autorité constituée contre laquelle vient se briser

toute pensée indépendante. Le piétisme se développe et produit une littérature bien affaiblie, si on la compare aux productions de l'époque classique, mais encore pleine de charmes; quelques psaumes tendres et touchants, aliment éternel des âmes pieuses, et les jolis romans de Tobie et de Judith sont de cette époque. Que l'on compare l'honnête Tobie à Job, frappé comme lui de douleurs imméritées : un monde les sépare. Ici, la patience, la vertu récompensée, de douces et consolantes images; là-bas, la révolte, l'obstination, la dispute et le fier sentiment de l'Arabe disant dans le malheur : « Dieu est grand ! » sentiment qui n'a rien de commun avec la vertu toute chrétienne de la résignation.

Une grande indifférence pour la vie politique fut la conséquence du zèle étroit et sévère qui caractérise les temps auxquels nous sommes arrivés. Israël n'était pas chargé d'enseigner au monde la liberté; aussi, depuis la captivité, le voyons-nous s'accommoder volontiers d'une position subordonnée et exploiter les avantages que lui offrait cette situation, sans paraître se douter qu'elle eût rien de honteux. Pendant que la Grèce, avec des ressources bien peu supérieures à celles de la Palestine, faisait remporter à la liberté sa première victoire, Israël se résignait à n'être qu'une province du *grand roi*, et s'en trouvait assez bien. C'est là, il faut l'avouer, le mauvais côté de l'histoire juive. N'étant jaloux que de

leur liberté religieuse, les Juifs se soumirent sans trop de peine aux régimes qui montrèrent pour leur culte quelque tolérance, et donnèrent à tous les despotismes des serviteurs d'autant plus dévoués qu'ils n'étaient retenus par aucune responsabilité envers la nation. L'empire chaldéen, il est vrai, leur fut odieux, et ils accueillirent sa ruine avec des cris de joie, sans doute parce que cet empire militaire et tout profane n'avait rien qui répondît à leur propre nature. Ils acceptèrent au contraire comme un bienfait la domination des Perses, dont la religion était la moins païenne du monde païen, et offrait par sa gravité, sa tendance au monothéisme, son horreur pour les représentations figurées, beaucoup d'analogie avec le culte mosaïque. Cyrus fut reçu par eux comme un envoyé de Jéhovah, et introduit de plein droit dans la famille élue du peuple de Dieu.

On ne peut nier que les Perses ne se soient montrés assez libéraux envers Israël. Zorobabel, qu'ils rétablirent à la tête de la nation, était de la maison de David, et il n'eût tenu qu'aux Juifs de relever par lui leur dynastie nationale; mais telle était leur froideur politique, qu'après Zorobabel ils laissent sa lignée se continuer obscurément et ne reconnaissent plus d'autre pouvoir que celui du grand-prêtre, qui devient héréditaire. Israël suit de plus en plus sa destinée ; son histoire n'est

plus celle d'un État, mais d'une religion. C'est le sort des peuples qui ont à remplir une mission intellectuelle ou religieuse sur les autres peuples, de payer de leur nationalité cette brillante et périlleuse vocation. Le génie grec n'a agi puissamment sur le monde qu'à une époque où la Grèce n'avait plus de rôle politique. On a très-bien montré que la première cause de la perte de l'Italie a été la tendance universelle de l'Italie, ce *primato* qu'elle a en effet si longtemps exercé, et qui a fait que, voulant être maîtresse partout, elle n'a rien été chez elle. Qui sait si un jour les idées françaises ne rempliront pas le monde, quand la France ne sera plus? Les nationalités qui tiennent fortement à leur sol, qui ne cherchent point à faire prévaloir leurs idées au dehors, sont chez elles très-résistantes, mais elles ont peu d'action dans le mouvement général du monde. Pour agir dans le monde, il faut mourir à soi-même : le peuple qui se fait le missionnaire d'une pensée religieuse n'a plus d'autre patrie que cette pensée, et c'est en ce sens que trop de religion tue un peuple et contrarie un établissement purement national. Les Macchabées sont d'admirables héros, mais leur héroïsme n'excite pas en nous les mêmes impressions que le patriotisme grec et romain. Miltiade combat pour Athènes sans aucune arrière-pensée de théologie ni de croyance; Judas Macchabée combat pour une foi et non pour une patrie, ou du moins la patrie est chez

lui subordonnée à la foi. Cela est si vrai, que, depuis la captivité, le sol de la Palestine devient presque indifférent pour les Juifs. Leurs communautés les plus florissantes, les plus éclairées, les plus pieuses sont répandues dans les régions les plus éloignées de l'Orient.

Une dernière épreuve cependant attendait Israël, et peut-être la plus dangereuse de toutes,—je veux dire la contagion de la civilisation grecque, qui, à partir d'Alexandre, envahit toute l'Asie. Le premier devoir du peuple juif était l'isolement. Ce devoir, il avait pu le remplir sans trop de peine en présence de l'Égypte, de la Phénicie, de l'Assyrie : la Perse avait exercé sur le tour de son imagination une assez forte influence ; mais, grâce à une singulière analogie d'institutions et de génie, cette influence, librement acceptée, ne fut pas une infidélité. La tentation fut bien plus grave devant le prestige incomparable qui devait soumettre à l'influence de l'esprit grec les parties les plus nobles du genre humain. Israël fut d'abord très-profondément entamé. Les colonies juives établies en Égypte se laissèrent prendre aux séductions de l'hellénisme, rompirent la communion avec Jérusalem et sortirent presque entièrement de la famille israélite [1]. La Palestine elle-même subit d'abord

[1] Il est remarquable que Philon et les Juifs d'Égypte n'ont laissé aucune trace dans le vaste dépôt de doctrines qui compose le Tal-

l'action des Séleucides : on vit à Jérusalem un stade et des gymnases; un parti puissant, qui comptait dans son sein presque toute la jeunesse, favorisait ces nouveautés, et, fasciné par l'éclat des institutions grecques, prenait déjà en pitié le culte et les habitudes austères des ancêtres. Mais cette fois encore l'esprit conservateur l'emporta : quelques vieillards obstinés et une famille de héros sauvèrent la tradition à laquelle le monde allait bientôt se rallier.

La mesure du danger nous est donnée par celle de la haine. Malheur à ceux qui essayent de s'opposer au libre développement des besoins religieux de l'humanité ! Les mémoires historiques les plus sacrifiées sont celles des souverains qui, n'ayant pas su bien deviner l'avenir ou ayant follement entrepris de l'arrêter, se sont faits les persécuteurs des mouvements religieux qui devaient triompher; tels furent Antiochus, Hérode, Dioclétien, Julien, tous grands princes selon la terre, que la conscience populaire a damnés sans pitié. Cet Antiochus Épiphane, dont le nom est irrévocablement associé à celui de Néron, était un prince humain [1], éclairé, qui ne voulait sans doute que le progrès de la civilisation et

mud : aujourd'hui encore les vrais Juifs les regardent à peine comme des coreligionnaires.

[1] Voyez le témoignage du Livre même des Macchabées, I, ch. vi, v. 11.

des arts de la Grèce. Les rudes moyens qu'il employa étaient ceux que les Grecs et les Romains mettaient en usage partout et toujours pour faire plier devant eux les civilisations différentes de la leur. Ayant longtemps demeuré à Rome comme otage, Antiochus revint en Syrie la tête pleine des idées de la politique romaine et rêvant un empire d'Orient fondé, comme celui de Rome, sur l'assimilation des nationalités et l'extinction des variétés provinciales. La Judée était le premier obstacle qu'il devait rencontrer dans l'exécution de ce projet. Le sacerdoce était en ce moment fort affaibli ; le grand-prêtre Jésus, qui pour suivre la mode se faisait appeler Jason, s'oublia jusqu'à envoyer une théorie aux jeux héracléens de Tyr ; le temple fut mis au pillage ; un moment Jupiter Olympien y eut son autel, et des bacchanales parcoururent les rues de Jérusalem. Alors commença cette résistance héroïque qui a donné à la religion ses premiers martyrs. Les prêtres et une grande partie de la population de Jérusalem avaient cédé ; mais ce fut le privilége et le secret de la force du peuple juif de maintenir sa foi indépendante du prêtre, en la faisant résider uniquement dans la conscience d'un petit nombre de chefs de famille attachés à des idées très-simples et dominés par un sentiment invincible de leur supériorité. La destinée de l'humanité fut jouée là sur la fermeté de quelques familles. Par suite de cette fermeté, l'esprit

grec fut réduit à l'impuissance en Palestine et privé de toute coopération vraiment féconde à la première éclosion du christianisme.

Une influence bien plus efficace, parce qu'elle s'exerça sans violence et par l'effet de la conformité morale des deux peuples, fut celle de la Perse. La Perse est le seul pays qui ait exercé sur le peuple juif une action religieuse vraiment profonde. Un des résultats les plus importants des études orientales en ces derniers temps a été de montrer le rôle capital que les institutions de l'*Avesta* ont joué dans toute l'Asie occidentale durant les siècles qui précédèrent et ceux qui suivirent immédiatement l'ère chrétienne : c'est à la Perse qu'il faut faire honneur de tant d'éléments nouveaux que nous trouvons dans le christianisme comparé au mosaïsme, éléments qu'un examen superficiel avait fait d'abord rapporter à la Grèce. Babylone, qui continuait d'être un des centres principaux du judaïsme, fut le théâtre de ce mélange, lequel devait avoir des suites si graves dans l'histoire de l'esprit humain, et dont les premières conséquences furent pour les Juifs une théorie plus compliquée d'anges et de démons, un spiritualisme raffiné, si on le compare à l'ancien réalisme hébreu, un goût pour le symbole qui confine presque à la cabale et au gnosticisme, des idées sur les manifestations terrestres de la Divinité tout à fait étrangères aux peuples sémitiques.

La foi à l'immortalité et à la résurrection des corps prend aussi des formes plus arrêtées : les Hébreux n'étaient jamais arrivés sur ce point à rien de bien déterminé ; l'immortalité à laquelle Israël a cru plus qu'aucun peuple est celle de sa race et de son œuvre, non celle de l'individu. Enfin les formules messianiques prennent beaucoup plus de précision et se rattachent à la croyance que la fin du monde était prochaine et serait accompagnée d'un renouvellement de toutes choses [1]. Une série de compositions écrites sous forme de visions apocalyptiques, et que M. Ewald envisage avec raison comme une sorte de renaissance du prophétisme, telles que les livres de Daniel, d'Hénoch, le quatrième livre d'Esdras, les vers sibyllins [2], furent le fruit de ce nouveau goût, qui, si on le compare à la manière des poëtes de la bonne époque, représente une sorte de romantisme. A n'envisager que la forme, ce sont là des productions de pleine décadence ; cependant on y ren-

[1] Voir un excellent travail sur l'origine et la formation des croyances apocalyptiques chez les Juifs, récemment publié dans la *Revue de Théologie* de M. Colani (octobre 1855), par M. Michel Nicolas, professeur à la faculté de théologie de Montauban. On y trouvera la démonstration de ce que je ne puis qu'indiquer ici.

[2] Aucun doute n'est possible sur la date relativement moderne du Livre de Daniel. Voyez les travaux spéciaux de MM. Lengerke, Hitzig, Lücke, Ewald. Une partie des vers sibyllins est d'origine juive.

contre parfois une singulière vigueur de pensée. Le Livre de Daniel en particulier peut être considéré comme le plus ancien essai de philosophie de l'histoire. Les révolutions qui traversaient l'Orient, les habitudes cosmopolites du peuple juif, et surtout l'intuition que ce peuple a toujours eue de l'avenir, lui donnaient sous ce rapport un immense avantage sur la Grèce. Tandis que l'histoire politique, je veux dire l'histoire des luttes intérieures de la cité, a trouvé en Grèce et en Italie ses plus excellents interprètes, Israël a eu la gloire d'envisager le premier l'humanité tout entière, de voir dans la suite des empires autre chose qu'une succession fortuite, et d'assujettir à une formule le développement des affaires humaines. Incomplet tant qu'on voudra, ce système de philosophie de l'histoire est au moins celui qui a le plus vécu : il a duré depuis l'époque des Macchabées presque jusqu'à nos jours ; saint Augustin dans *la Cité de Dieu* et Bossuet dans l'*Histoire universelle* n'y ont rien ajouté d'essentiel.

Un fait nouveau en Israël signala le siècle fécond qui précéda la naissance du Christ : de nombreuses sectes se produisirent, accusant un raffinement de prétentions théologiques inconnu jusque-là. En même temps les pratiques de dévotion particulière, vers lesquelles les anciens Hébreux n'étaient nullement attirés, se répandent, et, suivant l'éternelle loi des religions, toujours

portées à se développer par l'accessoire, oblitèrent le fond antique. Les synagogues, ou lieux de réunion religieuse, dont on ne trouve nulle trace avant la captivité et dont l'institution n'est que médiocrement en harmonie avec l'esprit du mosaïsme, prennent une grande importance et se multiplient de toutes parts. L'influence de la Haute-Asie se fait de plus en plus sentir ; mais, ouverte du côté de l'Orient, Jérusalem reste fermée du côté de la Grèce et repousse obstinément toute action de la philosophie occidentale. Un parti peu nombreux d'hommes éclairés et trop raisonnables pour réussir, les sadducéens, essayent bien de constituer une sorte de mosaïsme rationnel. L'incrédule Hérode fait rebâtir le temple en style grec, et oppose au fanatisme une politique toute mondaine, fondée sur la séparation de l'Église et de l'État et sur l'égale tolérance des différentes sectes. Ces timides remèdes ne pouvaient rien contre le mal mystérieux qui travaillait Israël. Les pharisiens l'emportent : or qu'étaient les pharisiens ? Les continuateurs de la vraie tradition, les fils de ceux qui résistèrent durant la captivité, qui résistèrent sous les Macchabées, les ancêtres des talmudistes et de ceux qui montèrent sur les bûchers du moyen âge, les ennemis naturels de tous ceux qui aspiraient à élargir le sein d'Abraham.

Ainsi se maintint jusqu'au bout la grande loi qui domine l'histoire d'Israël, la lutte de la tendance libérale

et de la tendance conservatrice, lutte où, pour le bonheur du monde, la pensée conservatrice a toujours eu le dessus. Celui qui étudie cette histoire d'après nos idées modernes, reflet des idées de la Grèce et de Rome, est scandalisé à chaque pas : il doit être pour Saül contre Samuel, pour Isboseth contre David, pour les rois contre les prophètes, pour les Samaritains contre les Juifs, pour le parti helléniste contre les Macchabées, pour les sadducéens contre les pharisiens. Et pourtant, si Saül et Isbobeth l'avaient emporté, Israël n'eût été qu'un petit état oublié de l'Orient, quelque chose comme Moab ou l'Idumée. Si les rois eussent réussi à étouffer le prophétisme, peut-être Israël eût-il égalé dans l'ordre des choses profanes la prospérité de Tyr ou de Sidon ; mais tout son rôle religieux eût été supprimé. Si les Macchabées ne s'étaient trouvés pour résister aux Séleucides, la Judée eût été un pays comme la Bithynie ou la Cappadoce, absorbé d'abord par la Grèce, puis par Rome. C'étaient, si l'on veut, des esprits étroits et arriérés que ces Juifs obstinés de Modin, des esprits fermés à toute idée de progrès, nullement doués du sentiment de l'art, incapables de rien comprendre à la civilisation brillante de la Grèce. On ne peut nier aussi que les sadducéens ne nous paraissent en beaucoup de choses supérieurs aux pharisiens. Toute l'histoire d'Israël prouve, par un frappant exemple, que la victoire n'appartient pas ici-bas aux

9

causes qui semblent les plus raisonnables et les plus libérales : elle est à ceux que Jéhovah a choisis pour guider l'humanité vers les terres inconnues que les oracles divins lui ont promises.

Le moment était venu où la pensée large et la pensée étroite allaient se livrer un dernier combat, et où les deux tendances contraires qui s'agitaient en Israël étaient près d'aboutir à un déchirement. D'une part, en effet, le peuple juif avait une mission essentiellement conservatrice; de l'autre, il s'adjugeait hardiment l'avenir. Le jour où cet avenir s'ouvrit, il était facile de prévoir que la synagogue obéirait à son éternelle maxime : espérer toujours et toujours résister. De là la fausse position d'Israël en présence du christianisme et l'origine de cette haine irréconciliable que dix-huit siècles ont à peine assouvie. Le Christ était sorti de son sein, et, pour rester fidèle à son principe, Israël devait le crucifier. Le christianisme était son épanouissement naturel, et il devait le repousser. Chassé du giron de sa mère, ce fils devait grandir contre elle et marcher sans elle aux destinées qui l'attendaient. Saint Paul a exprimé avec l'énergie de son fougueux génie cette situation, la plus extraordinaire que l'histoire religieuse du monde ait présentée.

Arrêtons-nous sur le seuil de la mystérieuse apparition en laquelle se résume toute la vie d'Israël. Les

religions ne meurent ni n'abdiquent, et le judaïsme, après avoir produit son fruit, devait continuer à travers les siècles sa longue et tenace existence. Seulement, l'esprit de vie est désormais sorti de lui : son histoire est belle et curieuse encore; mais c'est l'histoire d'une secte, ce n'est plus par excellence l'histoire de la religion. Que si, en terminant, nous nous posons cette question : Israël a-t-il rempli sa vocation? a-t-il gardé dans la grande mêlée des peuples le poste qui lui fut primitivement confié? Oui, répondrons-nous sans hésiter. Israël a été la tige sur laquelle s'est greffée la foi du genre humain. Nul peuple autant qu'Israël n'a pris sa destinée au sérieux; nul n'a senti si vivement ses joies et ses douleurs de nation; nul n'a plus vécu pour une idée. Israël a vaincu le temps et usé tous ses oppresseurs. Le jour où une fausse nouvelle fit célébrer un an trop tôt la prise de Sébastopol, un vieux juif de Pologne, qui passe ses journées à la Bibliothèque impériale, plongé dans la lecture des manuscrits poudreux de sa nation, m'aborda en me citant ce passage d'Isaïe : « Elle est tombée, elle est tombée, Babylone!... » La victoire des alliés n'était à ses yeux que le châtiment des violences exercées contre ses coreligionnaires par celui qu'il appelait le Nabuchodonosor et l'Antiochus de notre temps. Je crus voir devant moi, dans ce triste vieillard, le génie vivant de ce peuple indestructible. Il a battu des mains

sur toutes les ruines; persécuté par tous, il a été vengé de tous : il ne lui a fallu pour cela qu'une seule chose, mais une chose que l'homme ne se donne pas à lui-même, durer. C'est par là qu'il a réalisé les plus hardies prédictions de ses prophètes : le monde qui l'a méprisé est venu à lui; Jérusalem est vraiment à l'heure présente « une maison de prière pour toutes les nations. » Également vénérée du juif, du chrétien, du musulman, elle est la ville sainte de quatre cent millions d'hommes, et la prophétie de Zacharie s'est vérifiée à la lettre : « En ce temps-là, dix hommes s'attacheront au pan de l'habit d'un Juif, en lui disant : Nous irons avec vous, car nous avons entendu dire que le Seigneur est avec vous ! »

LES HISTORIENS CRITIQUES DE JÉSUS.

On raconte qu'Angelico de Fiésole ne peignait qu'à genoux les têtes de la Vierge et du Christ : il serait bien que la critique fît de même et ne bravât les rayons de certaines figures, devant lesquelles se sont inclinés les siècles, qu'après les avoir adorées. Le premier devoir du philosophe est de s'unir au grand chœur de l'humanité pour le culte de la bonté et de la beauté morales, manifestées dans tous les caractères nobles et les symboles élevés. Le second, c'est l'infatigable recherche de la vérité et la ferme conviction que, si le sacrifice de nos instincts égoïstes peut être agréable à la Divinité, il n'en saurait être de même du sacrifice

de nos instincts scientifiques. La crédulité timide, qui, de peur de voir s'évanouir l'objet de sa foi, donne un corps à toutes les images, est aussi contraire à l'harmonie et à la bonne discipline des facultés humaines que la critique purement négative, qui renonce à l'adoration du type idéal, parce qu'elle a reconnu que l'idéal n'est pas toujours conforme à la réalité. Il serait temps de comprendre que la critique, loin d'exclure le respect et d'impliquer, comme le supposent les personnes timorées, un crime de lèse-majesté divine et humaine, renferme au contraire l'acte du culte le plus pur. Peut-elle craindre surtout de passer pour irrévérencieuse, quand elle cherche à dégager de ses voiles la vraie physionomie du maître sublime qui a dit : « Je suis la vérité ! »

Un instinct si profond porte l'homme à rechercher la vérité au prix de ses croyances les plus chères, cet instinct constitue pour les natures élevées un si impérieux devoir, que la critique des origines d'une religion n'est jamais l'œuvre des libres penseurs, mais des sectateurs les plus éclairés de cette religion. La branche du christianisme qui s'appuie le plus essentiellement sur la Bible est précisément celle qui a créé l'interprétation rationnelle des textes bibliques : les travaux les plus hardis sur l'histoire des fondateurs du christianisme sont venus de théologiens chrétiens. Quand la science

laïque commença à s'occuper de ces difficiles sujets, elle n'eut qu'à résumer à son point de vue les travaux entrepris par l'érudition sacrée, et que la théologie seule, il faut le dire, avait autrefois la liberté d'entreprendre. Si de nos jours le penseur indépendant ose à peine toucher à d'aussi redoutables problèmes, quel eût été dans le passé le sort de l'historien qui, sans égard pour la foi de dix-huit siècles, se fût permis de citer à son tribunal celui dont le front ne nous apparaît que ceint de l'auréole de la divinité? Ce n'est pas à ses débuts que la critique put songer à une entreprise aussi hardie. Le jour où elle porta la main sur ce dernier sanctuaire, elle ne fit qu'achever une longue série d'attentats contre les opinions reçues et planter son drapeau sur une place dont elle avait déjà détruit tous les ouvrages avancés.

Étudiez, en effet, depuis la Renaissance la marche de la critique moderne, vous la verrez, suivant toujours la ligne de son inflexible progrès, remplacer l'une après l'autre les superstitions de la science incomplète par de plus vraies images du passé. Un deuil semble s'attacher à chacun des pas que l'on fait dans cette voie fatale; mais en réalité il n'est pas un des dieux détrônés par la critique qui ne reçoive aussi de la critique des titres plus légitimes à l'adoration. C'est d'abord le faux Aristote des Arabes et des commentateurs du moyen âge qui tombe

sous les coups des hellénistes du xv⁰ et du xvi⁰ siècle, et fait place à l'Aristote authentique et original; puis c'est Platon qui, élevé un instant contre le péripatétisme scolastique, prêché à Florence comme l'Évangile, trouve ses vrais titres de gloire en descendant du rang de révélateur à celui de philosophe; puis c'est Homère, l'idole de la philologie antique, qui un beau jour semble avoir disparu de son piédestal de trois mille ans, et reprend sa vraie beauté en devenant l'expression impersonnelle du génie de la Grèce; puis c'est l'histoire primitive, acceptée jusque-là avec un grossier réalisme, qui arrive à être d'autant mieux comprise qu'elle est plus sévèrement discutée. Marche courageuse de la lettre à l'esprit, pénible déchiffrement qui substitue à la légende une réalité mille fois plus belle, telle est la loi de la critique moderne. Wolf a plus fait pour la gloire véritable d'Homère que des générations d'aveugles admirateurs, et j'ai toujours regretté de ne pas le voir figurer dans le beau tableau de M. Ingres parmi ceux à qui l'Iliade et l'Odyssée doivent la meilleure part de leur immortalité.

Il était inévitable que la critique, dans cette recherche passionnée des origines, rencontrât la collection d'ouvrages, produits plus ou moins purs du génie hébreu, qui, de la Genèse à l'Apocalypse, forment, selon le point de vue où l'on se place, ou le plus beau des

livres sacrés ou la plus curieuse des littératures. Après tant d'admirables travaux entrepris pour l'intelligence de l'antiquité grecque, latine et même orientale, comment n'eût-on pas songé à la Bible? Comment se fût-on refusé à l'examen du plus précieux monument qui nous reste sur la plus intéressante des antiquités? Arrêter l'esprit humain sur cette pente eût été chose impossible. Toutefois, comme l'orthodoxie était encore la loi de la vie extérieure et même de la plupart des consciences, ce furent des croyants qui essayèrent d'abord la critique biblique. Naïve illusion, qui prouve au moins la bonne foi de ceux qui entreprirent cette œuvre, et plus encore la fatalité qui entraîne l'esprit humain, engagé dans les voies du rationalisme, à une rupture, que d'abord il repousse, avec la tradition!

I

La critique a deux manières de s'attaquer à un récit merveilleux (quant à l'accepter tel qu'il est, elle n'y peut songer, puisque son essence est la négation du surnaturel [1]) : 1º Admettre le fond du récit, mais l'ex-

[1] Une explication est devenue nécessaire sur ce mot depuis que des écrivains ont pris l'habitude de désigner par le mot *surnaturel* l'é-

pliquer en tenant compte du siècle et des personnes qui nous l'ont transmis, des formes reçues à telle ou telle époque pour exprimer les faits ; 2º porter le doute sur le récit lui-même, et rendre compte de sa formation, sans lui accorder de valeur historique. — Dans la première hypothèse, on s'attache à expliquer la matière même de l'histoire ; on suppose par conséquent la réalité de cette matière. Dans la seconde, sans rien prononcer sur cette réalité, on analyse comme un simple fait psychologique l'apparition du récit ; on l'envisage comme un poëme créé de toutes pièces par la tradition, et n'ayant ou pouvant n'avoir d'autre cause que les instincts de la nature spirituelle de l'homme. En exégèse biblique, on donne à ceux qui suivent la première méthode le nom de *rationalistes* [1]

lément idéaliste et moral de la vie, en opposition avec l'élément matérialiste et positif. En ce sens, on ne pourrait nier le surnaturel sans tomber dans un grossier sensualisme, qui est aussi éloigné que possible de ma pensée ; car je crois au contraire que seule la vie intellectuelle et morale a quelque prix et une pleine réalité. J'entends ici par surnaturel le *miracle*, c'est-à-dire un acte particulier de la Divinité, venant s'insérer dans la série des événements du monde physique et psychologique, et dérangeant le cours des faits en vue d'un gouvernement spécial de l'humanité.

[1] Il est nécessaire d'avertir que le nom de *rationalistes* est pris ici dans un sens purement conventionnel, pour désigner les exégètes qui les premiers appliquèrent à la Bible la critique évhémériste. Les vrais rationalistes ne sont, à nos yeux, ni les exégètes qui fu-

(parce que d'abord ils s'opposèrent seuls aux supernaturalistes), et on réserve aux partisans de la seconde le nom de *mythologues*.

Le premier mode d'explication, dont l'emploi exclusif ne pouvait manquer de conduire à des vues singulièrement étroites, fut seul connu de l'antiquité. Évhémère a laissé son nom au système qui, dans l'interprétation des mythes, substitue des faits naturels aux traditions merveilleuses. L'exégèse protestante fut d'abord le pur évhémérisme[1]. Un homme dont le nom n'occupe pas dans l'histoire de l'esprit humain la place qu'il mériterait, Eichhorn, appliqua le premier à la Bible ce système d'interprétation. Les progrès de l'histoire et de la philosophie l'avaient amené à l'alternative d'admettre l'intervention divine chez tous les peuples à leur âge primitif ou de la nier chez tous. Chez tous les peuples anciens, observait-il, ce qui était inattendu et incompris était rapporté à la Divinité; les sages vivaient toujours en communication avec des êtres supérieurs. En dehors de l'histoire hébraïque, personne

rent d'abord décorés de ce nom, ni les *mythologues*, mais bien ceux qui appliquent ou appliqueront à l'histoire juive et à l'histoire chrétienne une critique dégagée de toute préoccupation dogmatique.

[1] L'histoire de ces premiers essais a été parfaitement traitée par Strauss, *Vie de Jésus*, introduction. Voir aussi l'*Introduction à l'Anc. et au Nouv. Test.* de M. l'abbé Glaire, t. I, p. 534 et suiv.

n'est tenté de croire à la vérité littérale de pareils récits. Mais évidemment, ajoutait Eichhorn, la raison exige que l'on traite les Hébreux et les non-Hébreux de la même façon; en sorte qu'il faut ou placer tous les peuples durant leur enfance sous l'action d'êtres supérieurs, ou ne croire chez aucun d'eux à une telle influence. Admettre un supernaturalisme primitif commun à toutes les nations, c'est créer un monde de fables. Ce qu'il y a donc à faire, c'est de concevoir les anciens récits selon l'esprit du temps qui nous les a légués. Sans doute, s'ils étaient écrits avec la précision de notre siècle, il faudrait y voir ou une réelle intervention de la Divinité ou un mensonge inventé pour faire croire à une telle intervention; mais provenant d'une époque qui n'avait pas de critique, ces naïfs documents s'expriment sans artifice et conformément aux opinions reçues au temps où ils furent rédigés. Pour avoir la vérité, il s'agit donc seulement de traduire dans notre langue la langue des anciens. Tant que l'esprit humain n'avait pas encore pénétré la véritable cause des phénomènes physiques, il dérivait tout de forces surnaturelles : les hautes pensées, les grandes résolutions, les inventions utiles, et surtout les songes à vives images venaient d'un Dieu. Et ce n'était pas seulement le peuple qui embrassait ces faciles explications; les hommes supérieurs n'avaient eux-mêmes aucun doute à cet

égard, et se vantaient avec une pleine conviction de relations avec la Divinité.

Sous les récits merveilleux de la Bible, il faut donc, disait Eichhorn, chercher des faits naturels et simples, exprimés selon les habitudes des peuples enfants. Ainsi la fumée et la flamme du Sinaï ne furent autre chose qu'un feu que Moïse alluma sur la montagne pour exciter l'imagination du peuple, et avec lequel, par hasard, coïncida un violent orage; la colonne lumineuse était une torche qu'on portait devant le front de la caravane; l'apparition radieuse de la face du législateur fut une suite de son grand échauffement, et lui-même, qui en ignorait la cause, y vit avec le peuple quelque chose de divin.

C'était un pas immense d'avoir assujetti le corps des écritures hébraïques à la même méthode d'interprétation que le reste des œuvres de l'esprit humain, quelque défectueuse que fût encore cette méthode d'interprétation. Il fallut du temps pour qu'on s'enhardît à traiter de la même manière les écrits du Nouveau-Testament, composés à une époque plus rapprochée de nous, et objets d'une vénération plus spéciale. Eichhorn, comme tous les réformateurs, s'arrêta au premier pas et n'appliqua que très-timidement la méthode rationaliste aux faits évangéliques; à peine se hasarda-t-il à proposer des sens naturels pour quelques récits de l'histoire des apôtres, comme la conversion de saint Paul, le miracle de

la Pentecôte, les apparitions angéliques. Ce fut en 1800 que le D^r Paulus entra à pleines voiles dans cette mer nouvelle, et jeta les premières bases d'une histoire critique de Jésus. Paulus distingua avec beaucoup de finesse ce qui dans une narration est fait (élément objectif) et jugement du narrateur (élément subjectif). Le fait, c'est la réalité qui sert de fond au récit; le jugement du fait, c'est la façon dont le spectateur ou le narrateur l'a envisagé, l'explication qu'il s'en est donnée à lui-même, la manière, en un mot, dont le fait s'est réfracté dans son individualité. Les Évangiles, selon Paulus, sont des *histoires* écrites par des hommes crédules, sous l'empire d'une vive imagination. Les évangélistes sont des *historiens* à la façon de ces naïfs témoins qui, en nous racontant le trait le plus simple, ne peuvent s'empêcher de nous le présenter avec des additions de leur chef. Pour avoir la vérité, il faut se placer au point de vue de l'époque et séparer le fait réel des embellissements que la foi crédule et le goût du merveilleux y ont ajoutés. Paulus tient fermement à la vérité historique des récits; il s'efforce d'introduire dans l'histoire évangélique un rigoureux enchaînement de dates et de faits; mais ces faits n'ont rien qui exige une intervention surnaturelle. Pour lui, Jésus n'est pas le fils de Dieu dans le sens de l'Église, mais c'est un homme sage et vertueux : ce ne sont pas des miracles qu'il ac-

complit; mais ce sont des actes tantôt de bonté et de philanthropie, tantôt d'habileté médicale, tantôt de hasard et de bonne fortune.

Quelques exemples feront comprendre ce qu'une telle exégèse, parfois ingénieuse, avait le plus souvent de subtil et de forcé. Prenons d'abord le récit de l'Évangile sur la naissance de Jean-Baptiste : ce récit renferme deux faits surnaturels et par conséquent inacceptables, l'apparition de l'ange et le mutisme subit de Zacharie. Les exégètes dont nous parlons expliquent l'apparition de l'ange par les lois habituelles de l'angélophanie. Pour les uns, ce fut un homme qui dit au père de Jean-Baptiste ce que celui-ci attribua à un messager céleste; pour les autres, ce fut un éclair qui frappa son imagination; pour d'autres, ce fut un rêve; pour d'autres, une extase ou hallucination provoquée par l'état mental où il se trouvait et par la fonction religieuse qu'il accomplissait. L'esprit excité, dans la demi-obscurité du sanctuaire, il pense, tout en priant, à l'objet de ses souhaits les plus ardents; il espère être exaucé, et il est par conséquent disposé à voir un signe dans tout ce qui pourra se montrer. La fumée de l'encens, éclairée par les lampes, forme des figures; le prêtre s'imagine apercevoir un être céleste qui l'effraye d'abord, mais de la bouche duquel il croit bientôt entendre des promesses consolantes. A peine un doute léger commence-t-il à naître dans son

cœur que le scrupuleux Zacharie se regarde comme coupable d'incrédulité et se croit réprimandé par l'envoyé de Dieu. — Quant au mutisme, une double explication est possible : ou bien une apoplexie subite paralyse réellement la langue de Zacharie, ce qu'il regarde comme une punition de ses doutes; ou bien Zacharie, par une superstition juive, s'interdit à lui-même pendant quelque temps l'usage de la parole, qu'il s'accuse d'avoir mal employée. Tous les traits du récit étaient ainsi acceptés comme réels, mais expliqués sans miracle : les nouveaux exégètes ne songèrent pas un moment à se demander si le récit en question n'était pas une fiction conçue sur le modèle des circonstances que l'Ancien Testament place à la naissance de tous les grands hommes.

Prenons encore pour exemple le récit de l'Évangile sur le jeûne que Jésus aurait prolongé durant quarante jours. A en croire les rationalistes, *quarante* était un nombre rond pour signifier plusieurs jours, ou bien cette abstinence ne fut pas complète et n'exclut pas les herbes et les racines. L'un d'eux fit même observer qu'il est bien dit que Jésus n'a rien mangé, mais nulle part qu'il n'ait rien bu. Or, ajoutait-il, on a vu un enthousiaste se soutenir pendant quarante-cinq jours avec de l'eau et du thé, sans aucun aliment.

Les autres faits merveilleux de la vie de Jésus étaient

expliqués d'une manière analogue. La lumière céleste des bergers de Bethléem ne fut ni plus ni moins qu'une lanterne qu'on leur porta aux yeux. L'étoile des mages fut une comète, et s'il est dit que l'étoile les accompagna dans leur voyage, cela doit s'entendre du fanal qu'on portait devant eux pendant la nuit. Quand on raconte que Jésus marcha sur la mer, cela veut dire qu'il rejoignit ses disciples à la nage ou en marchant sur le bord. Une autre fois, il calma la tempête en saisissant le gouvernail d'une main ferme. La multiplication des pains s'explique par des magasins secrets ou par des provisions que les auditeurs avaient dans leurs poches. Les riches en avaient trop ; les pauvres en avaient trop peu ou n'en avaient pas du tout : Jésus, en vrai philanthrope, conseilla de mettre le dîner en commun, et il y en eut pour tout le monde. Les anges de la résurrection ne furent autre chose que des linceuls blancs, que les pieuses femmes prirent pour des êtres célestes. L'ascension fut de même réduite aux proportions d'un fait naturel par l'hypothèse d'un brouillard, à la faveur duquel Jésus s'esquiva adroitement et se sauva de l'autre côté de la montagne.

C'était là certes une étroite exégèse, bien peu propre à sauver la dignité du caractère de Jésus, exégèse toute de subtilités, fondée sur l'emploi mécanique de quelques procédés (extase, éclair, orage, nuage, etc.) ; exégèse

d'ailleurs bien inconséquente au point de vue théologique : car si les narrateurs sacrés ne méritent aucune foi sur les circonstances, pourquoi tenir si fort à leur véracité sur le fond du récit? Des erreurs de détail ne sont pas plus compatibles que des impostures avec l'inspiration du Saint-Esprit. On ne tarda pas à sentir l'insuffisance d'une méthode d'interprétation aussi mesquine. Eichhorn lui-même, le père de l'évhémérisme biblique, reconnut la nécessité d'une exégèse plus large pour quelques parties des livres de l'Ancien Testament, et particulièrement pour les traditions relatives à la création et à la chute de l'homme. Après avoir tenté diverses explications naturelles de ces traditions et avoir soutenu, en scrupuleux théologien, qu'il serait indigne de la Divinité d'avoir laissé insérer un fragment mythologique dans un livre révélé, il reconnut la puérilité de pareilles tentatives, et ne vit plus dans le récit précité que la traduction mythique de cette pensée philosophique : le désir d'un meilleur état est la source de tout le mal dans le monde.

II

L'explication dite rationaliste avait pu satisfaire le premier besoin de hardiesse qu'éprouvait l'esprit humain en prenant possession d'un terrain longtemps défendu. Mais l'expérience devait bientôt en révéler les insoutena-

bles défauts, la sécheresse, la grossièreté. Jamais ne s'était mieux réalisée l'ingénieuse allégorie des filles de Minée, changées en chauves-souris pour avoir critiqué comme choses sérieuses les croyances vulgaires. Il y a autant de bonhomie et de crédulité, mais beaucoup moins de poésie, à discuter lourdement la légende dans ses détails qu'à l'accepter une fois pour toutes dans son ensemble. Nous traitons avec raison de barbares les hagiographes du xviie siècle, qui, en écrivant la *Vie des Saints*, admettaient certains miracles et en rejetaient d'autres comme trop difficiles à croire. Il est clair qu'avec ce principe il eût fallu les rejeter tous, et, à une critique mesquine qui fait violence aux textes pour n'être qu'à demi raisonnable, nous préférons, au point de vue de l'esthétique, la manière de la *Sainte Élisabeth* de M. de Montalembert, où les fables sont recueillies sans distinction, de telle sorte qu'il est parfois douteux si l'auteur croit tout ou s'il ne croit rien. On reste libre au moins de supposer que c'est de parti pris qu'il n'a pas voulu se montrer difficile, et le livre ainsi composé garde un incontestable mérite comme œuvre d'art. Telle était aussi la belle et poétique manière de Platon; tel est le secret du charme inimitable que l'usage demi-croyant demi-sceptique des mythes populaires donne à sa philosophie [1]. Mais accepter une partie

[1] PHÈDRE : Dis-moi, Socrate, n'est-ce pas ici quelque part sur les bords de l'Ilissus que Borée enleva la jeune Orithye ? — Soc. : On

des récits miraculeux et rejeter l'autre ne peut être que d'un esprit étroit. Rien de moins philosophique que de faire à l'impossible sa part et d'appliquer une critique réaliste à des récits conçus en dehors de toute réalité.

L'étude de la mythologie comparée produisait de toutes parts en Allemagne des idées nouvelles. Heyne, Wolf, Niebuhr et bientôt Ottfried Müller, dévoilaient l'antiquité grecque et latine : l'Inde ouvrait ses trésors, et fournissait des documents inappréciables, sans lesquels l'histoire de l'esprit humain eût été à jamais incomplète. Heyne avait proclamé ce beau principe : *A mythis*

le dit. —Mais dis-moi, de grâce, crois-tu donc à cette aventure fabuleuse ? — Si j'en doutais, comme les savants, je ne serais pas fort embarrassé. Je pourrais subtiliser et dire que le vent du nord la fit tomber d'un des rochers voisins, quand elle jouait avec Pharmacée, et que ce genre de mort donna lieu de croire qu'elle fut ravie par Borée.... Pour moi, mon cher Phèdre, je trouve ces explications très-ingénieuses, mais j'avoue qu'elles demandent trop de travail, de raffinement, et qu'elles mettent un homme dans une assez triste position ; car alors il faut qu'il se résigne aussi à expliquer de la même manière les Hippocentaures, ensuite la Chimère, et je vois arriver les Pégases, les Gorgones, une foule innombrable d'autres monstres plus effrayants les uns que les autres, qui, si on leur refuse sa foi, et si l'on veut les ramener à la vraisemblance, exigent des subtilités presque aussi bizarres qu'eux-mêmes et une grande perte de temps. Je n'ai point tant de loisir.... Je renonce donc à l'étude de toutes ces histoires, et me bornant à croire ce que croit le vulgaire, je m'occupe, non de ces choses indifférentes, mais de moi-même. (Trad. de M. Cousin, t. VI, p. 7-9.)

omnis priscorum hominum cum historia tum philosophia procedit[1]. Gabler, Bauer, Vater, de Wette appliquèrent à l'histoire sacrée les principes de critique si délicatement reconnus pour l'histoire profane, et, en 1802, Bauer faisait paraître une *Mythologie hébraïque de l'Ancien et du Nouveau Testament*. La plus ancienne histoire de tous les peuples, disait Bauer, est mythique; pourquoi l'histoire des Hébreux ferait-elle seule exception, quand un simple coup d'œil jeté sur les livres de la Bible prouve qu'ils contiennent des légendes semblables à celles des autres peuples? Ici triomphait facilement la nouvelle école; car où trouver des récits mythologiques plus caractérisés que ceux de la tentation d'Ève, de Noé et de l'arche, de Babel, etc.? Dès 1805, Wecklein, professeur de théologie à Münster, enseignait que l'enlèvement d'Hénoch et d'Élie n'avait pas plus de réalité que celui de Ganymède, que l'apparition de l'ange à Agar était du même ordre que celle d'Apollon à Diomède, que Jéhovah secourt Gédéon et Samson comme Jupiter les Troyens. La nouvelle explication devint bientôt une théorie complète; il y eut dans la Bible des mythes historiques, philosophiques, poétiques, et bientôt on eut retrouvé dans l'histoire des Hébreux tous les traits de cet âge primitif

[1] Pour la théorie générale du mythe, voir l'excellent ouvrage d'Ottfried Müller, *Prolegomena zu einer wissenschaftlichen Mythologie* (Gœttingen, 1825).

où l'esprit humain, sans calcul ni artifice, ne savait exprimer la vérité que sous l'enveloppe de la fable. Quelle absurdité, disaient aux rationalistes les exégètes de la nouvelle école, de retrancher le merveilleux du Pentateuque, par exemple, tandis qu'il est de toute évidence que l'écrivain dans une foule d'endroits a cru raconter des miracles ! C'est vouloir entendre mieux que lui ses propres paroles. De pareils récits ne doivent donc pas être traités comme historiques : ils sont légendaires et traditionnels. La tradition, dit de Wette, n'a point de discernement ; sa tendance n'est pas historique, mais patriotique et poétique. Plus les récits sont beaux, honorables pour la nation, merveilleux, mieux ils sont reçus, et s'il reste çà et là quelques lacunes, l'imagination se hâte de les combler. Chose bizarre, et qui ne se comprend qu'en Allemagne, un tel système était proposé par des théologiens, comme le seul moyen de défendre la Bible contre les objections de ses adversaires !

De même que l'interprétation évhémériste avait été appliquée aux récits de l'Ancien Testament avant de l'être à ceux du Nouveau, de même quelque temps s'écoula avant que les exégètes mythologues se permissent de toucher au saint des saints. Mais la pente était fatale. Bauer, sans traiter l'Évangile comme une histoire mythique d'un bout à l'autre, y trouvait déjà des

mythes isolés, et avouait que les récits de l'enfance de Jésus, par exemple, ne pouvaient recevoir d'autre explication. Ils venaient, disait-il, du penchant naturel qui donne cours à tant d'anecdotes merveilleuses sur la jeunesse des hommes célèbres, anecdotes qui trouvent dans la postérité une créance facile. Les évangélistes d'ailleurs n'avaient pu avoir aucun document historique sur ces premières années, puisque Jésus n'avait point encore excité l'attention. Presque tous les exégètes admettaient naïvement que les récits des évangiles ne méritent quelque confiance que pour les dernières années de la vie de Jésus, et les plus timorés se bornaient à regarder les chapitres relatifs à l'enfance dans Luc et Matthieu comme des interpolations apocryphes. Ainsi l'explication mythologique, admise d'abord sur le seuil de l'Ancien Testament, l'était maintenant sur le seuil du Nouveau ; mais on lui défendait très-sérieusement d'aller plus loin.

Ces barrières ne tardèrent point à tomber. Les derniers faits de la vie de Jésus, l'ascension surtout, parurent empreints du même caractère que ceux de l'enfance et semblèrent réclamer la même explication. Ainsi l'édifice était entamé à ses deux extrémités, et, suivant l'expression d'un théologien, on entrait dans l'histoire évangélique par la porte triomphale des mythes, et l'on en sortait par une porte semblable ; mais

pour tout l'espace intermédiaire, il fallait se contenter du sentier tortueux et pénible de l'explication naturelle.

On ne s'en contenta pas longtemps. Gabler crut voir des mythes dans tous les faits miraculeux de la vie publique. En effet, disait-il, du moment que l'idée du mythe est introduite dans l'Évangile, aucune ligne de démarcation ne peut plus être tracée, et, depuis le début jusqu'à la fin, le mythe pénètre de force jusqu'au cœur de l'histoire évangélique. Pourquoi s'arrêter au baptême de Jésus, quand cette scène elle-même est racontée d'une façon évidemment légendaire? Et si l'ascension est placée au rang des mythes, pourquoi ne pas reconnaître le même caractère à la résurrection, à l'apparition de Gethsémani, etc.? Ainsi, bravant les limites qu'on avait voulu lui poser, le mythe fit sur tous les points invasion dans l'histoire de Jésus.

Après cette victoire, l'école mythologique offrait pourtant de nombreuses variétés. A côté de l'explication mythique, plusieurs admettaient encore l'explication évhémériste, ou mélangeaient les deux dans des proportions diverses. On ne renonçait pas à chercher une histoire dans l'Évangile. Les plus sages déclaraient qu'il n'était guère possible de distinguer quelle part on doit faire à la réalité et quelle part au symbole. La critique, disaient-ils, n'a pas d'instrument assez tranchant pour isoler ces deux éléments l'un de l'autre; tout au

plus peut-on arriver à une sorte de probabilité et dire : Ici il y a plus de réalité historique; là prédominent le mythe et la poésie.

L'Allemagne ne s'arrête jamais sur le chemin de la spéculation et dépasse presque toujours la mesure dans l'application de ses théories. Aux mythologues éclectiques succédèrent les mythologues absolus, qui aspirèrent à expliquer tous les faits de l'Évangile par des mythes purs, et renoncèrent à la tentative d'en extraire un résidu historique. Le docteur David-Frédéric Strauss s'est fait une réputation européenne en présentant ce système avec un vaste appareil de science et de raisonnements dans son livre célèbre de la *Vie de Jésus*[1]. « L'ancienne interprétation de l'Église, dit-il dans la préface de sa première édition, partait de deux suppositions : la première, que les évangiles renferment de l'histoire; la seconde, que cette histoire est une histoire surnaturelle. Le rationalisme, rejetant la seconde de ces propositions, ne s'en attachait que plus fortement à la première, savoir qu'il se trouve dans ces livres une histoire, mais une histoire naturelle. La science ne peut ainsi rester à mi-chemin ; il faut encore laisser tomber l'autre supposition ; il faut rechercher si et jusqu'à quel

[1] *Vie de Jésus, ou examen critique de son histoire*, par le Dr D.-F. Strauss, traduite par M. E. Littré, de l'Académie des inscriptions et belles-lettres ; 2ᵉ édit., 2 vol. Paris, Ladrange, 1853.

point nous sommes dans les évangiles sur un terrain historique : c'est là la marche naturelle des choses; et, sous ce rapport, l'apparition d'un ouvrage comme celui-ci est non-seulement justifiée, mais encore nécessaire. »

Strauss a ici pleinement raison. Il fallait ignorer profondément l'histoire de la théologie allemande pour avoir entassé, comme on l'a fait, sur le nom d'un seul homme les malédictions qui reviennent à tout le travail intellectuel dont il est le résumé. Déclamer contre ces inévitables apparitions, s'autoriser de ce qu'elles ont de partiel et d'incomplet pour nier ce qu'elles ont de légitime, c'est s'attaquer à la fatalité de la raison, à la marche nécessaire de l'esprit humain. Strauss est un des anneaux de la science moderne. Les *Prolégomènes à Homère*, de Wolf, devaient nécessairement amener la *Vie de Jésus*. Certes, après Wolf, la question homérique, comme après Strauss la question évangélique, a fait bien des progrès; mais les erreurs mêmes où ces deux grands critiques ont pu tomber sont de celles qu'on doit tenir pour fécondes et qui préparent la découverte de la vérité.

De tous les penseurs de l'Allemagne, Strauss est peut-être le plus mal apprécié en France. La plupart ne le connaissent que par les injures de ses adversaires et pour avoir entendu dire qu'un extrava-

gant de ce nom a nié l'existence du Christ; car c'est en des termes aussi absurdes que l'on a résumé la *Vie de Jésus.* D'un autre côté, ceux qui envisageraient Strauss comme un historien dégagé de toute préoccupation étrangère à la science, se méprendraient sur son véritable caractère. Strauss, il faut le dire, quelque surprenante que puisse paraître cette double assertion, Strauss est à la fois un théologien (pour plusieurs un théologien timide) et un philosophe de l'école de Hegel.

Oui, il ne faut jamais l'oublier quand on lit la *Vie de Jésus,* ce livre est un livre de théologie, un livre d'exégèse sacrée, un livre du même ordre que ceux de Michaëlis, Eichhorn, Paulus, qui prétendaient bien ne pas sortir du monde théologique. Ce ne sont pas les libres et faciles allures de la science indépendante, c'est un système d'herméneutique qui s'oppose à un autre système avec une pédantesque roideur. En France, où la scission entre la théologie et la science profane est beaucoup plus marquée, où chacun de ces deux ordres d'études vit à part et sans se soucier de l'autre, nous ne pouvons comprendre un phénomène aussi singulier. Voltaire, en Allemagne, eût été professeur dans une faculté de théologie. Le célèbre Gesenius, le plus hardi des rationalistes, expliquait il y a quelques années, à Halle, la *littérature hébraïque* au milieu des applaudissements de plus de 800 auditeurs, tous futurs ministres du saint Évangile. Strauss

lui-même a été professeur de théologie, et aurait pu enseigner officiellement son système dans une chaire sacrée. Écoutons-le exprimer à cet égard les scrupules de de sa conscience timorée. « L'auteur, dit-il dans la préface de la première édition, sait que l'essence interne de la croyance chrétienne est complétement indépendante de ses recherches critiques. La naissance surnaturelle du Christ, ses miracles, sa résurrection et son ascension demeurent d'éternelles vérités, à quelques doutes que soit soumise la réalité de ces choses en tant que faits historiques. Cette certitude seule peut donner à notre critique repos et dignité et la distinguer des explications naturelles des siècles précédents ; explications qui, se proposant de renverser aussi la vérité religieuse avec le fait historique, étaient nécessairement frappées d'un caractère de frivolité.... Cependant quelques-uns pourront se sentir atteints dans leur foi par des recherches de cette nature. S'il en était ainsi pour des théologiens, ils auraient dans leur science un remède à de pareilles atteintes, qui ne peuvent leur être épargnées du moment qu'ils ne veulent pas rester en arrière du développement de notre époque. *Quant aux laïques, il est vrai que la chose n'est pas convenablement préparée pour eux.* Aussi le présent écrit a-t-il été disposé de manière à faire du moins remarquer plus d'une fois aux laïques peu instruits qu'il ne leur a pas été destiné ; et si, par une curiosité

imprudente ou par trop de zèle anti-hérétique, ils se laissent aller à le lire, ils en porteront, comme dit Schleiermacher dans une semblable circonstance, la peine dans leur conscience, car ils ne peuvent échapper à la conviction qu'ils ne comprennent pas ce dont ils voudraient bien parler. »

Strauss, qu'on présente en France comme une sorte d'antechrist, est donc bien réellement un théologien ; ajoutons, au risque de paraître chercher le paradoxe, que ce théologien est un disciple de Hegel. La *Vie de Jésus* n'est au fond que la philosophie du chef de l'école allemande contemporaine appliquée aux récits évangéliques ; la christologie du théologien n'est que la traduction symbolique des thèses abstraites du philosophe. Dieu n'est pas un infini inaccessible qui réside obstinément en dehors et au-dessus du fini ; il y pénètre, de telle sorte que la nature finie, c'est-à-dire le monde et l'esprit humain, ne sont qu'une aliénation qu'il fait de lui-même et de laquelle il sort de nouveau pour rentrer dans son unité. L'homme n'a pas de vérité en tant qu'esprit fini ; Dieu à son tour n'a point de réalité en tant qu'esprit infini et se renfermant dans son infinité. La vraie et réelle existence de l'esprit n'est donc ni Dieu en soi ni l'homme en soi, mais elle est le Dieu-homme. Du moment que l'humanité est assez mûre pour faire sa religion de cette vérité, que Dieu est homme et que

l'homme est de race divine, il faut qu'il surgisse un individu que l'on sache être le Dieu présent. Ce Dieu-homme, renfermant en un seul être l'essence divine et la personnalité humaine, a vraiment l'esprit divin pour père et une mère humaine. Homme d'essence divine, il est sans péché et parfait; il domine la nature, il fait des miracles, et pourtant, par son humanité, il est dépendant de la nature, il est sujet aux souffrances et à la mort. Opposé aux hommes qui ne dépassent point leur nature finie, il doit mourir violemment de la main des pécheurs; mais il sait le moyen de sortir de cet abîme et de reprendre le chemin vers lui-même. La mort de l'homme-Dieu n'étant que la suppression de son aliénation, est dans le fait une élévation et un retour à Dieu; par conséquent sa mort est nécessairement suivie de la résurrection et de l'ascension.

Ce Christ *à priori,* on le devine bien, n'est point encore le Christ historique, celui qui a porté le nom de Jésus. C'est l'esprit humain, et l'esprit humain seul, qui réunit tous les attributs du Christ hégélien. Il n'a pas existé un individu formé par un privilége unique de l'essence divine et de l'essence humaine, dominant la nature, faisant des miracles, ressuscité corporellement; il n'a pas existé un individu plus exclusivement Dieu qu'on ne l'avait été avant lui ou qu'on ne le sera après lui. Tel n'est pas le procédé par lequel l'idée se réalise:

elle ne prodigue pas toute sa richesse à une seule copie, pour être avare envers les autres. L'unité de la nature divine et de la nature humaine, si on en conçoit l'humanité comme l'incarnation, n'est-elle pas réelle dans un sens infiniment plus élevé que si on la limite à un individu? Une incarnation continue de Dieu n'est-elle pas plus vraie qu'une incarnation bornée à un point du temps? Placées dans un individu, les propriétés et les fonctions du Christ se contredisent; elles concordent dans l'idée de l'espèce. L'humanité est la réunion des deux natures, le Dieu fait homme, c'est-à-dire l'esprit infini qui s'est aliéné lui-même jusqu'à la nature finie, et l'esprit fini qui se souvient de son infinité. Elle est l'enfant de la mère visible et du père invisible, de l'esprit et de la nature. Elle est celui qui fait des miracles; car, dans le cours de l'histoire humaine, l'esprit s'assujétit de plus en plus la matière. Elle est l'impeccable, car la marche de son développement est au-dessus du reproche; la souillure ne s'attache jamais qu'à l'individu, elle n'atteint pas l'espèce et son histoire. Elle est celui qui meurt, ressuscite et monte au ciel; car en rejetant le fini qui la borne comme esprit individuel, national et planétaire, elle s'unit à l'esprit infini.

Toutefois la christologie hégélienne, en plaçant son idéal au-dessus de Jésus en tant que personne historique, essaie de faire sa part au divin fondateur. A la tête de

tous les grands actes de l'humanité se trouvent des individus doués de hautes facultés, que l'on désigne d'ordinaire par le titre de génies, mais qui, lorsqu'il s'agit de créations religieuses, méritent un nom plus saint. Jésus fut de ce nombre. Nul homme n'ayant eu et nul homme ne devant avoir un sentiment plus vif de son identité avec le Père céleste, il ne sera jamais possible de s'élever au-dessus de lui en matière de religion, quelques progrès que l'on fasse dans les autres branches de la culture intellectuelle. La foi religieuse a pu sans doute se perfectionner après lui, en se débarrassant de bien des superstitions et de la croyance au surnaturel ; mais ces progrès ne peuvent être comparés au pas gigantesque que Jésus a fait faire à l'humanité dans la carrière de son évolution religieuse. Jamais l'unité de Dieu et de l'homme ne s'est manifestée dans le passé ni ne se manifestera dans l'avenir avec une puissance capable de transfigurer ainsi toute une vie. Écartant donc les notions d'impeccabilité et de perfection absolue auxquelles nulle réalité ne peut satisfaire, nous concevons le Christ, dit Strauss, comme l'être dans la conscience duquel l'unité du divin et de l'humain s'est montrée pour la première fois avec énergie, au point de ne laisser qu'une valeur infiniment petite aux éléments contraires, et qui, en ce sens, est unique et sans égal dans l'histoire du monde, bien que l'idée reli-

gieuse conquise et promulguée par lui n'ait pu dans le détail se soustraire à la loi du développement progressif [1].

Voilà certes un langage étrange pour nos oreilles, et qui n'est propre à satisfaire ni le théologien ni le critique. Les malentendus auxquels a donné lieu l'ouvrage de Strauss s'expliquent jusqu'à un certain point par les défauts de la méthode de l'auteur : il n'est pas jusqu'à la ridicule accusation dont on le charge, la négation de l'existence de Jésus, qui, bien que dénuée de fondement sérieux, n'ait pu trouver quelque prétexte dans le ton toujours abstrait de la *Vie de Jésus* [2]. Manquant du sentiment de l'histoire et du fait, Strauss ne sort jamais des questions de mythe et de symbole : on dirait que pour lui les événements primitifs du christianisme se sont passés en dehors de l'existence réelle et de la nature. Strauss a fort bien vu que le tissu des Évangiles prête largement à la critique, et que tous les récits des évangélistes ne peuvent être acceptés comme certains

[1] Voir, dans la *Vie de Jésus*, la dissertation finale, et surtout les §§ CXLVII et suiv., t. II, 2ᵉ partie, p. 741 et suiv. de la traduction de M. Littré.

[2] Ce point a été parfaitement développé par M. Colani, dans la *Revue de théologie et de philosophie chrétienne*, janvier et mars 1856 (Paris et Genève, chez Cherbuliez). Les deux articles de M. Colani forment sans contredit la meilleure appréciation qui ait été faite en France du livre de Strauss.

(les contradictions des quatre textes en sont la preuve évidente). Un historien conclurait-il de là que les récits évangéliques ne correspondent à aucune réalité? Non certes. Mais Strauss, dominé par ses idées théologiques et philosophiques, Strauss, exclusivement préoccupé de la nécessité de substituer un système d'exégèse à un autre, ne tient pas compte des nuances. La réalité historique de quelques-uns des faits racontés par les évangélistes étant douteuse, toute l'exégèse réaliste est compromise à ses yeux, et il croit nécessaire de la remplacer par une théorie qui, sans être sujette aux mêmes difficultés, s'applique avec une inflexible rigueur d'un bout à l'autre du texte sacré.

On conçoit maintenant pourquoi le livre de Strauss, malgré sa renommée peut-être exagérée, est resté isolé et n'a contenté personne. L'historien le trouve trop vide de faits; le critique, trop uniforme dans ses procédés; le théologien, fondé sur une hypothèse subversive du christianisme. Disons-le hardiment : ce n'est pas à un système exclusif qu'il sera donné de résoudre le problème si difficile des origines du christianisme. Un moyen unique ne suffit pas pour expliquer les phénomènes complexes de l'esprit humain. Toutes les histoires primitives et les légendes religieuses présentent le réel et l'idéal mêlés dans des proportions diverses, et si l'Inde a pu tailler dans la pure mythologie des poëmes de deux cent

mille distiques, on croira difficilement qu'il ait pu en être de même pour la Judée. Le peuple juif, en effet, a toujours eu une puissance d'imagination bien inférieure à celle des peuples indo-européens, et, à l'époque du Christ, il était entouré et comme pénétré par l'esprit historique. Je persiste à croire que, pour les époques et les pays qui ne sont pas tout à fait mythologiques, le merveilleux est moins souvent une pure création de l'esprit humain qu'une manière fantastique de se représenter des faits réels. Dans l'état de réflexion, nous voyons les choses au grand jour de la raison ; l'ignorance crédule, au contraire, les voit au clair de lune, déformées par une lumière trompeuse et incertaine. La crédulité timide métamorphose à ce demi-jour les objets naturels en fantômes ; mais il n'appartient qu'à l'hallucination de créer des êtres de toute pièce et sans cause extérieure. De même, les légendes des pays à demi ouverts à la culture rationnelle ont été formées bien plus souvent par la perception indécise, par le vague de la tradition, par les ouï-dire grossissants, par l'éloignement entre le fait et le récit, par le désir de glorifier les héros, que par création pure, comme cela a pu avoir lieu pour l'édifice presque entier des mythologies indo-européennes ; ou, pour mieux dire, tous les procédés ont contribué dans des proportions indiscernables au tissu de ces broderies merveil-

leuses, qui mettent en défaut toutes les catégories scientifiques, et à la formation desquelles a présidé la plus insaisissable fantaisie. Ce n'est donc pas sans beaucoup de restrictions qu'on peut employer la dénomination de *mythes* quand il s'agit des récits évangéliques. Cette expression, qui a sa parfaite exactitude appliquée à l'Inde et à la Grèce primitive, qui est déjà incorrecte appliquée aux anciennes traditions des Hébreux et des peuples sémitiques en général, ne représente pas la vraie couleur du phénomène pour une époque aussi avancée que celle de Jésus dans les voies d'une certaine réflexion. Je préférerais pour ma part les mots de *légendes* et de *récits légendaires*, qui, en faisant une large part au travail de l'opinion, laissent subsister dans son entier l'action et le rôle personnel de Jésus.

Ce serait être injuste envers Strauss que de prétendre qu'il a voulu tout expliquer par le mythe ; car à côté des *mythes purs*, il reconnaît des *mythes historiques*, des *légendes*, des *additions de l'écrivain*, et donne des règles détaillées pour discerner l'historique du fabuleux [1]. Toutefois, la réaction contre l'évhémérisme l'a évidemment entraîné trop loin. Les contradictions des évangélistes sur les circonstances d'un récit lui pa-

[1] *Vie de Jésus*, introduction, §§ XIV *bis* et XV.

raissent une objection contre la vérité historique de ce récit. Or il y a des faits pour lesquels cette divergence suppose au contraire un fond de réalité : tels sont, par exemple, les trois reniements de saint Pierre, racontés par les quatre évangiles d'une façon diverse, mais toujours très-caractérisée.

Un reproche non moins grave, qui atteint dans son principe même le livre de Strauss, est d'avoir trop méconnu l'importance du rôle personnel de Jésus. Il semble en le lisant que la révolution religieuse qui porte le nom du Christ se soit faite sans le Christ. Certes, on ne saurait nier que le procédé par lequel il explique la formation de presque tous les récits évangéliques n'ait eu en effet une certaine importance, et que quelques-uns des traits de la vie de Jésus ne doivent le jour à des raisonnements analogues à ceux-ci : Le Messie doit être fils de David ; or Jésus est le Messie ; donc Jésus est fils de David ; donc il faut une généalogie par laquelle il se rattache à la race royale.—Le Messie doit naître à Bethléem. Or Jésus est le Messie : il faut donc des circonstances telles que lui, qui passa presque toute sa vie en Galilée et probablement y naquit, soit né à Bethléem.— L'idéal messianique, dans ses traits principaux, était calqué sur la vie et le caractère des prophètes et des grands hommes de l'ancienne loi ; il était donc inévitable que la vie de Jésus reproduisît en beaucoup de points

ces types consacrés[1]. Ainsi la naissance de Samuel, racontée au commencement du livre des Rois; celle de Samson, presque semblable[2], devinrent le modèle de toutes les naissances d'hommes illustres : une stérilité longtemps pleurée, une apparition d'ange ou *annonciation*, quelque scène sacerdotale, un *cantique*, puis l'enfant consacré à Dieu et réservé à de grandes destinées : tel était le cadre de rigueur. De là tout le récit du troisième évangile sur la naissance de Jean-Baptiste; de là plusieurs des circonstances qui accompagnent celle de Jésus, entre autres le cantique de Marie, imité évidemment de celui d'Anne; de là enfin, dans les Évangiles apocryphes, qui exagèrent de la manière la plus fastidieuse ce procédé de calque, toute une mise en scène analogue autour de la naissance de Marie[3].

Mais ce serait bien mal comprendre la richesse de

[1] Par là s'explique la formule si souvent répétée : Ἰνα πληρωθῇ ἡ γραφή. On a bien gratuitement torturé la grammaire pour prouver que ἵνα dans cette phrase devait se traduire par *en sorte que* avec l'indicatif, au lieu de *afin que*. (Voir *Vie de Jésus*, par Kuhn, traduite par M. Fr. Nettement, p. 292-294.)

[2] *Juges*, chap. XIII.

[3] Voyez l'*Évangile de la nativité de sainte Marie*, ch. III. Cette composition, plus moderne et plus réfléchie, donne la raison morale de la légende. C'est « afin de montrer que l'enfant qui naît est un don de Dieu, et non le fruit d'une passion désordonnée. » Le nom d'Anne, donné à la mère de Marie, est sans doute une réminiscence de celui d'Anne, mère de Samuel.

l'esprit humain que d'expliquer la création de toute la légende évangélique par cet unique moyen. Souvent, au contraire, ce furent les particularités individuelles de Jésus qui modifièrent l'idéal du Messie. Plusieurs des traits qui sont donnés par les évangélistes et surtout par saint Matthieu (ch. i et ii) comme des traits messianiques, loin d'appartenir à un idéal accepté des Juifs et nettement dessiné, ne sont que des rapprochements artificiels, de simples ornements de style, qui s'expliquent par la manière arbitraire de citer l'Écriture dont le Talmud et saint Paul offrent de nombreux exemples. Dans les cas dont je parle, c'est un fait véritable de la vie de Jésus qui a provoqué l'application d'un texte biblique, où l'on n'avait pas songé jusque-là à voir des allusions au Messie. Quand, par exemple, une circonstance de la Passion suggère à l'évangéliste la citation de ce verset d'un psaume : *Ils se sont partagé mes vêtements, et ils ont jeté le sort sur ma tunique*, dira-t-on que c'est le désir de montrer l'accomplissement d'une prophétie qui a fait inventer cette circonstance? Il est bien plus probable au contraire que c'est un incident réel qui a provoqué la citation. A la distance où nous sommes et privés de monuments historiques, nous devons renoncer à distinguer nettement l'action et la réaction réciproque du caractère personnel de Jésus et du portrait idéal qui était tracé de lui à l'avance. En sup-

posant même que tout se soit fait par le balancement non réfléchi de ces deux syllogismes : — *Le Messie doit faire cela : or Jésus est le Messie ; donc Jésus a fait cela ;* —*Jésus a fait cela : or Jésus est le Messie ; donc le Messie devait le faire,*—syllogismes fondés sur la mineure constante : —*Jésus est le Messie,*—il n'en resterait pas moins à expliquer cette mineure elle-même. « Sans doute, a très-bien dit M. Colani, une fois que les apôtres ont cru à la messianité de Jésus, ils ont pu ajouter à son image réelle quelques traits empruntés à la prophétie ; mais comment en sont-ils venus à croire à la messianité ? Strauss ne l'a nullement expliqué. Ce qu'il laisse subsister des Évangiles est insuffisant pour motiver la foi des apôtres, et l'on a beau admettre chez eux la disposition à se contenter d'un *minimum* de preuves, il faut que ces preuves aient été bien fortes pour vaincre les doutes navrants occasionnés par la mort sur la croix. Il faut, en d'autres termes, que la personne de Jésus ait singulièrement dépassé les proportions ordinaires, il faut qu'une grande partie des récits évangéliques soit vraie. »

Autant les apologistes, en prêtant aux premiers disciples de Jésus un degré de réflexion et de discussion rationnelle qui n'était pas de leur temps, manquent aux principes essentiels de la critique ; autant Strauss lui-même se montre historien peu philosophe quand il

néglige d'expliquer comment Jésus arriva, aux yeux du monde où il vécut, à une réalisation suffisante de l'idéal messianique. Que cette réalisation ne fût pas positivement explorée, que plusieurs des traits où l'on vit plus tard une démonstration de l'identité de Jésus et du Messie ne fussent pas encore conçus comme traits du Messie, que la crédulité générale laissât un champ facile aux affirmations et aux récits miraculeux, nous l'accordons; mais il est un fait qui n'a pu se produire que par l'action d'une puissante individualité : c'est l'apparition de la doctrine nouvelle, l'élan qu'elle imprima, l'esprit de sacrifice et le dévouement qu'elle sut inspirer. On peut affirmer que si la France, mieux douée que l'Allemagne du sentiment de la vie pratique et moins portée à substituer en histoire l'action des idées au jeu des passions et des caractères individuels, eût entrepris d'écrire d'une manière scientifique la vie du Christ, elle y eût déployé une méthode plus rigoureuse, et qu'en évitant de transporter le problème, comme l'a fait Strauss, dans le domaine de la spéculation abstraite, elle se fût approchée bien plus près de la vérité.

III

Le livre de Strauss eut en Allemagne un immense retentissement. De nombreux adversaires, protestants et catholiques, parmi lesquels il convient de nommer Hug, Neander, Tholuck, Ullmann, se portèrent pour défendre contre l'auteur de la *Vie de Jésus* la réalité historique des faits de l'Évangile [1]. Tous ou presque

[1] L'histoire de cette polémique a été très-bien présentée par M. Colani (*Revue de Théologie*, mars 1856). Je ne puis mieux faire que d'y renvoyer le lecteur. M. Colani n'a pas cru devoir parler de l'ouvrage du Dr Sepp, traduit en partie par M. Ch. Ste-Foi (Paris, 1854). Cet ouvrage a, en effet, bien peu de valeur scientifique, mais il n'est pas sans intérêt pour faire connaître l'espèce de cabbale chrétienne que les apologistes allemands ont cru devoir opposer aux recherches de la critique rationnelle. Jamais le système suranné qui prétend retrouver le christianisme sous toutes les mythologies n'a été poussé à de plus étranges excès. On croit rêver quand on voit un homme, d'ailleurs fort spirituel, retrouver les calculs de la venue du Messie dans la direction de l'aiguille aimantée et les lois de l'électricité, placer dans le système ganglionnaire le siége du prophétisme, chercher ce qu'il appelle *l'année de Dieu* dans les mystères des chronologies indiennes, chinoises, étrusques, babyloniennes, et nous dire sérieusement : « La chronologie est, dans son ensemble, comme une lyre composée de plusieurs cordes. Dès que nous en touchons une, nous sentons résonner aussitôt dans les systèmes chronologiques des autres peuples les tons sympathiques, comme si une seule main les eût tous montés d'après le même principe.... L'esprit qui a construit ce vaste édifice des nom-

tous essayent de prouver, d'une part, que le mythe était impossible à l'époque où apparut le christianisme ; de l'autre, que le travail nécessaire à la formation du mythe n'a pu trouver place entre la mort de Jésus et l'époque où fut rédigée son histoire : tous frappaient ainsi sur les points vraiment faibles du livre de Strauss. L'emploi du mot *mythe* prêtait, comme nous l'avons dit, aux plus graves objections. De plus, le système de Strauss sur l'âge et la composition des Évangiles a toujours été incertain et défectueux. C'est un point capital, en effet, dans sa théorie, que nos quatre Évangiles peuvent ne remonter dans leur forme actuelle qu'à la fin du second siècle. Les plus anciens témoignages du second siècle disent seulement qu'un apôtre ou un homme apostolique a écrit un Évangile, mais n'établissent pas que ces évangiles primitifs fussent identiques à ceux que nous possédons. Il faut admettre, selon Strauss, que les éléments

bres, c'est la révélation divine, dont les débris ont été conservés dans la tradition sacerdotale des différents peuples; à moins que l'on ne dise que ceux-ci ont appris instinctivement la science que nous fournit l'ensemble de notre système solaire, et qui nous révèle, dans l'ordre des sphères que parcourent les planètes, ces nombres prophétiques indicateurs du Messie (T. II, p. 417, 473, etc.). » Voilà ce que M. Sepp appelle des preuves mathématiques et astronomiques qui doivent convaincre les juifs, s'ils n'ont pas fermé les yeux à la vérité, que Jésus est le Messie ; et voilà le livre qu'on a présenté comme un marteau d'armes sous lequel le rationalisme était réduit à néant.

légendaires de la vie de Jésus restèrent environ un siècle et demi en ébullition, et ne commencèrent à se fixer par grandes masses que quand les disciples des témoins oculaires avaient eux-mêmes disparu. On comprend quelle latitude cet intervalle fournit à l'école mythologique pour l'élaboration de tout un cycle merveilleux.

La question de l'âge précis et du système de rédaction des Évangiles est si délicate [1] que je veux éviter de la traiter ici ; qu'il me suffise de dire que, plus j'y ai réfléchi, plus j'ai été amené à croire que les quatre textes reconnus pour canoniques nous conduisent très-près de l'âge du Christ, sinon par leur rédaction dernière, du moins par les documents qui les composent. Produits purs du christianisme palestinien, exempts de toute influence hellénique, pleins du sentiment vif et direct de Jérusalem, les Évangiles sont, dans mon opinion, un écho vraiment immédiat des bruits de la première génération chrétienne. Le travail populaire qui les fit éclore, accompli sans aucune conscience distincte et de plusieurs côtés à la fois, ne pouvait avoir une grande unité. Ici c'était une généalogie, là une

[1] Le travail le plus récent sur ce point est celui de M. Ewald, dans les *Jahrbücher der biblischen Wissenschaft*, 1850-54. Voir aussi les observations de M. Bunsen, *Hippolytus and his age*, I, p. 35, 48 et 199, 2ᵉ édit., en attendant les travaux plus développés que le même savant nous promet sur l'histoire évangélique.

autre; ici un récit merveilleux, là un autre : le type fondamental conservait seul, à travers toutes ces contradictions, sa physionomie identique. La rédaction était plus flottante encore, et, comme cela a lieu dans tous les cycles épiques et religieux, n'avait qu'une importance secondaire. Ce n'est qu'à la fin de la période créatrice, au moment où il ne s'agit plus que de conserver les traditions, qu'on les voit se déposer en quatre textes parfaitement déterminés; à ces textes peuvent dès ce moment s'appliquer les considérations d'authenticité et d'intégrité qui auparavant n'avaient pas de sens rigoureux.

Là toutefois ne s'arrête point le travail de la légende. Toute création destinée à captiver l'admiration ou la foi du genre humain traverse deux phases bien distinctes : l'époque vraiment féconde où se tracent au fond de la conscience des masses les grands traits du poëme, et l'époque de remaniement, d'ajustage, d'amplification verbeuse où, la faculté d'invention étant perdue, l'on ne fait plus que développer les vieux récits, d'après des procédés convenus. Le premier âge, dans l'ordre des traditions qui nous occupent, est celui qui a produit les quatre Évangiles canoniques, tous empreints d'un même caractère de sobriété, de simplicité, de grandeur et de naïve vérité. Le second est celui des évangiles apocryphes, compositions artificielles où la veine épuisée

ne se soutient qu'au moyen de lieux communs et de moyens d'amplification obligés (apparitions d'anges, cantiques, pastiches de l'Ancien Testament). Rien ne ressemble mieux aux machines des épopées factices composées aux âges de décadence. Les évangiles apocryphes sont aux évangiles canoniques ce que les *Ante-Homerica* et les *Post-Homerica* sont à Homère, ce que les Pouranas, dans la littérature indienne, sont aux poëmes mythologiques plus anciens. C'est une façon de rajeunir les traditions primitives, en fondant tous les traits du texte original dans un nouveau récit, en ajoutant ce qui a dû vraisemblablement arriver, en développant la situation par des rapprochements, en faisant (qu'on me permette ce mot) la monographie de chaque menu détail; tout cela sans génie, sans jamais s'écarter du thème reçu. C'est, en un mot, une composition réfléchie et littéraire ayant pour base une œuvre naïve et spontanée.

Au fond, ces deux périodes dans la vie des légendes correspondent aux deux âges de toute religion : l'âge primitif, où la croyance nouvelle sort des instincts populaires comme le rayon sort du soleil, âge de foi simple, sans arrière-pensée, sans objection ni réfutation;—l'âge réfléchi, où l'objection et l'apologétique se sont produites, où les exigences de la raison commencent à se faire jour, où le merveilleux, autrefois facile, harmonieux

reflet pur des sentiments moraux de l'humanité, devient timide, mesquin, parfois immoral. Il y avait dans le supernaturalisme primitif quelque chose de si puissant et de si élevé que le rationalisme le plus austère se prend parfois à le regretter; mais la réflexion est trop avancée, l'imagination trop refroidie pour se permettre désormais ces magnifiques écarts. Quant au compromis timide qui cherche à amoindrir le surnaturel pour le réconcilier avec un état intellectuel dont les principes renferment la négation du miracle, il ne réussit qu'à froisser les instincts les plus impérieux des époques scientifiques, sans faire revivre la vieille poésie merveilleuse, exclusivement réservée à certains âges et à certains états de l'esprit humain.

L'histoire des religions présente quelques faits qui, sans être parfaitement analogues aux précédents (Jésus en tout est l'unique et rien ne saurait lui être comparé), peuvent jeter un peu de jour sur les procédés que nous venons d'exposer. La légende du Bouddha Çakya-Mouni est celle qui ressemble le plus, par son mode de formation, à celle du Christ, comme le bouddhisme est la religion qui ressemble le plus, par la loi de son développement, au christianisme. Çakya-Mouni est un réformateur dont l'existence réelle n'est pas douteuse, bien que sa vie ne nous offre plus que des traits d'une perfection idéale : Çakya-Mouni est conçu

sans souillure, enfanté sans douleur au pied d'un arbre, reconnu à sa naissance par de saints personnages ; Çakya-Mouni quitte le monde, est tenté par le démon, s'entoure de disciples, fait d'innombrables miracles [1]. Sa réforme, presque exterminée dans l'Inde, arrive hors de ce pays à d'immenses destinées. Il n'écrit rien lui-même, mais trois de ses disciples rédigent sa doctrine et sa légende. L'une et l'autre restent pourtant flottantes et susceptibles d'accroissement jusqu'au grand concile de Patalipoutra : ce concile même n'empêche pas un travail ultérieur, lequel est clos définitivement par un autre concile tenu 400 ans environ après la mort du fondateur.—L'enthousiaste Chaitanya, qui, au commencement du XVIᵉ siècle de notre ère, provoqua dans certaines parties de l'Inde un grand mouvement religieux, est aussi arrivé à une biographie merveilleuse fort développée et s'est vu considéré comme une incarnation de Bhagavan [2]. — La légende de Krischna, enfin, a des rapports non moins frappants en apparence avec celle du Messie. Ses premiers jours sont menacés par un massacre

[1] Voir l'*Introduction à l'histoire du Bouddhisme indien*, de M. Eugène Burnouf, t. I, p. 195, et le *Lalitavistara*, ou Vie de Bouddha, traduite par M. Édouard Foucaux (Paris, 1848).

[2] Voyez le *Chaitanya Chandrodaya*, publié dans la *Bibliotheca indica* de la Société de Calcutta, nᵒˢ 47, 48, 80, et l'essai de Wilson sur les sectes religieuses des Hindous, dans les *Asiatic Researches* de la Société de Calcutta, vol. XVI, p. 109 et suiv.

tout semblable à celui d'Hérode; son enfance au milieu des bergers n'est qu'une série de miracles; il meurt cloué par une flèche à un arbre fatal [1].

Mais ce sont là peut-être des ressemblances extérieures plutôt que des analogies de procédés [2]. Il est certain que, comparé au Bhagavata-Pourana, l'Évangile se présente avec un singulier caractère historique ou, si l'on veut, avec des procédés bien uniformes. Les miracles de l'Évangile sont en général conçus suivant des analogies naturelles et ne bravent pas trop les lois de la physique, comme le merveilleux des mythologies indo-européennes. La création y est toute morale : l'invention des faits et des circonstances n'a rien de bien hardi et se borne à un calque timide des lieux communs de l'Ancien Testament. Le seul épisode de l'histoire du Christ qui ait un caractère épique, la descente aux enfers, n'est pas mentionné dans les évangiles canoniques. Indiquée pour la première fois dans une des épîtres de saint Pierre (I, c. III, v. 19-22), cette circonstance n'a reçu de grands développements que dans les compositions postérieures,

[1] V. le *Bhagavat dasam askand*, trad. par M. Pavie (Paris, 1852).

[2] Ajoutons qu'une hypothèse proposée au début des études indiennes, puis abandonnée, d'après laquelle la légende de Krischna renfermerait des emprunts faits à l'*Évangile de l'Enfance*, évangile qui a été si populaire dans tout l'Orient, et qui fut sans doute porté dans l'Inde par les sectes manichéennes, semble reprendre faveur aux yeux des plus habiles philologues de l'Allemagne.

surtout dans l'évangile de Nicodème, ouvrage singulier qui paraît devoir son origine aux métaphores par lesquelles les Pères du IV⁰ siècle se plaisent à exprimer le triomphe du Christ sur la mort [1].

C'est donc le nom de *légendes* et non celui de *mythes* qu'il convient d'assigner aux récits des premières origines chrétiennes; l'idéal évangélique fut le résultat d'une transfiguration et non d'une création. Dira-t-on que le peuple juif, ayant déjà parcouru tous les degrés d'un développement littéraire, n'était plus dans l'état intellectuel qui convient à l'apparition des récits légendaires ? Strauss a répondu avec raison que le peuple hébreu n'a jamais eu à vrai dire un sentiment net de l'histoire positive, que ses livres historiques les plus récents, ceux des Macchabées, ceux même de Josèphe, dont les auteurs étaient initiés à la culture hellénique, ne sont pas exempts de récits merveilleux; que la Mischna, postérieure à l'Évangile, semble à peine une œuvre de l'esprit humain, tant elle est remplie de fables; qu'il n'y a pas d'histoire tant que l'on ne comprend pas la non-réalité du miracle. Si l'éducation rationnelle que suppose la vue claire de cette non-réalité manque à beaucoup d'hommes de nos jours, combien n'était-elle pas plus rare à l'époque de Jé-

[1] Voir le travail de M. Alfred-Maury, sur l'âge de cet évangile, dans le XX⁰ volume des *Mémoires de la Société des Antiquaires de France* (Paris, 1850).

sus en Palestine, et, en général, dans l'empire romain parmi les masses! L'exaltation religieuse trouve tout croyable, et, sous l'influence d'un puissant enthousiasme, on a vu parfois s'éveiller une nouvelle faculté créatrice chez le peuple le plus épuisé. L'humanité d'ailleurs n'est pas synchronique dans son développement. Pour tous les lieux situés sous un même méridien, le soleil, dans la même saison, n'est pas visible au même moment : ceux qui habitent sur le sommet des montagnes l'aperçoivent plus tôt que ceux qui résident dans les vallées ; de même l'époque de la réflexion, de la critique, de l'histoire ne se lève pas pour toutes les nations à la même heure. Notre XIX[e] siècle est certes assez peu mythologique, et pourtant aujourd'hui encore, dans quelques portions de l'humanité qui continuent l'état spontané, il se produit des mythes comme aux anciens jours. Napoléon a déjà chez les Arabes une légende fabuleuse très-développée. Quand on retrouva les traces de La Pérouse, on reconnut qu'il était devenu pour les naturels l'objet de traditions étranges et fantastiques. Je ne connais pas de mythes mieux caractérisés que ceux qui éclatent encore tous les jours par l'effet de la prédication chrétienne chez certaines populations du sud de l'Afrique[1]. Ce n'est

[1] Voir l'ouvrage d'un missionnaire anglais, Robert Moffat, *Vingt-trois ans de séjour dans le sud de l'Afrique*, trad. par H. Monod (Paris, 1846), p. 84, 157, 158.

pas le millésime du siècle qui constitue l'état intellectuel de l'humanité ; c'est la tradition de la civilisation, ce sont les innombrables influences qui ramènent parfois, à des siècles d'intervalle et à des points divers de l'espace, des états plus ou moins analogues à ceux qui ont déjà été parcourus. Cette analogie, il est vrai, n'est jamais parfaite, et il y a un véritable inconvénient, par exemple, à appliquer le même nom aux productions intellectuelles de l'époque de Jésus et à celles des époques primitives de la Grèce ou de l'Inde. Mais une fois qu'on a fait remarquer ce qu'une telle dénomination a d'inexact, on est en droit de relever les traits communs qui, dans tous les temps, malgré de notables différences, ont caractérisé les œuvres naïves de l'esprit humain.

Au fond, l'hypothèse de Strauss, qui se présentait d'abord comme attentatoire aux dogmes les plus sacrés, laissait une large part au mystère. L'école mythologique, tout en niant le miracle et l'ordre surnaturel, conservait une sorte de miracle psychologique. Au moins, le Dieu ne se produisait pas en plein jour, mais, comme l'insecte ailé, sous un tissu qui cachait sa lente apparition. On savait que la nature seule avait agi sous ce voile, mais on n'avait rien vu de ses actes ; l'imagination était libre d'entourer de respect et d'admiration le berceau du Dieu naissant. Il y avait là encore quelque chose de divin, comme à l'origine de tous les

grands poëmes dont la génération est inconnue, et qui, nés dans les profondeurs de l'humanité, se montrent tout formés au grand jour.

Strauss est un esprit essentiellement modéré (la jeune Allemagne dit timide)[1]. Lorsque les journaux nous apprirent, en 1848, que l'auteur de la *Vie de Jésus*, appelé à jouer un rôle politique, se rattachait à la droite réactionnaire, on se demanda s'il fallait voir dans ce fait une conversion comme celles que provoquent toujours les révolutions radicales. C'était, en réalité, le développement naturel de son caractère. Strauss est en théologie un libéral de l'extrême gauche et non un radical. A certain jour, on a brûlé le droit divin avec des façons toutes révolutionnaires ; mais on conserve quelque chose qui y ressemble. Strauss devait donc être, comme l'on dit, dépassé ; il l'a été : quelques années ont suffi pour accumuler sur lui trois ou quatre couches d'ultra-hégéliens,

[1] Il faut cependant distinguer à cet égard deux époques dans la vie de Strauss : l'une, antérieure à la révolution de Zurich (1839), durant laquelle il montra, au milieu d'attaques souvent injustes et acrimonieuses, beaucoup de modération et de bonne foi, cédant aux objections avec une parfaite sincérité, et modifiant son système selon ce qui lui paraissait la vérité ; l'autre, postérieure au fâcheux esclandre dont il fut l'occasion involontaire, où l'on sent le contre-coup des violences et des déclamations de ses adversaires. L'intention de polémique n'est plus dissimulée, et il revient lui-même sur les concessions qu'il avait faites, en particulier au sujet du rôle personnel de Jésus.

qui ont mis le paradoxe aux enchères et ont traité l'auteur de la *Vie de Jésus* d'orthodoxe timoré, qui a l'air de croire au Saint-Esprit.

Le grand défaut du développement intellectuel de l'Allemagne, c'est l'abus de la réflexion, je veux dire l'application, faite de propos délibéré, à la situation présente de l'esprit humain des lois reconnues dans le passé. La philosophie de l'histoire, en constatant la marche nécessaire des systèmes, les lois d'après lesquelles ils se succèdent, et la manière dont ils oscillent vers la vérité, *lorsqu'ils suivent leur cours naturel*, a mis en lumière une vérité spéculative de premier ordre, mais qui devient très-dangereuse dès qu'on veut en tirer des conséquences pour ce qui se passe sous nos yeux. Car admettre, avant tout examen, que tel esprit léger et superficiel qui se présente pour recueillir l'héritage d'un homme de génie lui est préférable, par cela seul qu'il vient après lui, c'est faire la partie trop belle à la médiocrité. Et voilà pourtant la faute que commet souvent l'Allemagne. Après l'apparition d'une grande œuvre de philosophie ou de science, on est sûr d'y voir éclore tout un essaim de critiques, qui prétendent la dépasser et ne font souvent que la fausser ou en prendre le contre-pied. Redisons-le : la loi du progrès des systèmes n'est applicable que quand la production des systèmes est parfaitement spontanée, et que leurs auteurs, sans songer à se devan-

cer les uns les autres, ne sont attentifs qu'à la considération intrinsèque de la vérité. Négliger cette importante condition, c'est livrer le développement de l'esprit humain au hasard ou aux caprices de quelques esprits téméraires et présomptueux.

« La révélation, avait dit Strauss, n'est ni une inspiration du dehors ni un acte isolé : elle est une seule et même chose avec l'histoire du genre humain. L'apparition de Jésus-Christ n'est plus l'implantation d'un principe divin et nouveau; c'est un rejeton sorti de la moelle la plus intime de l'humanité dotée divinement[1]. » La nouvelle école, au contraire (si l'on peut réunir sous ce nom les écrits fort dissemblables, mais réunis par plusieurs traits communs, de Weisse, Wilke, Bruno Bauer), prétendit expliquer l'apparition du christianisme par des moyens simples et naturels, et ramener la formation de la légende de Jésus aux proportions d'un fait très-ordinaire. Strauss avait tout attribué à l'action lente et cachée d'une tradition non consciente d'elle-même. La nouvelle école vit dans les évangiles une œuvre individuelle, une invention de l'évangéliste Marc, faite avec réflexion. « L'hypothèse de Strauss, dit M. Bruno Bauer[2],

[1] Strauss, *Die christliche Glaubenslehre* (Tübingen, 1840-44), I, p. 68.

[2] *Kritik der evangelischen Geschichte der Synoptiker und des Johannes*, Leipzig, t. I et II, 1841 ; t. III, 1842.

est mystérieuse, car elle est tautologique. Expliquer l'histoire évangélique par la tradition, c'est s'obliger à expliquer la tradition elle-même et à lui trouver une base antérieure. La méthode de Strauss est embarrassée et orthodoxe, et cela devait être. La critique a, dans l'écrit de Strauss, livré son dernier combat à la théologie, tout en restant sur le terrain théologique. Toutes les fois que deux adversaires sont ainsi aux prises l'un avec l'autre, le vaincu fait toujours un peu fléchir le vainqueur. »

Strauss avait supposé que le Nouveau Testament est appuyé sur l'Ancien, et que les Juifs, à l'époque de Jésus, avaient une christologie complète, un type messianique arrêté, sur lequel le caractère de Jésus aurait été calqué trait pour trait. M. Bauer soutient, au contraire, que tous les actes par lesquels on nous montre Jésus accomplissant l'idéal messianique, et cet idéal lui-même, sont des inventions des premiers chrétiens. Les Juifs, selon lui, n'avaient à cette époque aucun idéal du Christ rigoureusement formulé : l'histoire de Jésus n'a donc pas été une création idéale faite sur des types traditionnels. Les évangiles, en un mot, sont des œuvres chrétiennes et non judaïques, comme le voulait Strauss. Ce n'est pas le judaïsme qui a prêté au christianisme l'idéal messianique ; c'est au contraire l'apparition et le développement du principe chrétien, le combat de l'Église et de la Synagogue, qui ont familiarisé les Juifs avec

l'idée du Messie, et ont fait de cette foi la base de leur système religieux [1].

Quant au Christ historique, qui ne voit, dit M. Bauer, que tout ce qu'on raconte de lui appartient à l'idéal et n'a rien à démêler avec le monde réel? S'il y a eu un homme auquel on puisse attribuer la révolution extraordinaire qui a ébranlé le monde il y a dix-huit siècles, on peut affirmer au moins qu'il n'a point dû être enchaîné dans les formes étroites du Christ évangélique. Le Christ évangélique, considéré comme un phénomène historique, nous échappe..... Il ne naît pas comme un homme, il ne vit pas comme un homme, il ne meurt pas comme un homme. C'est peine perdue que de faire la critique ou l'apologie de ses actes; car, puisqu'il se pose en dehors des conditions de l'humanité, il doit avoir peu de souci des lois de la nature humaine; bien plus, cette nature doit être par lui hardiment reniée. De là ce contraste de l'humain et du divin qui fait la base de la morale évangélique, et dont M. Bauer essaye de suivre la trace, selon lui fatale, dans toute l'histoire du culte chrétien.

Nous ne voudrions pas contribuer à faire prendre l'ouvrage de M. Bauer plus au sérieux qu'il ne le mérite. On y chercherait vainement ce grand caractère d'élévation

[1] *Op. cit.*, t. I, p. 416.

et de calme qui fait la beauté du livre de Strauss. Le blasphème se comprend et presque s'excuse aux époques où, la science n'étant pas libre, le penseur se venge des entraves qu'il subit par un respect ironique et par de secrètes colères. Mais nous ne croyons pas que M. Bauer ait eu à souffrir assez de persécutions pour avoir le droit d'être dans la forme aussi déclamatoire qu'il l'est parfois. L'indépendance complète de la critique est, du reste, le meilleur remède à de pareils écarts. Quand l'historien de Jésus sera aussi libre dans ses appréciations que l'historien de Bouddha ou de Mahomet, il ne songera plus à injurier ceux qui ne pensent pas comme lui. M. Eugène Burnouf ne s'est jamais pris de colère contre les auteurs de la vie fabuleuse de Çakya-Mouni, et aucun des historiens modernes de l'islamisme n'a ressenti un bien violent dépit contre Aboulféda et les auteurs musulmans qui ont écrit en vrais croyants la biographie de leur prophète.

IV

La tradition israélite a-t-elle quelque chose à nous apprendre sur Jésus? Rien d'authentique assurément, et ce n'est pas une des particularités les moins surprenantes de cette mystérieuse histoire que le silence

absolu gardé par les documents contemporains, soit juifs, soit profanes, sur un événement devenu colossal pour l'avenir[1]. L'apparition du christianisme semble avoir été dans le sein du judaïsme un fait à peine sensible, qui n'eut aucun retentissement, ne provoqua aucune réaction et dont il ne resta aucun souvenir. Le Talmud, qui résume tout le mouvement intellectuel du judaïsme à l'époque dont nous parlons, ne renferme pas une trace certainement appréciable de l'influence même indirecte du Christ[2]. Mais au moyen âge, quand l'Église se posa en redoutable ennemie devant la Synagogue, il fallut avoir un système sur cet étrange coreligionnaire, arrivé à de si incomparables destinées. De là une légende bizarre et qui, on le comprend, ne pouvait être bienveillante[3]. Si l'Église frappait d'anathème les novateurs qui osaient en face d'elle former des sociétés religieuses, lors même que ces sociétés ne menaçaient pas sa propre existence, que devait dire la

[1] Les passages de l'historien Josèphe relatifs à Jésus et aux premiers chrétiens sont interpolés, de l'avis des plus habiles critiques, ou du moins ont été retouchés par une main chrétienne.

[2] Pour comprendre ce que ce fait a de singulier, qu'on songe à l'action profonde que l'apparition du protestantisme a exercée sur le catholicisme : à peine est-il un écrivain catholique postérieur à la réforme chez lequel on ne sente le contre-coup de ce grand déchirement.

[3] Voyez la *Bibliotheca judaica anti-christiana*, de Rossi (Parme, 1800, in-8), p. 64, 94, 114, 121.

Synagogue de celui qui, au crime d'hérésie, ajoutait d'être le chef de ses persécuteurs?

Quand la critique moderne s'est introduite chez les Israélites, les hommes éclairés du judaïsme ont dû être plus curieux que jamais de se faire une théorie historique sur les origines du christianisme et sur la personne de Jésus. Par certains côtés, ils pouvaient paraître de meilleurs juges que les chrétiens ; par d'autres, ils étaient récusables; et, en effet, si l'on excepte l'illustre Moïse Mendelssohn et quelques philosophes indépendants, qui appartiennent bien plus à l'esprit humain en général qu'à une secte déterminée, les penseurs de la religion israélite n'ont pu se défendre de quelque partialité, souvent même d'une certaine mauvaise humeur contre le fondateur du christianisme. Non-seulement ils ne se laissent pas aller aussi facilement que nous,—cela se conçoit, — à idéaliser Jésus ; mais trop souvent ils se complaisent à rechercher les traits isolés de la doctrine évangélique dans les livres de l'Ancien Testament [1] : critique assez mesquine, car on me montrerait en détail toutes les maximes de l'Évangile dans Moïse et les prophètes, que je maintiendrais encore qu'il y a dans la doctrine du Christ un esprit nouveau et un cachet origi-

[1] Voir surtout un travail publié dans plusieurs numéros successifs des *Archives israélites* (1849), par le savant M. Dukes, sur cette question : *Qu'est-ce que le christianisme a pris au judaïsme ?*

nal. Si une religion consistait en un certain nombre de propositions dogmatiques et une morale en quelques aphorismes, il serait vrai peut-être de dire que le christianisme n'est que le judaïsme. Mais les principes fondamentaux de la morale étant pour la plupart simples et de tous les temps, il n'y a pas de découverte à faire dans cet ordre de vérités; l'originalité s'y réduit à un sentiment plus ou moins délicat. Or, que l'on mette en présence l'Évangile et les sentences des rabbins contemporains de Jésus, recueillies dans le *Pirke avoth*, et que l'on compare l'impression qui résulte de ces deux livres! Le succès d'ailleurs est ici un criterium décisif : l'Evangile a converti le monde, tandis qu'il est fort douteux que les sentences des rabbins eussent eu par elles-mêmes assez d'efficacité pour cela.

Le livre de M. Salvador [1] est l'expression la plus élevée de la critique juive relativement à la vie de Jésus. Le sujet est conçu plus largement, la forme est plus libre et plus belle que dans les écrits de Strauss et des exégètes allemands. Ce n'est plus une pénible controverse de théologien; c'est la tentative d'expliquer les origines du christianisme, comme tout autre grand fait de l'esprit humain, au point de vue de la science désintéressée. Malheureusement, l'auteur, qui mérite un rang distin-

[1] *Jésus-Christ et sa Doctrine*, 2 vol. Paris, 1838.

gué comme philosophe et comme écrivain, laisse quelque chose à désirer sous le rapport de l'érudition et de la critique historique. M. Salvador n'a approfondi que le judaïsme, et encore ne semble-t-il pas avoir connu les immenses travaux exégétiques de l'Allemagne sur les livres de l'Ancien et du Nouveau Testament, travaux qui ont fait dans la science des antiquités hébraïques une révolution si complète. S'il possède très-bien la Bible, Philon, le Talmud, il fait peu d'usage des apocryphes d'origine juive et chrétienne, ainsi que des premiers écrivains chrétiens.

Quand on passe de la lecture de Strauss à celle de M. Salvador, on est frappé du contraste de la critique allemande, subtile, ailée, toujours en soupçon contre la réalité, et de cette autre critique trop confiante, qui accepte sans discussion tous les récits du passé. M. Salvador n'a pas le sentiment des lois délicates qui président à la formation des grandes légendes, lois qu'il faut avoir étudiées dans des applications fort diverses pour les comprendre sous leur véritable jour. L'Évangile est pour lui une histoire mêlée de quelques éléments merveilleux; il le traite à peu près comme Rollin et la vieille école traitaient Tite-Live, discutant comme des faits réels les circonstances de la naissance de Jésus, de la fuite en Égypte, etc. Le récit de la Passion est le seul où il admette un arrangement artificiel, et où il recon-

naisse l'intention de représenter les souffrances idéales qui avaient excité, selon l'interprétation messianiste, les lamentations des prophètes. « Cette partie des tableaux évangéliques, dit-il, tient beaucoup moins du caractère de l'histoire que de la poésie et du drame, qui néglige, selon ses convenances, les conditions des temps et des lieux, et qui sacrifie tous ses personnages secondaires, qu'ils soient réels ou inventés, à l'idée dominante du sujet et à son plus haut personnage. » Puis il montre comment deux des principaux acteurs de la Passion, Pilate et Barabbas, ont vu leur caractère dénaturé pour les besoins de la légende [1]. M. Salvador a ici cotoyé l'explication mythique, mais sans s'en apercevoir, et guidé d'ailleurs par une vue intéressée qu'il ne dissimule pas, celle de laver ses coreligionnaires du rôle peu honorable que les évangélistes leur font jouer dans la Passion. A cela près, M. Salvador se regarde toujours comme en pleine histoire. S'il ne croit pas que Jésus ait laissé de sa main des documents sur sa vie et sur sa doctrine (il n'en serait pourtant pas trop étonné) [2], il admet au moins une tradition orale des premiers disciples ayant une valeur rigoureuse. Si Strauss doute beaucoup trop, il est certain que M. Salvador doute beaucoup trop peu. Les faits primitifs des grandes apparitions religieuses se

[1] *Jésus-Christ et sa Doctrine*, t. II, ch. IX.
[2] *Ib.*, t. I, p. 169.

passant tous dans la région spontanée de l'esprit humain, ne laissent aucune trace. Les religions, non plus que l'homme individuel, ne se rappellent leur enfance : la conscience ne commence pour l'être vivant que lorsqu'il est déjà adulte et développé, c'est-à-dire lorsque les faits primitifs ont disparu pour jamais.

Quant à la question des origines *doctrinales* du christianisme, M. Salvador l'a traitée d'une façon en général satisfaisante. Tous les antécédents du christianisme se retrouvent, à ses yeux, dans le judaïsme, modifié par l'Orient depuis la captivité, et par la Grèce depuis Alexandre. Le judaïsme est comme l'œuf où la religion nouvelle se forma et se nourrit d'abord, avant de se montrer au grand jour et de vivre de sa vie propre. La Grèce n'a pu agir sur Jésus que par l'influence indirecte qu'elle avait exercée sur le judaïsme, influence qu'il ne faut pas exagérer en ce qui concerne le judaïsme palestinien. A peine y a-t-il un élément considérable dans le christianisme primitif qui ne se retrouve chez Philon, chez les Esséniens ou dans la doctrine orthodoxe de la Synagogue. L'idée fondamentale de la secte naissante, — rappeler à Abraham toute la race d'Adam,—idée qui renfermait le secret du prosélytisme chrétien, et par conséquent toute la destinée de l'Église, se retrouve dans le *Traité de la Noblesse*, où Philon développe en philosophe et en chrétien des

premiers temps cette vérité que la noblesse vient de la vertu individuelle et non du sang d'Abraham.

La question des arts théurgiques et des miracles en général, celle du miracle de la résurrection en particulier, le rôle de Simon le Magicien, d'autres épisodes encore sont traités par M. Salvador avec beaucoup de finesse et de raison. La critique du récit de la Passion est surtout remarquable par la précision qu'y porte l'auteur, par la hardiesse de vues qu'il y déploie et la singulière controverse qui s'y rattache. Dans son ouvrage sur les *Institutions de Moïse et du peuple hébreu*, M. Salvador avait déjà essayé l'apologie du conseil juif qui condamna Jésus. A l'en croire, le sanhédrin n'aurait fait qu'appliquer les lois existantes : Jésus lui-même avait cherché la mort, et dès qu'on ne l'envisageait que comme citoyen (tel devait être nécessairement le point de vue des Juifs), il la méritait. « L'intérêt de la pureté religieuse de l'histoire exige de répéter sous toutes les formes que l'école chrétienne n'est nullement acceptable, quand elle a ramené ce qui regarde le conseil suprême des Juifs, dans ce conflit solennel, à une question de basse jalousie, à une affaire de tribunal ; quand elle a accablé la nation juive, à qui elle devait la naissance et dont elle s'appropriait les plus beaux ornements, sous le prétexte du crime volontaire que ses anciens auraient commis, en prononçant contre Jésus un

arrêt qui avait été annoncé d'avance et provoqué par toute la théorie du maître sur l'accomplissement des Écritures. En cela, l'école entière du christianisme nazaréen ou galiléen a donné la preuve ineffaçable au monde qu'elle emportait avec elle les signes caractéristiques d'une secte et d'un parti ; elle a donné la preuve que sa mission, jusque dans son éclat le plus légitime, le plus heureux, n'offrait encore qu'une spécialité ; elle a donné la preuve enfin que le jugement universel des choses et des hommes, le règne du Dieu des prophètes, du Dieu de vérité, sans iniquité, n'appartenait exclusivement ni à la période plus ou moins prolongée de ses épreuves et de sa domination, ni au fond de sa nature [1]. »

Le scandale qu'affectèrent quelques esprits rigides quand M. Cousin, dans une de ses plus spirituelles fantaisies, osa prendre la défense du tribunal qui condamna Socrate, soutenir qu'Anytus était un citoyen recommandable, l'aréopage un tribunal équitable et modéré, et que, si l'on devait s'étonner de quelque chose, c'est que Socrate eût été accusé si tard et n'eût pas été condamné à une plus forte majorité ; ce scandale, dis-je, ne fut rien en comparaison de celui que souleva M. Salvador en plaidant pour Caïphe et le sanhédrin, damnés depuis

[1] *Jésus-Christ et sa Doctrine*, t. II, p. 168-169.

si longtemps par la conscience chrétienne. Ce fut à ce propos que M. Dupin aîné entreprit, dans la *Gazette des Tribunaux*, la révision du procès de Jésus[1]. Rien ne manqua sous la plume de l'avocat libéral pour motiver un véritable pourvoi en cassation : agents provocateurs, dol, *brigade grise*, liberté individuelle violée sans mandat d'amener, séquestration de personnes, interrogatoire captieux, cumul des fonctions d'accusateur et de juge dans la même personne, empiètement du pouvoir exécutif sur le pouvoir judiciaire. Pour nous, Dieu nous garde d'émettre sur une telle question un autre avis que celui de Jésus lui-même : *Il fallait que le fils de l'homme mourût !* Sans cela il n'eût pas représenté l'idéal du sage, odieux aux superstitieux comme aux politiques, et payant de sa vie sa beauté morale. Une mort vulgaire pour couronner la vie de Jésus ! Quel blasphème !... Quant à rechercher ce qui se passa dans l'âme de ceux qui le condamnèrent, c'est là une question vaine et stérile, lors même qu'elle ne serait pas insoluble. Qui sait s'il est digne d'amour ou de haine ? qui peut bien analyser ce qui se passe au fond de son cœur ? Celui qui dit comme Caïphe : *Expedit unum hominem mori pro populo,* est certes un détestable politique, et pourtant, chose triste à dire ! ce peut être un

[1] *Jésus devant Caïphe et Pilate.* Paris, 1828.

honnête homme. Plus d'une fois l'histoire a donné raison en même temps aux persécutés et aux persécuteurs, et sans doute, dans la vie éternelle, les persécutés remercieront les persécuteurs de leur avoir procuré par la souffrance le sceau de la perfection.

V

Que si, renonçant aux habitudes d'esprit qui nous familiarisent avec les merveilles, nous réfléchissons maintenant à la destinée des révélateurs que la conscience religieuse a élevés au-dessus de l'humanité, nous resterons frappés d'étonnement, et nous comprendrons pourquoi, objets d'un amour et d'une haine fanatiques, ils arrivent si tard à obtenir dans l'histoire leur véritable place, celle qu'ils méritent aux yeux de la critique. Mille motifs de respect et de timidité empêchent la discussion rationnelle de s'exercer librement sur leur compte, et rendent au fond leur position devant la science plus défavorable qu'avantageuse. Ils semblent mis au ban de l'humanité, et le silence qu'on garde à leur égard fait souvent illusion sur l'importance de leur rôle. Une histoire de la philosophie où Platon occuperait un volume devrait, ce semble, en consacrer deux à Jésus ; et pourtant il est plus d'une

histoire de la philosophie où ce dernier nom n'est pas une fois prononcé. Tel est le sort de tout ce qui est arrivé à une consécration religieuse. Combien le corps de la *littérature hébraïque*, par exemple, n'a-t-il pas souffert, aux yeux de la science et du goût, en devenant la *Bible !* Soit mauvaise humeur, soit reste de foi, la critique scientifique et littéraire a quelque peine à envisager comme faisant partie de son domaine les œuvres qui ont été ainsi séquestrées au profit de la théologie. L'auteur de ce charmant petit poëme qu'on appelle le *Cantique des Cantiques* pouvait-il se douter qu'un jour on le tirerait de la compagnie d'Anacréon, pour en faire un inspiré qui n'a chanté que l'amour divin ? Il est temps que la science s'habitue à prendre son bien partout où elle le trouve. La vieille philosophie, qui semblait accorder aux théologiens que les religions constituent un ordre à part dont la science n'a pas à se soucier, était amenée à les envisager comme des tours ennemies élevées par une puissance rivale. En étant plus hardi on sera plus respectueux : car comment la raison pourrait-elle être sévère ou dédaigneuse pour quelqu'un des produits de l'esprit humain, du moment qu'elle s'est reconnue dans tous ces produits sans distinction ni antithèse ?

Quand les critiques se seront placés résolument à ce point de vue, de tous les problèmes de l'histoire

Jésus leur apparaîtra comme le plus extraordinaire, et ceux-là leur sembleront excusables qui, frappés de tant de mystère, l'ont proclamé Dieu : ceux-là au moins l'ont compris, sinon expliqué. Étrange destinée, bien propre à faire toucher au doigt les merveilles du monde des esprits, que celle d'un homme obscur (l'orthodoxie même ne nous défend pas d'employer ce mot), auteur de la plus grande révolution qui ait changé la face de l'humanité, devenu le joint des deux feuillets de l'histoire, aimé jusqu'à la fureur, attaqué jusqu'à la fureur, si bien qu'il n'est pas un degré de l'échelle morale où on ne l'ait placé ! Sorti d'un petit canton très-exclusif quant à la nationalité et très-provincial quant à l'esprit, il est devenu l'idéal universel : Athènes et Rome l'adoptèrent, les Barbares tombèrent à ses pieds, et aujourd'hui encore le rationalisme n'ose le regarder un peu fixement qu'à genoux devant lui. Oui, quel qu'il ait été, sa fortune a été plus étonnante encore que lui-même !

Que ceux qui circonscrivent les puissances de l'esprit humain dans les étroites limites du bon sens vulgaire ; que ceux qui ne conçoivent pas la fière originalité des créations spontanées de la conscience, que ceux-là se gardent d'aborder un tel problème ou se bornent à y appliquer la commode solution du surnaturel. Pour comprendre Jésus, il faut être endurci aux miracles ; il faut s'élever au-dessus de notre âge de réflexion et de lente

analyse pour contempler les facultés de l'âme dans cet état de féconde et naïve liberté où, dédaignant nos pénibles combinaisons, elles atteignaient leur objet sans se regarder elles-mêmes. Alors, c'était l'âge des miracles psychologiques; recourir à une intervention surnaturelle pour expliquer les faits qui sont devenus impossibles dans l'état actuel du monde, c'est prouver qu'on ignore les forces cachées de la spontanéité. Plus on pénétrera les origines de l'esprit humain, plus on comprendra que, dans tous les ordres, le miracle n'est que l'inexpliqué; que, pour produire les phénomènes de l'humanité primitive, il n'a pas été besoin d'un Dieu toujours immiscé dans la marche des choses, et que ces phénomènes sont le développement régulier de lois immuables comme la raison et la perfection.

Certes, il faut désespérer d'arriver jamais à la complète intelligence d'apparitions surprenantes que le manque de documents, bien plus encore que leur nature mystérieuse, couvrira pour nous d'une éternelle obscurité. Dans la solution des problèmes d'un ordre aussi élevé, et l'hypothèse surnaturelle, et les hypothèses naturelles trop simples (celles du XVIII[e] siècle, par exemple), où tout est réduit aux proportions d'un fait ordinaire d'imposture ou de crédulité, doivent être également repoussées. On me proposerait une analyse définitive de Jésus au delà de laquelle il n'y aurait plus rien à chercher,

que je la récuserais; sa clarté même serait la meilleure preuve de son insuffisance. L'essentiel ici n'est pas de tout expliquer, mais de se convaincre qu'avec plus de renseignements tout serait explicable.

Or, c'est ce que l'étude comparée des religions et des littératures démontre surabondamment pour l'esprit initié aux procédés de la critique. L'Orient n'a jamais connu la grandeur purement intellectuelle, qui n'a pas besoin de miracles. Il fait peu de cas d'un sage qui n'est pas thaumaturge[1]. Jamais il n'est arrivé à la clarté parfaite de la conscience[2]; il a toujours vu la nature et l'histoire avec les yeux de l'enfant. L'enfant mêle instinctivement ses impressions à ses récits; il ne sait point isoler les choses du jugement qu'il en a porté et de la manière personnelle dont il les a envisagées; il ne raconte pas les faits, mais les imaginations qui lui sont venues à propos des faits, ou plutôt il se raconte lui-même. Toute

[1] Quand les Arabes eurent adopté Aristote comme le grand maître de la science, ils lui firent une légende miraculeuse comme à un *prophète*. On prétendit qu'il avait été enlevé au ciel sur une colonne de feu, etc.

[2] La Chine, douée d'un instinct si net et si positif du fini, doit toujours être exceptée quand il s'agit de l'Orient. Ce peuple est de tous le moins supernaturaliste, et là est peut-être le secret de sa médiocrité. Il est beau, non de rêver toujours, comme l'Inde, mais d'avoir rêvé dans son enfance : il en reste un parfum et comme une tradition de poésie qui défraie l'âge où l'on n'imagine plus.

fable qui sourit à son caprice est par lui acceptée ; lui-même en improvise d'étranges, et puis se les affirme. Tel fut l'état de l'esprit humain aux époques naïves. La légende naissait d'elle-même et sans préméditation mensongère : aussitôt née, aussitôt acceptée, elle allait grossissant comme la boule de neige ; nulle critique n'était là pour la contrôler. Il importe de remarquer, en effet, que le miracle ne se présentait point alors comme surnaturel. Le miracle était l'ordre habituel, ou plutôt il n'y avait ni lois ni nature pour des hommes étrangers à nos idées de science expérimentale, qui voyaient partout l'action immédiate d'agents libres. L'idée des lois de la nature n'apparaît qu'assez tard, et n'est accessible qu'à des intelligences cultivées. Aujourd'hui encore les simples admettent le miracle avec une facilité extrême. Ce n'est donc pas seulement à l'origine de l'esprit humain que l'imagination se laisse prendre aux charmes du merveilleux : la fécondité légendaire dure jusqu'à l'avénement de l'âge scientifique, seulement en diminuant de puissance, dominée qu'elle est de plus en plus par le souci de la réalité.[1]

L'application de ces principes à la Palestine se laisse

[1] Voir les belles analyses de la foi aux miracles données par M. Littré, dans la préface de la deuxième édition de la traduction de la *Vie de Jésus*, et dans la *Revue des Deux Mondes*, 15 février 1856.

facilement entrevoir. Le peuple juif, surtout depuis la captivité de Babylone, était possédé de l'idéal du Messie, d'abord vague, indécis, disparaissant par moments, mais reparaissant toujours plus énergique et plus caractérisé. Il l'entrevoit d'abord comme le sauveur qui lui rendra son temple et sa patrie, comme un roi modèle, composé avec les souvenirs de David et de Salomon, qui fera d'Israël le centre du monde. Puis, quand de cruelles humiliations obligent cet étonnant petit peuple à reconnaître sa faiblesse matérielle, le type du libérateur se complique du prophète souffrant et victime. Ce n'est plus seulement le roi parfait, entouré d'une auréole de gloire et de sagesse ; c'est l'homme de douleurs, mourant et triomphant par sa mort.

Comprend-on quelle action dut exercer sur la foi ardente d'un peuple qui ne vivait plus que dans l'avenir une telle image couvée durant des siècles et résumant toutes ses aspirations? S'il est vrai, comme le croyait l'ancienne physiologie, que la femme imprime à l'enfant qu'elle porte l'empreinte de ses désirs et de sa pensée, que ne dut pas produire dans le sein fécond d'Israël un idéal aussi persistant? Cette longue gestation de six ou sept siècles devait donner son fruit. Et en effet, quand la domination romaine eut achevé de mettre la nation juive dans l'état d'exaltation où se produisent les phénomènes extraordinaires, les signes du

temps se manifestèrent de toutes parts. On ne saurait se représenter, à moins de l'avoir étudié de très-près et dans les sources originales, l'état intellectuel des Juifs à cette époque. Le merveilleux de l'Évangile n'est que le plus sobre bon sens si on le place entre les apocryphes d'origine juive et le Talmud. Faut-il être surpris qu'au milieu d'un si étrange mouvement, on ait vu reparaître en quelque sorte les prodiges des premiers jours de l'humanité, et l'une de ces manifestations profondes dont la génération échappe à l'observateur qui ne s'élève pas au-dessus de l'expérience vulgaire?

Tirons un voile sur ces mystères que la raison même n'ose sonder. Ce n'est pas en quelques pages qu'on peut essayer la solution du problème le plus obscur de l'histoire. Le sens critique d'ailleurs ne s'inocule pas en une heure; celui qui ne l'a point cultivé par une longue éducation scientifique et intellectuelle trouvera toujours des raisonnements préjudiciels à opposer aux plus délicates inductions. Elever et cultiver les esprits, vulgariser les grands résultats des sciences naturelles et philologiques, tel est le seul moyen de faire comprendre et accepter les idées nouvelles de la critique. A ceux qui n'ont point la préparation nécessaire, ces idées ne peuvent paraître que de fausses et dangereuses subtilités.

Qu'on me permette un exemple: les quatre évangiles canoniques rapportent souvent un même fait avec des

variantes assez considérables dans les circonstances. Cela s'explique dans toutes les hypothèses rationalistes; car il ne faut point être plus difficile pour l'Évangile que pour les récits historiques ou légendaires des autres religions, lesquels offrent souvent des contradictions bien plus fortes encore. Mais il n'en va point ainsi dans l'hypothèse surnaturelle de l'inspiration. Il n'y a pas d'à peu près pour le Saint-Esprit; une chose ne peut s'être passée de deux manières à la fois. Voilà donc aux yeux de la critique indépendante une objection décisive. Et pourtant il n'est pas possible de réduire absolument l'orthodoxe à en convenir. Si les circonstances des différents récits ne sont pas absolument inconciliables, il dira que l'un des textes a conservé certains détails omis par l'autre, et il mettra bout à bout les circonstances diverses, au risque de composer un récit tout à fait incohérent. Si les circonstances sont décidément contradictoires, il dira que le fait raconté est double ou triple, bien qu'aux yeux de la saine critique les différents narrateurs aient évidemment en vue le même événement. C'est ainsi que les récits de Jean et des synoptiques (on désigne sous ce nom collectif Mathieu, Marc et Luc) sur la dernière entrée de Jésus à Jérusalem étant inconciliables, les harmonistes supposent qu'il y entra deux fois coup sur coup et avec des circonstances presque identiques. C'est ainsi que les trois reniements de saint Pierre, racontés di-

versement par les quatre évangélistes, constituent aux yeux des orthodoxes huit ou neuf reniements différents, tandis que Jésus n'en avait prédit que trois. Les circonstances de la résurrection donnent lieu à des difficultés analogues, auxquelles on oppose des solutions semblables. Que dire d'une telle exégèse? Qu'elle enferme une impossibilité métaphysique? Non. On essayerait en vain de réduire au silence celui qui voudrait la soutenir; mais quiconque a le sens critique tant soit peu développé la repoussera comme contraire aux règles d'interprétation qu'on suivrait pour tout autre sujet. Il faut apprécier de même les réponses que font les apologistes aux difficultés tirées du silence que gardent parfois les évangiles, et en particulier le quatrième, sur des circonstances capitales ou sur des épisodes entiers. Ce n'est là, disent-ils, qu'un *argument négatif*, dont on ne peut rien conclure. — Mais raisonnerait-on ainsi en matière profane, et n'est-ce pas de ces sortes d'arguments que la vraie critique tire souvent ses plus solides inductions[1]?

[1] La fin de non-recevoir que les théologiens opposent à l'*argument négatif* est tout à fait caractéristique des habitudes scolaires et juridiques qu'ils substituent à la finesse d'esprit, seule faculté qui fasse trouver le vrai en histoire. S'agit-il, par exemple, d'établir l'âge relativement moderne d'institutions ou de prescriptions dont le théologien est obligé de maintenir la haute antiquité, la critique tire une très-solide induction du silence de tous les documents historiques antérieurs à une certaine époque.—Que savez-

Demander à l'orthodoxe d'appliquer aux livres sacrés la même critique qu'aux livres profanes, c'est lui demander ce qu'il ne peut accorder ; d'autre part récuser le combat sur ce terrain, c'est se soustraire à la discussion. Voilà pourquoi toute controverse entre les personnes qui croient au surnaturel et les personnes qui n'y croient pas est frappée de stérilité. Il faut dire des miracles ce que Schleiermacher disait des anges : On ne peut en prouver l'impossibilité ; cependant toute cette conception est telle, qu'elle ne pourrait plus naître de notre temps ; elle appartient exclusivement à l'idée que l'antiquité se faisait du monde. Ce n'est pas d'un raisonnement, mais de tout l'ensemble des sciences modernes que sort cet immense résultat : il n'y a pas de surnaturel.[1] Depuis qu'il y a de l'être, tout ce qui s'est passé dans le monde des phénomènes a été le développement régulier des lois de l'être, lois qui ne constituent qu'un

vous, peut répondre le théologien, si ces institutions n'existaient pas sans qu'il en soit fait mention ? — Sans doute ; mais qu'est-ce qui prouve que les mystères organisés n'existaient pas aux temps homériques, sinon que l'Iliade et l'Odyssée n'en parlent pas ? Qu'est-ce qui prouve que nos institutions politiques et judiciaires n'existaient pas sous les Mérovingiens, sinon que les historiens du temps n'en parlent pas ? Et de même pour tous les résultats historiques exprimés sous forme de négation.

[1] J'éprouve le besoin, pour écarter tout malentendu, de rappeler ici l'explication que j'ai donnée sur ce mot, p. 137-138, note.

seul ordre de gouvernement, la nature, soit physique, soit morale. Qui dit au-dessus ou en dehors de la nature dans l'ordre des faits, dit une contradiction, comme qui dirait *surdivin* dans l'ordre des substances. « En rejetant le miracle, dit très-bien M. Littré[1], l'âge moderne n'a pas agi de propos délibéré, car il en avait reçu la tradition avec celle des ancêtres, toujours si chère et si gardée, mais sans le vouloir, sans le chercher, et par le seul fait du développement dont il était l'aboutissant. Une expérience que rien n'est jamais venu contredire lui a enseigné que tout ce qui se racontait de miraculeux avait constamment son origine dans l'imagination qui se frappe, dans la crédulité complaisante, dans l'ignorance des lois naturelles. Quelque recherche qu'on ait faite, jamais un miracle ne s'est produit là où il pouvait être observé et constaté. »

Les choses humaines obéissant à des lois plus difficiles à saisir que celles de la nature inanimée, la notion d'une intervention surnaturelle s'y défend avec plus d'avantage. On aura cessé depuis longtemps de croire au miracle physique que Jésus sera encore un miracle psychologique. On ne pourra comprendre que le contemporain de Hillel et de Schammaï soit leur frère selon l'esprit, que la même séve ait produit parallèlement le Talmud

[1] Préface de la deuxième édition de la *Vie de Jésus*, p. v.

et l'Évangile, le plus singulier monument d'aberration intellectuelle et la plus haute création du sens moral. Au fond pourtant cela s'explique. Une époque, pourvu qu'elle sorte du milieu vulgaire, peut donner naissance aux phénomènes les plus contraires. La même révolution n'a-t-elle pas à la fois proclamé la formule des droits civils qui semble destinée à être la loi de l'avenir, et effrayé le monde par des scènes d'horreur? On doit s'attendre à tout dans ces grandes crises de l'esprit humain. Il n'y a que les productions des époques de calme et de repos qui soient conséquentes avec elles-mêmes. L'apparition du Christ serait inconcevable dans un milieu logique et régulier : elle n'a rien que de naturel dans l'étrange orage que traversait au temps dont nous parlons l'esprit humain en Judée. Une vue plus étendue de la philosophie de l'histoire fera ainsi comprendre que les vraies causes de Jésus ne doivent point être cherchées en dehors de l'humanité, mais au sein du monde moral; que les lois qui ont produit Jésus ne sont pas des lois exceptionnelles et transitoires, mais les lois permanentes de la conscience humaine, appliquées dans une de ces circonstances extraordinaires où apparaissent simultanément les sublimités et les folies; —à peu près comme la géologie, après avoir longtemps recouru pour expliquer les révolutions du globe à des causes différentes de celles qui agissent aujourd'hui, re-

vient à proclamer que les lois actuelles ont suffi pour amener ces révolutions. Que les mêmes circonstances renaissent, et les mêmes phénomènes renaîtront, et, malgré l'épuisement apparent des forces créatrices de l'humanité, nous verrons encore un esprit nouveau naître spontanément, sans peut-être se personnifier d'une manière aussi exclusive dans tel ou tel individu.

Strauss ne fait donc qu'énoncer un des principes les plus arrêtés de l'esprit moderne quand il déclare non historique, au moins quant à la lettre, tout récit où sont violées les lois de la nature, et quand il proclame que la cause absolue n'intervient jamais par des actes exceptionnels dans l'enchaînement des causes finies. Ne cherchons pas la dignité de Jésus dans le pays des chimères. « Eh quoi ! dit Strauss, nous prendrions à quelques guérisons opérées en Galilée un plus haut intérêt qu'aux miracles de la vie morale et de l'histoire du monde, qu'à la domination toujours croissante de l'homme sur la nature, qu'à la puissance irrésistible de l'idée se soumettant incessamment la matière ? Quel intérêt particulier peut donc s'attacher à un fait isolé qui n'a d'autre valeur que de représenter symboliquement ce mouvement éternel ? » Chose étrange ! ce qui faisait la grandeur de Jésus aux yeux de ses contemporains et de ses premiers adorateurs est pour nous une tache dans son idéal, un trait par lequel cet idéal perd de son universa-

lité pour prendre la teinte particulière de son siècle et de son pays. Qui ne souffre de voir le théurge à côté du sublime moraliste, de trouver dans les Évangiles, à côté du discours sur la montagne et du discours de la Cène, des récits de possédés, qui, s'ils naissaient de nos jours, ne rencontreraient plus que le sourire ou l'incrédulité ?

Séparer rigoureusement le Christ historique du Christ évangélique, le personnage réel qui a porté le nom de Jésus du personnage idéal qui résulte de l'Évangile, c'est chose impossible. Mais quand on affirme que Jésus passa sa jeunesse en Galilée; qu'il ne reçut aucune éducation hellénique; qu'il fit quelques voyages à Jérusalem, où son imagination fut vivement impressionnée, et où il entra en communication avec l'esprit de sa nation; qu'il prêcha une doctrine peu orthodoxe à l'égard du judaïsme des scribes, doctrine empreinte peut-être de quelque tendance provinciale (la Galilée était mal famée pour l'orthodoxie comme pour la pureté de la langue); que les Juifs rigoureux lui firent une vive opposition, parce que sa haute tendance morale les inquiétait et les dépassait; qu'ils réussirent à le faire mettre à mort, à la suite d'une entrée presque triomphale qui lui fut décernée par ses compatriotes venus avec lui à Jérusalem pour la fête de Pâques; on n'a certes rien dit que l'historien le plus sévère ne soit obligé d'accepter. Il est permis de reconnaître qu'il y a

eu sur la vie de Jésus un travail légendaire analogue à celui de tous les poëmes, travail au moyen duquel un héros réel devient un type idéal, sans nier pour cela la haute personnalité du sublime et vraiment divin fondateur de la foi chrétienne. Strauss lui-même reconnaît qu'il y a de l'histoire au-dessous de la légende ; mais il ne l'a pas proclamé assez haut, parce que ses habitudes théologiques lui montraient un système d'interprétation plus facile dans l'hypothèse mythologique prise au sens le plus absolu.

Laissons sans y répondre des questions qu'on ne saurait empêcher la critique de poser, mais sur lesquelles elle ne parviendra jamais sans doute à se satisfaire : Jusqu'à quel point la doctrine et le caractère moral que l'Évangile attribue au Christ furent-ils historiquement la doctrine et le caractère moral de Jésus ? Jésus fut-il réellement un homme céleste et original, ou un sectaire juif analogue à Jean le Baptiste ? Avait-il conscience de ce qu'il était et de ce qu'il devait devenir ? Jésus ne nous semble-t-il dégagé des faiblesses humaines que parce que nous ne le voyons que de loin et à travers le nuage de la légende ? N'est-ce pas parce que les moyens nous manquent pour le critiquer qu'il nous apparaît dans l'histoire comme le seul irréprochable ? Si nous le touchions comme Socrate, ne trouverions-nous pas aussi à ses pieds quelque peu de limon terrestre ? Ici, comme dans

toutes les autres créations religieuses, l'admirable, le céleste, le divin ne reviennent-ils pas de droit à l'humanité ? Je n'ignore pas qu'il y a une critique qui se défie des individus et se garde de leur faire une trop grande part ; elle pense que c'est la masse populaire qui crée presque toujours la beauté des hommes élevés aux honneurs de l'apothéose ; elle craint de compromettre son admiration dans des questions de personnes sur lesquelles la science ne peut rien affirmer ; elle se rappelle qu'une grande disproportion se fait d'ordinaire remarquer entre le rôle réel des personnages qui tiennent aux fondations religieuses et leurs destinées d'outre-tombe : saint Pierre, un pêcheur de Galilée, a régné pendant mille ans sur le monde ; Marie, une humble femme de Nazareth, est montée, par l'hyperbole successive et toujours enchérissante des générations, jusqu'au sein de la Trinité ! Toutefois disons hardiment que ce n'est jamais le hasard qui a désigné tel individu pour l'idéalisation. La partie des Évangiles qui renferme le plus de circonstances historiques est celle de la passion et de la mort : or, cette partie est de beaucoup celle où Jésus paraît avec le plus de grandeur ; il n'est personne qui, en lisant ces pages admirables, où le monde a trouvé un si haut enseignement de moralité, ne sente le reflet immédiat d'une grande âme, et ne place le touchant et auguste patient du Calvaire parmi ceux que la

mort a consacrés. Sans doute, la trame dont l'humanité recouvre certains caractères dissimule presque entièrement la réalité primitive; mais on ne saurait nier, d'un autre côté, qu'il est des œuvres qui parlent plus haut que tous les documents, et que, si l'histoire est obligée de mesurer la gloire des individus à la trace lumineuse ou bienfaisante qu'ils ont laissée dans le monde, elle ne doit rien trouver d'exagéré à l'éclat incomparable dont la conscience religieuse du genre humain a entouré le front de Jésus.

Le philosophe, aussi bien que le théologien, doit donc reconnaître en Jésus les deux natures, séparer l'humain du divin et ne pas confondre dans son adoration le héros réel et le héros idéal. Il faut sans hésiter adorer le Christ, c'est-à-dire le caractère résultant de l'Évangile; car tout ce qui est sublime participe au divin, et le Christ évangélique est la plus belle incarnation de Dieu dans la plus belle des formes, qui est l'homme moral; c'est réellement le fils de Dieu et le fils de l'Homme, Dieu dans l'homme. Ils ne se trompaient pas ces grands interprètes du christianisme qui le firent naître sans père ici-bas, et attribuèrent sa génération non à un commerce naturel, mais à un sein virginal et à une opération céleste. Symbole admirable, qui cache sous ses voiles la véritable explication du Christ idéal! Quant à l'homme de Galilée que les reflets de la divinité dérobent

presque à nos regards, qu'importe s'il nous échappe ? Assurément, l'historien doit souhaiter d'éclaircir un tel problème ; mais au fond les besoins de l'homme religieux et moral y sont peu intéressés. Eh ! que nous importe ce qui s'est passé en Palestine il y a dix-huit cents ans ? Que nous importe que Jésus soit né dans telle ou telle bourgade, qu'il ait eu tels ou tels ancêtres, qu'il ait souffert tel ou tel jour de la semaine sacrée ? Laissons ces questions aux recherches des curieux. Les poèmes homériques seraient-ils plus beaux, s'il était prouvé que les faits qui y sont chantés sont tous des faits véritables ? L'Évangile serait-il plus beau, s'il était vrai qu'à un certain point de l'espace et de la durée un homme a réalisé à la lettre les traits qu'il nous présente ? La peinture d'un sublime caractère ne gagne rien à sa conformité avec un héros réel. Le Jésus vraiment admirable est à l'abri de la critique historique ; il a son trône dans la conscience, il ne sera remplacé que par un idéal supérieur ; il est roi pour longtemps encore. Que dis-je ? sa beauté est éternelle, son règne n'aura pas de fin. L'Église a été dépassée, et s'est dépassée elle-même ; le Christ n'a pas été dépassé. Tandis qu'un noble cœur aspirera à la beauté morale, tandis qu'une âme élevée tressaillera de joie devant la réalisation du divin, le Christ aura des adorateurs par la partie vraiment immortelle de son être. Car ne nous y trompons pas, et n'étendons pas

trop les limites de l'impérissable. Dans le Christ évangélique lui-même, une partie mourra : c'est la forme locale et nationale, c'est le juif, c'est le galiléen ; mais une part restera : c'est le grand maître de la morale, c'est le juste persécuté, c'est celui qui a dit aux hommes : Vous êtes fils d'un même père céleste. Le thaumaturge et le prophète mourront ; l'homme et le sage resteront ; ou plutôt l'éternelle beauté vivra à jamais dans ce nom sublime, comme dans tous ceux que l'humanité a choisis pour se rappeler ce qu'elle est et s'enivrer de sa propre image. Voilà le Dieu vivant, voilà celui qu'il faut adorer.

MAHOMET

ET LES ORIGINES DE L'ISLAMISME.

Toutes les origines sont obscures, les origines religieuses encore plus que les autres. Produits des instincts spontanés de la nature humaine, les religions ne se rappellent pas plus leur enfance que l'adulte ne se rappelle l'histoire de son premier âge et les phases successives du développement de sa conscience: chrysalides mystérieuses, elles n'apparaissent au grand jour que dans la parfaite maturité de leurs formes. Il en est de l'origine des religions comme de l'origine de l'humanité. La science démontre qu'à un certain jour, en vertu des lois naturelles qui jusque-là avaient présidé au développement des choses, sans exception ni intervention

extérieure, l'être pensant est apparu doué de toutes ses facultés et parfait quant à ses éléments essentiels; et pourtant vouloir expliquer l'apparition de l'homme sur la terre par les lois qui régissent les phénomènes de notre globe depuis que la nature a cessé de créer, ce serait ouvrir la porte à de si extravagantes imaginations que nul esprit sérieux ne voudrait s'y arrêter un instant. Il est indubitable encore qu'à un certain jour, par l'expansion naturelle et spontanée de ses facultés, l'homme a improvisé le langage; et pourtant aucune image empruntée à l'état actuel de l'esprit humain ne peut nous aider à concevoir ce fait étrange, devenu entièrement impossible dans notre milieu réfléchi. Il faut de même renoncer à expliquer par des procédés accessibles à l'expérience les faits primitifs des religions, faits qui n'ont plus d'analogues depuis que l'humanité a perdu sa fécondité religieuse. En face de l'impuissance de la raison réfléchie à fonder la croyance et à la discipliner, comment ne reconnaîtrions-nous pas la force cachée qui à certains moments pénètre et vivifie les entrailles de l'humanité? L'hypothèse supernaturaliste offre peut-être moins de difficultés que les solutions frivoles de ceux qui abordent les problèmes des origines religieuses sans avoir pénétré les mystères de la conscience spontanée; et si, pour rejeter cette hypothèse, il fallait être arrivé à une opinion rationnelle sur tant de faits vrai-

ment divins, bien peu d'hommes auraient le droit de ne pas croire au surnaturel.

Serait-il vrai pourtant que la science dût renoncer à expliquer la formation du globe, parce que les phénomènes qui l'ont amené à l'état où nous le voyons ne se reproduisent plus de nos jours sur une grande échelle? qu'elle dût renoncer à expliquer l'apparition de la vie et des espèces vivantes, parce que la période contemporaine a cessé d'être créatrice? à expliquer l'origine du langage, parce qu'il ne se crée plus de langues? l'origine des religions, parce qu'il ne se crée plus de religions? Non, certes. C'est l'œuvre de la science, œuvre infiniment délicate et souvent périlleuse, de deviner le primitif par les faibles traces qu'il a laissées de lui-même. La réflexion ne nous a pas tellement éloignés de l'âge créateur que nous ne puissions reproduire en nous le sentiment de la vie spontanée. L'histoire, si avare qu'elle soit pour les époques non conscientes, n'est pourtant pas entièrement muette; elle nous permet, sinon d'aborder directement les questions d'origine, au moins de les resserrer par le dehors. Puis, comme rien n'est absolu dans les choses humaines et qu'il n'est pas deux faits dans le passé qui rentrent à la rigueur dans la même catégorie, nous avons des nuances intermédiaires pour nous représenter les phénomènes inaccessibles à l'étude immédiate. Le géologue trouve dans les lentes dégradations

de l'état actuel du globe des données pour expliquer les révolutions antérieures. Le linguiste, en assistant au phénomène du développement des langues, qui se continue sous nos yeux, est amené à découvrir les lois qui ont présidé à la formation du langage. L'historien, à défaut des faits primitifs qui ont signalé les apparitions religieuses, peut étudier des dégénérescences, des tentatives avortées, des demi-religions, si j'ose le dire, montrant à découvert, quoique en des proportions plus réduites, les procédés par lesquels se sont formées les grandes œuvres des époques irréfléchies.

La naissance de l'islamisme est, sous ce rapport, un fait unique et véritablement inappréciable. L'islamisme a été la dernière création religieuse de l'humanité et, à beaucoup d'égards, la moins originale. Au lieu de ce mystère sous lequel les autres religions enveloppent leur berceau, celle-ci naît en pleine histoire; ses racines sont à fleur de sol. La vie de son fondateur nous est aussi bien connue que celle des réformateurs du xvi[e] siècle. Nous pouvons suivre année par année les fluctuations de sa pensée, ses contradictions, ses faiblesses. Ailleurs, les origines religieuses se perdent dans le rêve; le travail de la critique la plus déliée suffit à peine pour discerner le réel sous les apparences trompeuses du mythe et de la légende. L'islamisme, au contraire, apparaissant au milieu d'une réflexion très-avancée, manque absolument

de surnaturel. Mahomet, Omar, Ali ne sont ni des voyants, ni des illuminés, ni des thaumaturges. Chacun d'eux sait très-bien ce qu'il fait, nul n'est dupe de lui-même; chacun s'offre à l'analyse à nu et avec toutes les faiblesses de l'humanité.

Grâce aux excellents travaux de MM. Weil[1] et Caussin de Perceval[2], on peut dire que le problème des origines de l'islamisme est arrivé de nos jours à une solution à peu près complète. M. Caussin de Perceval surtout a introduit dans la question un élément capital, par les renseignements nouveaux qu'il a fournis sur les antécédents et les précurseurs de Mahomet, sujet délicat qui n'avait guère été aperçu avant lui. Son excellent ouvrage restera comme un modèle de cette érudition exacte, solide, éloignée de toute conjecture qui forme le caractère de l'école française. La finesse et la pénétration de M. Weil assurent à ses travaux sur l'islamisme un rang distingué. Sous le rapport du choix et de la richesse des sources, son ouvrage est pourtant inférieur à celui de notre savant compatriote, et on pourrait lui

[1] *Mohammed der Prophet, sein Leben und seine Lehre*, Stuttgard, 1843; *Historisch-kritische Einleitung in den Koran*, Bielefeld, 1844; *Biblische Legenden der Muselmänner*, Francfort, 1845; *Geschichte der Chalifen*, Mannheim, t. I, 1846; t. II, 1848; t. III, 1851.

[2] *Essai sur l'histoire des Arabes avant l'islamisme, pendant l'époque de Mahomet et jusqu'à la réduction de toutes les tribus sous la loi musulmane*. Paris, 1848, 3 vol.

reprocher d'accorder trop de confiance à des autorités turques et persanes, qui n'ont dans la question présente que bien peu de valeur. L'Amérique et l'Angleterre se sont aussi occupées de Mahomet : un romancier très-connu, M. Washington Irving[1], a raconté sa vie avec intérêt, mais sans faire preuve d'un sentiment historique fort élevé. Son livre atteste pourtant un véritable progrès, quand on songe qu'en 1829 M. Charles Forster publiait deux gros volumes fort goûtés des révérends[2], pour établir que Mahomet n'était autre chose que « la petite corne du bouc qui figure au chapitre VIII de Daniel, et que le pape était la grande corne. » M. Forster fondait sur cet ingénieux parallèle toute une philosophie de l'histoire, d'après laquelle le pape représenterait la corruption occidentale du christianisme, et Mahomet la corruption orientale ; de là les ressemblances frappantes du mahométisme et du papisme !

Ce serait une curieuse histoire à écrire que celle des idées que les nations chrétiennes se sont faites de Maho-

[1] *Lives of Mahomet and his successors.* New-York, 1850.

[2] *Mahometism unveiled : an inquiry in which that arch-heresy, its diffusion and continuance are examined on a new principle, tending to confirm the evidences, and aid the propagation of the Christian Faith.* C'est le même M. Charles Forster qui est l'auteur d'une mystification sur les inscriptions sinaïtiques, dans lesquelles il prétend retrouver la langue et l'écriture primitives, le texte primitif de l'Exode, etc.

met, depuis les récits du faux Turpin sur l'idole d'or *Mahom* adorée à Cadix, et que Charlemagne n'osa détruire par crainte d'une légion de démons qui y était renfermée, jusqu'au jour où la critique a rendu, en un sens très-réel, au père de l'islamisme, son titre de prophète. La foi vierge de la première moitié du moyen âge, qui n'eut sur les cultes étrangers au christianisme que les notions les plus vagues, se figurait *Maphomet, Baphomet, Bafum*[1], comme un faux dieu, à qui l'on offrait des sacrifices humains. Ce fut au XIIe siècle que Mahomet commença à passer pour un faux prophète, et que l'on songea sérieusement à dévoiler son imposture. La traduction du Coran exécutée par l'ordre de Pierre le Vénérable, les ouvrages de polémique des Dominicains et de Raymond Lulle, les renseignements fournis par Guillaume de Tyr et Matthieu Pâris contribuèrent à répandre des idées plus saines sur l'islamisme et son fondateur. A l'idole *Mahom* succède l'hérésiarque *Mahomet*, placé par Dante dans une région assez honorable de son Enfer (XXVIII, 31) parmi les semeurs de discorde, avec Frà Dolcino et Bertrand de Born. C'était déjà le signe d'une révolution opérée dans les consciences. Aux époques de foi vraiment naïve, ou

[1] De là *bafumerie, mahomerie, mômerie*, pour désigner tous les cultes superstitieux et impurs.

bien le fidèle ignore qu'il existe des religions différentes de la sienne, ou, s'il connaît l'existence d'autres cultes, ces cultes lui paraissent si impurs et si ridicules que leurs sectateurs ne peuvent être à ses yeux que des insensés ou des pervers. Quel ébranlement pour les consciences le jour où l'on vient à reconnaître qu'à côté du dogme que l'on croyait unique, il en est d'autres qui prétendent aussi venir du ciel? Le mot des *Trois Imposteurs*, qui préoccupa si fort tout le XIII[e] siècle et dont l'imagination populaire fit un livre, est le résumé de cette première incrédulité, provenant de l'étude de la philosophie arabe et d'une connaissance assez exacte de l'islamisme[1]. Le nom de Mahomet devint ainsi presque synonyme d'impie, et quand Orcagna, dans l'enfer du Campo Santo de Pise, veut représenter, à côté des hérétiques, les contempteurs de toutes les religions, les trois personnages qu'il choisit sont Mahomet, Averroès et l'Antechrist. Le moyen âge n'allait pas à demi dans ses colères : Mahomet fut à la fois un sorcier, un infâme débauché, un voleur de chameaux, un cardinal qui, n'ayant pu réussir à se faire pape, inventa une nouvelle religion pour se venger de ses collègues. Sa biographie devint le répertoire de tous les crimes ima-

[1] J'ai plus longuement exposé ceci dans mon essai sur *Averroès et l'Averroïsme*, p. 222 et suiv.

ginables, à tel point que les *histoires de Baphomet*, furent, comme celles de Pilate, un thème d'anecdotes graveleuses[1]. Le XVIᵉ et le XVIIᵉ siècle ne montrèrent pas beaucoup plus de justice : Bibliander, Hottinger, Maracci n'osent encore s'occuper du Coran que pour le réfuter[2].

Prideaux et Bayle envisagèrent enfin Mahomet en historiens et non plus en controversistes; mais le manque de documents authentiques les retint dans la discussion des fables puériles qui jusqu'alors avaient défrayé la curiosité du peuple et la colère des théologiens. L'honneur du premier essai d'une biographie de Mahomet d'après les sources orientales appartient à Gagnier. Ce savant fut amené à demander ses renseignements à Aboulféda, et ce fut une bonne fortune. On peut douter que la critique eût été au XVIIIᵉ siècle assez

[1] Voir le *Roman de Mahomet*, publié par MM. Reinaud et Fr. Michel (Paris, 1831), et Edel. du Méril, *Poésies populaires latines du moyen âge* (1847), p. 367.

[2] On jugera de la force de leurs raisonnements par celui-ci, que j'emprunte au célèbre théologien Génebrard : Pourquoi est-ce, ô Mahomet, que tu n'écris pas ta loi ou ton Alcoran en latin, ou grec, ou hébreu, vu que ce sont les langues connues par tout l'empire romain et par tous les doctes ? Il répond, mais assez froidement et à la manière des huguenots, que son Alcoran ou institution n'est pas pour les Romains ni les doctes, à cause qu'ils ne se convertiraient pas. « Mais ce n'estait pas pour cela, ains parce qu'il estait une beste, et ne savait rien en hébreu, grec ou latin ! »

habile pour saisir la différence qu'il faut faire, quant à la valeur historique, entre les récits des historiens arabes et les légendes écloses de l'imagination persane. Cette distinction capitale, que M. Caussin de Perceval seul a bien observée, est, à véritablement parler, le nœud de tous les problèmes relatifs à l'origine de l'islamisme. Composée d'après les sources arabes, telles que les biographies d'Ibn-Hischam et d'Aboulféda, la vie de Mahomet est simple et naturelle, presque sans miracles; composée d'après les auteurs turcs et persans, la même légende apparaît comme un amas de fables absurdes et du plus mauvais style. Bien que les traditions relatives à la vie de Mahomet n'aient commencé à être mises en ordre que sous les Abbasides, les rédacteurs de cette époque s'appuyaient déjà sur des sources écrites, dont les auteurs eux-mêmes remontaient, en citant leurs autorités, jusqu'aux compagnons du prophète. Autour de la mosquée attenante à la maison de Mahomet régnait un banc, sur lequel avaient élu domicile des hommes sans famille ni demeure, qui vivaient des générosités du prophète et mangeaient souvent avec lui. Ces hommes, que l'on appelait les *gens du banc* (*ahl el-soffa*), étaient censés connaître beaucoup de particularités sur la personne de Mahomet, et leurs souvenirs devinrent l'origine d'innombrables *dires* ou *hadith*. La foi musulmane elle-même fut effrayée de la multitude

des documents ainsi obtenus : six sources légitimes furent seules reconnues à la tradition, et l'infatigable Bokhari avoue que, sur les deux cent mille *hadith* qu'il avait recueillis, sept mille deux cent vingt-cinq seulement lui paraissaient d'une authenticité incontestable. La critique européenne pourrait assurément, sans encourir le reproche de témérité, procéder à une élimination plus sévère encore. Toutefois, on ne peut nier que ces premiers récits ne nous présentent beaucoup de traits de la physionomie réelle du prophète, et ne se distinguent d'une manière tout à fait tranchée des recueils de légendes pieuses imaginées uniquement pour l'édification des lecteurs. Le véritable monument de l'histoire primitive de l'islamisme, le Coran, reste d'ailleurs absolument inattaquable, et ce monument suffirait à lui seul, indépendamment des récits des historiens, pour nous révéler Mahomet.

Je ne vois dans aucune littérature un procédé de composition qui puisse donner une idée exacte de la rédaction du Coran. Ce n'est ni le livre écrit avec suite, ni le texte vague et indéterminé arrivant peu à peu à une leçon définitive, ni la rédaction des enseignements du maître faite d'après les souvenirs de ses disciples; c'est le recueil des prédications, et, si j'ose le dire, des ordres du jour de Mahomet, portant encore la date du lieu où ils parurent et la trace de la circonstance

qui les provoqua. Chacune de ces pièces était écrite, après la *récitation* du prophète[1], sur des peaux, sur des omoplates de mouton, des os de chameau, des pierres polies, des feuilles de palmier, ou conservée de mémoire par les principaux disciples, que l'on appelait *porteurs du Coran*. Ce ne fut que sous le khalifat d'Abou-Bekr, après la bataille de Yemâma, où périrent un grand nombre de vieux musulmans, que l'on songea à « réunir le *Coran* entre deux ais, » et à mettre bout à bout ces fragments détachés et souvent contradictoires. Il est indubitable que cette compilation, à laquelle présida Zeyd-ben-Thabet, le plus autorisé des secrétaires de Mahomet, fut exécutée avec une parfaite bonne foi. Aucun travail de coordination ou de conciliation ne fut tenté : on mit en tête les plus longs morceaux; on réunit à la fin les plus courtes *surates*[2], qui n'avaient que quelques lignes, et l'exemplaire type fut confié à la garde de Hafsa, fille d'Omar, l'une des veuves de Mahomet. Une seconde récension eut lieu sous le khalifat d'Othman. Quelques variantes d'orthographe et de dialectes s'étaient introduites dans les exemplaires des différentes provinces; Othman nomma une commission, toujours présidée par Zeyd, pour constituer définitive-

[1] Le mot *coran* veut dire *récitation*, et ne réveillait aucune idée analogue à celle du *livre* (*kitâb*) des juifs et des chrétiens.

[2] C'est le nom arabe des chapitres du Coran.

ment le texte d'après le dialecte de la Mecque : puis, par un procédé très-caractéristique de la critique orientale, il fit recueillir et brûler tous les autres exemplaires, afin de couper court aux discussions.

C'est ainsi que le Coran est arrivé jusqu'à nous sans variantes bien essentielles. Assurément, un tel mode de composition est fait pour inspirer quelques scrupules. L'intégrité d'un ouvrage longtemps confié à la mémoire nous semble mal gardée. Des altérations et des interpolations n'ont-elles pu se glisser dans les révisions successives? Quelques hérétiques musulmans ont prévenu, sur ce point, les soupçons de la critique moderne. M. Weil, de nos jours, a soutenu que la récension d'Othman ne fut pas purement grammaticale, comme le veulent les Arabes, et que la politique y eut sa part, surtout en vue de rabattre les prétentions d'Ali. Toutefois, le Coran se présente à nous avec si peu d'arrangement, dans un désordre si complet, avec des contradictions si flagrantes ; chacun des morceaux qui le composent porte une physionomie si tranchée, que rien ne saurait, dans un sens général, en attaquer l'authenticité. Nous avons donc pour l'islamisme l'immense avantage d'avoir les pièces mêmes de son origine, pièces très-suspectes sans doute et exprimant beaucoup moins la vérité des faits que les besoins du moment, mais en cela même précieuses aux yeux du critique qui sait les interpréter. C'est sur cet étrange

spectacle d'une religion naissant au grand jour, avec pleine conscience d'elle-même, que je voudrais appeler un moment l'attention des penseurs.

I

La critique, en général, doit renoncer à rien savoir de certain sur le caractère et la biographie des fondateurs de religion. Pour eux, le tissu de la légende a entièrement couvert celui de l'histoire. Étaient-ils beaux ou laids, vulgaires ou sublimes? Nul ne le saura. Les livres qu'on leur attribue, les discours qu'on leur prête, ne sont d'ordinaire que des compositions plus modernes, et nous apprennent beaucoup moins ce qu'ils étaient que la manière dont leurs disciples concevaient l'idéal. La beauté même de leur caractère n'est point à eux; elle appartient à l'humanité, qui les fait à son image. Transformée par cette force incessamment créatrice, la plus laide chenille pourrait devenir le plus beau papillon.

Il n'en est point de même pour Mahomet. Le travail de la légende est resté, autour de lui, faible et sans originalité. Mahomet est réellement un personnage historique : nous le touchons de toutes parts. Le livre qui nous reste sous son nom représente presque mot à mot

les discours qu'il tenait. Sa vie est demeurée une biographie comme une autre, sans prodiges, sans exagérations. Ibn-Hischâm, et, en général, les plus anciens de ses historiens sont des écrivains sensés. C'est à peu près le ton de la *Vie des Saints*, écrite d'une façon dévote, mais raisonnable ; et encore l'on pourrait citer vingt légendes de saints, celle de saint François d'Assise, par exemple, qui sont devenues infiniment plus mythiques que celle du fondateur de l'islamisme.

Mahomet ne voulut pas être thaumaturge : il ne voulut être que prophète, et prophète sans miracles. Il répète sans cesse qu'il est un homme comme un autre, mortel comme un autre, sujet au péché et ayant besoin comme un autre de la miséricorde de Dieu. Dans ses derniers jours, voulant mettre ordre à sa conscience, il monte en chaire. « Musulmans, dit-il, si j'ai frappé quelqu'un de vous, voici mon dos, qu'il me frappe. Si quelqu'un a été outragé par moi, qu'il me rende injure pour injure. Si j'ai pris à quelqu'un son bien, tout ce que je possède est à sa disposition. » Un homme se leva et réclama une dette de trois drachmes. « Mieux vaut, dit le prophète, la honte en ce monde que dans l'autre, » et il paya sur-le-champ.

Cette extrême mesure, ce bon goût vraiment exquis avec lesquels Mahomet comprit son rôle de prophète, lui étaient imposés par l'esprit de sa nation. Rien de plus inexact que de se figurer les Arabes avant l'islamisme

comme une nation grossière, ignorante, superstitieuse : il faudrait dire au contraire une nation raffinée, sceptique, incrédule. Voici un curieux épisode des premiers temps de la mission de Mahomet qui fait très-bien comprendre l'indifférence glaciale qu'il rencontrait autour de lui et l'extrême réserve qui lui était commandée dans l'emploi du merveilleux. Il était assis dans le parvis de la Caaba, à peu de distance d'un cercle formé par plusieurs chefs Koreischites, tous opposés à ses doctrines. Otba, fils de Rébia, l'un d'eux, s'approche de lui, prend place à ses côtés, et, parlant au nom des autres : « Fils de mon ami, lui dit-il, tu es un homme distingué par tes qualités et ta naissance. Bien que tu mettes la perturbation dans ta patrie, la division dans les familles, que tu outrages nos dieux, que tu taxes d'impiété et d'erreur nos ancêtres et nos sages, nous voulons user de ménagements avec toi. Écoute des propositions que j'ai à te faire, et réfléchis s'il ne te convient pas d'en accepter quelqu'une. — Parle, dit Mahomet, je t'écoute. — Fils de mon ami, reprit Otba, si le but de ta conduite est d'acquérir des richesses, nous nous cotiserons tous pour te faire une fortune plus considérable que celle d'aucun Koreischite. Si tu vises aux honneurs, nous te créerons notre chef, et nous ne prendrons aucune résolution sans ton avis. Si l'esprit qui t'apparaît s'attache à toi et te domine de manière que tu ne puisses te soustraire à son

influence, nous ferons venir des médecins habiles, et nous les paierons pour qu'ils te guérissent. — Je ne suis ni avide de biens, ni ambitieux de dignités, ni possédé du malin esprit, répondit Mahomet. Je suis envoyé par Allah, qui m'a révélé un livre et m'a ordonné de vous annoncer les récompenses ou les châtiments qui vous attendent. — Eh bien! Mahomet, lui dirent les Koreischites, puisque tu n'agrées pas nos propositions, et que tu te prétends envoyé d'Allah, donne-nous des preuves évidentes de ta qualité. Notre vallée est étroite et stérile; obtiens de Dieu qu'il l'élargisse, qu'il éloigne l'une de l'autre ces chaînes de montagnes qui la resserrent, qu'il y fasse couler des fleuves pareils aux fleuves de la Syrie et de l'Irak, ou bien qu'il fasse sortir du tombeau quelques-uns de nos ancêtres, et parmi eux Cossay, fils de Kilâb, cet homme dont la parole avait tant d'autorité; que ces illustres morts, ressuscités, te reconnaissent pour prophète, et nous te reconnaîtrons aussi. — Dieu, répondit Mahomet, ne m'a pas envoyé vers vous pour cela : il m'a envoyé seulement pour prêcher sa loi. — Au moins, reprirent les Koreischites, demande à ton seigneur qu'il fasse paraître un de ses anges pour témoigner de ta véracité et nous ordonner de te croire. Demande-lui aussi qu'il montre ostensiblement le choix qu'il a fait de ta personne, en te dispensant du besoin de chercher ta subsistance journalière dans les marchés, comme le

moindre de tes compatriotes. — Non, dit Mahomet, je ne lui adresserai pas ces demandes : mon devoir est seulement de vous prêcher. — Eh bien! que ton seigneur fasse tomber le ciel sur nous, comme tu prétends qu'il est capable de le faire ; car nous ne te croirons pas! »

On le voit, un bouddha, un fils de Dieu, un thaumaturge de haute volée étaient au-dessus du tempérament de ce peuple. L'extrême finesse de l'esprit arabe, la manière franche et nette dont il se pose dans le réel, le libertinage de mœurs et de croyances qui régnait à l'époque de l'islamisme, interdisaient les grands airs au nouveau prophète. L'Arabie manque complétement de l'élément qui engendre le mysticisme[1] et la mythologie. Les nations sémitiques, celles du moins qui sont restées fidèles à la vie patriarcale et à l'esprit ancien, n'ont jamais compris en Dieu la variété, la pluralité, le sexe : le mot *déesse* serait en hébreu le plus horrible barbarisme. De là ce trait si caractéristique, qu'elles n'ont jamais eu ni mythologie ni épopée. La façon nette et simple dont elles conçoivent Dieu séparé du monde,

[1] Si l'on m'objecte la tendance générale de la philosophie orientale vers le mysticisme, je ferai observer que ce n'est que par abus que l'on applique le nom de *philosophie arabe* à une philosophie qui n'a jamais eu de racines dans la péninsule arabique, et dont l'apparition a été une réaction du génie persan contre le génie arabe. Cette philosophie a été écrite en arabe, voilà tout ; elle n'est arabe ni de tendance ni d'esprit.

n'engendrant point, n'étant pas engendré, n'ayant point de semblable, excluait ces grandes broderies, ces poëmes divins où l'Inde, la Perse, la Grèce ont développé leur fantaisie. La mythologie représentant le panthéisme en religion, n'est possible que dans l'imagination d'un peuple qui laisse flotter indécises les limites de Dieu, de l'humanité et de l'univers : or l'esprit le plus éloigné du panthéisme, c'est assurément l'esprit sémitique. L'Arabie, en particulier, avait perdu ou peut-être n'avait jamais eu le don de l'invention surnaturelle. A peine trouve-t-on dans toutes les *Moallakât*[1] et dans le vaste répertoire de la poésie antéislamique une pensée religieuse. Ce peuple n'avait pas le sens des choses saintes; mais, en revanche, il avait un sentiment très-vif des choses finies et des passions du cœur humain.

Voilà pourquoi la légende musulmane, en dehors de la Perse, est restée si pauvre, et pourquoi l'élément mythique y est absolument nul. Sans doute la vie de Mahomet, comme celle de tous les grands fondateurs, s'est entourée de fables; mais ces fables ne sont arrivées à quelque sanction que chez les schiites, dominés par le

[1] On appelait *moallakât* ou *suspendues* les pièces de vers qui avaient remporté le prix dans les tournois poétiques et étaient suspendues avec des clous d'or à la porte de la Caaba. Il en reste sept, auxquelles on rattache ordinairement deux ou trois autres poëmes du même caractère.

tour de l'imagination persane. Loin qu'elles tiennent au fond de l'islamisme, elles ne doivent être envisagées que comme des scories accessoires, tolérées plutôt que consacrées et fort analogues à la mythologie de bas étage des livres apocryphes, que l'Église n'a jamais ni franchement adoptée, ni sévèrement bannie. Comment l'imagination populaire n'eût-elle pas entouré de quelques prodiges une existence si extraordinaire? Comment l'enfance surtout, thème si avantageux pour les légendes, n'eût-elle pas tenté les conteurs? A les entendre, la nuit où naquit le prophète, le palais de Chosroès fut ébranlé par un tremblement de terre, le feu sacré des mages s'éteignit, le lac de Sâwa se dessécha, le Tigre déborda, et toutes les idoles du monde tombèrent la face contre terre. Ces traditions, néanmoins, ne s'élèvent jamais à la hauteur d'une légende consacrée, et, en somme, les récits de l'enfance de Mahomet, malgré quelques taches, sont restés une page charmante de grâce et de naturel[1]. Pour faire mieux apprécier cette sobriété, je donnerai ici un échantillon de la manière dont l'Inde sait fêter la naissance de ses héros.

Quand les créatures apprennent que Bouddha va naître, tous les oiseaux de l'Himalaya accourent au palais de Kapila, et se posent en chantant et en battant des ailes

[1] Voir M. Caussin, t. I, p. 286 et suiv.

sur les terrasses, les balustrades, les arceaux, les galeries, les toits du palais; les étangs se couvrent de lotus; dans les maisons, le beurre, l'huile, le miel, le sucre, quoiqu'on les emploie en abondance, paraissent toujours entiers; les tambours, les harpes, les théorbes, les cymbales rendent sans être touchés des sons mélodieux. Des dieux et des solitaires accourent de chacun des dix horizons pour accompagner le Bouddha. Le Bouddha descend accompagné de centaines de millions de divinités. Au moment où il descend, les trois mille grands milliers de régions du monde sont illuminés d'une immense splendeur, effaçant celle des dieux. Pas un être n'éprouve de frayeur ni de souffrance. Tous ressentent un bien-être infini, et n'ont que des pensées affectueuses et tendres. Des centaines de millions de dieux, avec les mains, avec les épaules, avec la tête, soutiennent et portent le char de Bouddha. Cent mille *apsaras* conduisent les chœurs de musique en avant, en arrière, à droite, à gauche, et chantent les louanges de Bouddha. Au moment où il va sortir du sein de sa mère, toutes les fleurs ouvrent leur calice; de jeunes arbres s'élèvent du sol et entr'ouvrent leurs boutons; des eaux de senteur coulent de toutes parts; des flancs de l'Himalaya, les jeunes lions accourent tout joyeux à la ville de Kapila, et s'arrêtent aux portes sans faire de mal à personne. Cinq cents jeunes éléphants blancs viennent toucher avec

leurs trompes les pieds du roi, père de Bouddha; les enfants des dieux, parés de ceintures, apparaissent dans l'appartement des femmes, allant et venant de côté et d'autre; les femmes des *nagas*, laissant voir la moitié de leur corps, apparaissent s'agitant dans les airs; dix mille filles des dieux, tenant à la main des éventails de queue de paon, apparaissent sur l'azur du ciel; dix mille urnes pleines apparaissent faisant le tour de la grande cité de Kapila; cent mille filles des dieux, portant des conques, des tambours, des tambourins suspendus à leur cou, apparaissent immobiles; tous les vents retiennent leur souffle; tous les fleuves et tous les ruisseaux s'arrêtent; le soleil, la lune et les étoiles cessent de se mouvoir. Une lumière de cent mille couleurs, produisant le bien-être dans le corps et l'esprit, se répand de toutes parts. Le feu ne brûle plus. Aux galeries, aux palais, aux terrasses, aux arceaux des portes apparaissent suspendues des perles et des pierres précieuses. Les corneilles, les vautours, les loups, les chacals cessent leurs cris; il ne s'élève que des sons doux et agréables. Tous les dieux des bois de Salas, sortant à demi leur corps du feuillage, apparaissent immobiles et inclinés. Des parasols grands et petits se déploient de tous côtés dans les airs. La reine cependant s'avance dans le jardin de Loumbini. Un arbre s'incline et la salue; la reine en saisit une branche, et, regardant le

ciel avec grâce, fait un bâillement, et reste immobile. Le Bouddha s'élance de son côté droit sans la blesser; un lotus blanc perce la terre et s'ouvre pour le recevoir; un parasol descend du ciel pour le couvrir; un fleuve d'eau froide et un fleuve d'eau chaude accourent pour le baigner, etc.[1].

Voilà ce qui s'appelle entamer hardiment la légende et ne pas marchander avec le miracle. L'Arabie était arrivée à un trop grand raffinement intellectuel pour qu'il pût s'y former une légende surnaturelle de ce style. La seule fois que Mahomet voulut se permettre une imitation des fantaisies transcendantes des autres religions, dans son voyage nocturne à Jérusalem sur un animal fantastique, la chose tourna au plus mal : ce récit fut accueilli par une tempête de plaisanteries; plusieurs de ses disciples abjurèrent, et le prophète se hâta de retirer sa fâcheuse idée, en déclarant que ce merveilleux voyage, donné d'abord comme réel, n'avait été qu'un rêve. Toute la légende arabe de Mahomet, telle qu'elle se lit dans Aboulféda[2], par exemple, se borne à quelques récits fort sobrement inventés. On cherche à le mettre en rapport avec les hommes illustres de son temps et de la généra-

[1] Nous prenons ces traits entre mille dans le *Lalitavistara,* ou légende de Bouddha, trad. par M. Édouard Foucaux (Paris, 1848).

[2] Voir la traduction qu'en a donnée M. Noël Desvergers. Paris, 1837.

tion précédente; on fait prophétiser sa mission par des personnages vénérés. Lorsqu'il parcourait les solitudes voisines de la Mecque, plein de sa pensée, il entendait des voix qui lui disaient : « Salut, apôtre de Dieu ! » Il se retournait, et ne voyait que des arbres et des rochers. A sa fuite de la Mecque, il se réfugie dans une caverne : ses ennemis vont y pénétrer, quand ils remarquent un nid dans lequel une colombe avait déposé ses œufs et un réseau de toile d'araignée qui fermait le chemin. Sa chamelle était inspirée, et quand les chefs des tribus venaient prendre la bride de sa monture pour lui offrir l'hospitalité, il disait : « Laissez-la marcher, c'est la main de Dieu qui la guide. » Son sabre aussi fait quelques miracles. A l'issue d'une bataille, il s'était assis à l'écart au pied d'un arbre, ayant sur ses genoux cette arme, dont la poignée était d'argent. Un Bédouin ennemi l'aperçut; il s'approche, et, feignant d'être attiré par un simple motif de curiosité : « Permets-tu que j'examine ton sabre ? » lui dit-il. Mahomet le lui présente sans défiance. L'Arabe le prend, le tire du fourreau et va frapper; mais le sabre refuse d'obéir.

Tous les prodiges de sa vie sont aussi transparents; lui-même ne savait rien inventer de bien neuf en ce genre. L'ange Gabriel faisait tous les frais de ses miracles; il semble qu'il n'ait pas connu d'autre machine. La bataille de Bedr seule fournit quelques exemples de la

grande création merveilleuse improvisée sur place. Une légion d'anges combattit pour les musulmans. Un Arabe, qui s'était placé sur les montagnes environnantes, vit un nuage s'approcher de lui et du sein de ce nuage il entendit sortir des hennissements de chevaux et une voix qui disait : « En avant, Hayzoum ! » (C'est le nom du cheval de l'ange Gabriel.) Un musulman raconta que, poursuivant un Mecquois le sabre à la main, il avait vu la tête du fuyard tomber à terre avant que son sabre l'eût atteint : il en conclut que la main d'un envoyé céleste avait prévenu la sienne. D'autres affirmaient avoir distingué clairement les anges à leurs turbans blancs, dont un bout flottait sur l'épaule, tandis que Gabriel, leur chef, avait le front ceint d'un turban jaune. Quand on sait l'état d'excitation où se mettent les Arabes avant et durant la bataille, et quand on songe que cette journée fut le premier élan de l'enthousiasme musulman, bien loin de s'étonner que de tels récits aient trouvé créance, on est surpris que le cerveau des combattants de Bedr n'ait enfanté que d'aussi sobres merveilles.

A une époque beaucoup plus moderne et sous l'influence de races étrangères à l'Arabie, la légende de Mahomet s'est compliquée, je le sais, de circonstances merveilleuses qui la rapprochent beaucoup des grandes légendes mythologiques du haut Orient. La Perse, quoique domptée par l'islamisme, ne plia jamais sous l'action

16

de l'esprit-sémitique. En dépit de la langue et de la religion qui lui étaient imposées, elle sut revendiquer ses droits de nation indo-européenne, et se créer, au sein de l'islamisme, une philosophie, une épopée, une mythologie. Ouvrez le *Hyat ul-Koloub*, recueil de traditions schiites : vous y verrez que, la nuit où Mahomet vint au monde, soixante-dix mille palais de rubis et soixante-dix mille palais de perles furent bâtis dans le paradis, et furent appelés les palais de la naissance. Le prophète naît tout circoncis : des sages-femmes, d'une beauté extraordinaire, sont présentes, sans avoir été prévenues. Une lumière dont l'éclat resplendit dans toute l'Arabie sort avec lui du sein de sa mère. Aussitôt né, il se jette à genoux, élève son regard au ciel, et s'écrie : « Dieu seul est Dieu, et je suis son prophète ! » Dieu revêt son apôtre de la chemise du divin contentement et de la robe de la sainteté, rattachée par la ceinture de l'amour de Dieu. Il chausse les sandales de la respectueuse terreur, ceint la couronne de la préséance, et prend en main la baguette de l'autorité religieuse. A trois ans, deux anges lui ouvrent le côté, lui enlèvent le cœur, en expriment les gouttes noires du péché, et y mettent la lumière prophétique. Mahomet voyait derrière comme devant ; sa salive rendait douce l'eau de mer ; ses gouttes de sueur étaient comme des perles. Son corps ne projetait d'ombre ni au soleil ni au clair de lune ; aucun insecte n'approchait de sa

personne.—Rien d'arabe dans ces exagérations, tout empreintes du goût persan : c'est complétement méconnaître le caractère de la légende de Mahomet que de la chercher dans d'aussi grotesques récits, qui ne préjudicient pas plus à la pureté de la tradition arabe primitive que les fades amplifications des Évangiles apocryphes ne nuisent à l'incomparable beauté des Évangiles canoniques.

Les éléments légendaires de l'islamisme naissant sont toujours ainsi restés à l'état de tradition sporadique et sans autorité. Au lieu d'un être mystérieux, suspendu entre ciel et terre, sans père, ni frère ici-bas, nous n'avons qu'un Arabe entaché de tous les défauts du caractère de sa nation. Au lieu de cette haute et inaccessible rigueur de supernaturalisme, qui fait dire à l'homme-Dieu « Ma mère et mes frères, ce sont ceux qui écoutent la parole de Dieu et qui la pratiquent, » nous avons ici toutes les aimables faiblesses du cœur humain. A la bataille d'Autas, une captive que des musulmans entraînaient avec rudesse s'écria : « Respectez-moi, je tiens de près à votre chef. » On la conduisit à Mahomet. « Prophète de Dieu, lui dit-elle, je suis ta sœur de lait ; je suis Schaymâ, fille de Halimâ, ta nourrice, de la tribu des Benou-Sâd. — Quelle preuve me donneras-tu de cela ? demanda Mahomet.—Une morsure que tu me fis à l'épaule, répondit-elle, un jour que je te portais sur mon dos. » Et elle montra la cicatrice. Cette vue, rappelant

à Mahomet le souvenir de sa première enfance et des soins qu'il avait reçus dans une pauvre famille de Bédouins, l'émut d'attendrissement. Quelques larmes mouillèrent ses yeux. « Oui, tu es ma sœur, » dit-il à Schaymâ; et se dépouillant de son manteau, il la fit asseoir dessus. Puis il reprit : « Si tu veux rester désormais près de moi, tu vivras tranquille et honorée parmi les miens; si tu aimes mieux retourner dans ta tribu, je te mettrai en état d'y passer tes jours dans l'aisance. » Schaymâ dit qu'elle préférait le séjour du désert, et Mahomet la renvoya comblée de ses dons.

Rien n'est dissimulé de ses faiblesses et ses humbles côtés. Il commence par être *commis-voyageur* en Syrie, où il fait de bonnes affaires. Aucun signe extraordinaire ne le distingue; il a son surnom comme un autre : on l'appelle *el-Amin*, l'homme sûr. Dans sa première jeunesse, il se bat avec les Koreischites contre les Hawazin, et les Koreischites n'en sont pas moins taillés en pièces. Dans une course, sa chamelle est distancée par celle d'un Bédouin, et il en éprouve un vif dépit. L'Arabie ne s'est pas crue obligée, pour exalter son prophète, de l'élever au-dessus de l'humanité et de le soustraire aux affections de tribu, de famille, à d'autres plus humbles encore. Les historiens musulmans nous racontent qu'il aimait son cheval et sa chamelle, qu'il essuyait leur sueur avec sa manche. Quand sa chatte avait faim ou soif, il se levait

pour lui ouvrir, et il soignait attentivement un vieux coq qu'il gardait chez lui pour se préserver du mauvais œil. Dans son intérieur, il nous apparaît comme le plus honnête père de famille. Souvent, prenant par la main Hasan et Hosein, nés du mariage d'Ali et de sa fille Fatima, il les faisait sauter et danser, en leur répétant des paroles enfantines qui ont été conservées[1]. Quand il les apercevait, au beau milieu d'une prédication, il allait les embrasser, les plaçait près de lui dans la chaire, et après quelques mots d'excuse sur leur innocence, il reprenait son discours. Après la conversion des Benou-Témîm à l'islamisme, un de leurs principaux chefs, Cays, fils d'Acim, étant à Médine, entra un jour chez Mahomet, et le trouva tenant sur ses genoux une petite fille qu'il couvrait de baisers. « Qu'est-ce que cette brebis que tu flaires? demanda-t-il. — C'est mon enfant, répondit Mahomet. — Par Dieu! reprit Cays, j'ai eu beaucoup de petites filles comme celle-ci; je les ai toutes enterrées vivantes, sans en flairer aucune. — Malheureux! s'écria Mahomet, il faut que Dieu ait privé ton cœur de tout sentiment d'humanité. Tu ne connais pas la plus douce jouissance qu'il soit donné à l'homme d'éprouver. »

[1] Je n'ai pas besoin d'avertir que je suis loin d'attacher à ces récits une valeur historique; j'insiste uniquement sur le caractère que les Arabes ont attribué à leur prophète et sur la couleur générale de sa légende.

Ses biographes ne prennent pas plus de soin qu'il n'en prenait lui-même pour cacher sa passion dominante : « Deux choses au monde, disait-il, ont eu de l'attrait pour moi, ce sont les femmes et les parfums ; mais je ne trouve de félicité pure que dans la prière. » Ce point fut le seul sur lequel il dérogea à ses propres lois et réclama son privilége de prophète. Contrairement à toutes ses prescriptions, il eut quinze femmes, d'autres disent vingt-cinq. Les épisodes les plus délicats ne pouvaient manquer de surgir dans un tel ménage. Ajoutez que la jalousie la plus subtile paraît avoir été un des traits de son caractère. Un verset du Coran défend expressément à ses femmes de se remarier après sa mort. Dans sa dernière maladie, il disait à Aïscha : « Ne serais-tu pas satisfaite de mourir avant moi et de savoir que ce serait moi qui t'envelopperais dans le linceul, qui prierais sur toi, qui te déposerais dans la tombe ?—J'aimerais assez cela, répondit Aïscha, si je n'avais l'idée qu'au retour de mon enterrement tu viendrais ici te consoler de ma perte avec quelque autre de tes femmes. » Cette saillie fit sourire le prophète.

L'épisode de son mariage avec Maria la Copte est un des plus singuliers. Une Copte, une esclave, une chrétienne, se vit préférée durant plusieurs nuits aux nobles filles d'Abou-Bekr et d'Omar, du plus pur sang koreischite. Ce choix provoqua une vraie sédition dans le

harem, à propos de laquelle Dieu révéla ce qui suit :
« O apôtre de Dieu, pourquoi, dans la vue de complaire
à tes femmes, t'abstiendrais-tu de ce que Dieu te permet?
Le Seigneur est bon et miséricordieux ; il annule des
serments inconsidérés. Il est votre maître ; il a la science
et la sagesse. » Ainsi autorisé à punir les rebelles, le
prophète les répudia pour un mois, qu'il donna tout
entier à Maria. Ce ne fut que sur les vives instances
d'Abou-Bekr et d'Omar qu'il consentit à reprendre leurs
filles, après les avoir admonestées par cet autre verset :
« Si vous vous opposez au prophète, sachez que Dieu se
déclare pour lui. Il ne tiendrait qu'à lui de vous répudier
toutes, et le Seigneur lui donnerait des épouses meilleures que vous, de bonnes musulmanes, pieuses, soumises, dévouées. »

Le scandale fut bien plus grave encore lors du mariage
de Mahomet avec Zeynab. Elle était déjà mariée à Zeyd,
fils adoptif du prophète. Un jour que celui-ci allait visiter
Zeyd, il trouva Zeynab seule et couverte de vêtements
légers qui dérobaient à peine la beauté de ses formes. Son
émotion se trahit en quelques mots : « Louange à Dieu
qui dispose des cœurs! » Puis il s'éloigna ; mais le sens
de cette exclamation n'échappa point à Zeynab, qui la
rapporta à Zeyd. Celui-ci courut immédiatement annoncer à Mahomet qu'il était prêt à répudier sa femme.
Le prophète combattit d'abord son dessein ; mais Zeyd

insista. Zeynab, disait-il, fière de sa noblesse, avait envers lui un ton de hauteur qui détruisait le bonheur de leur union. Malgré l'usage qui interdisait aux Arabes d'épouser les femmes de leurs fils adoptifs, Zeynab, peu de mois après, prenait rang parmi les femmes du prophète. Quelques versets du Coran firent cesser les murmures des musulmans austères, et le complaisant Zeyd vit son nom inscrit dans le livre saint.

En somme, Mahomet nous apparaît comme un homme doux, sensible, fidèle, exempt de haine. Ses affections étaient sincères; son caractère, en général, porté à la bienveillance. Lorsqu'on lui serrait la main en l'abordant, il répondait cordialement à cette étreinte, et jamais il ne retirait la main le premier. Il saluait les petits enfants et montrait une grande tendresse de cœur pour les femmes et les faibles. « Le paradis, disait-il, est au pied des mères. » Ni les pensées d'ambition, ni l'exaltation religieuse n'avaient desséché en lui le germe des sentiments individuels. Rien de moins ressemblant à cet ambitieux machiavélique et sans cœur qui explique en inflexibles alexandrins ses projets à Zopyre:

> Je dois régir en dieu l'univers prévenu ;
> Mon empire est détruit, si l'homme est reconnu.

L'homme, au contraire, est chez lui toujours à découvert. Il avait conservé la sobriété des mœurs arabes ;

aucune idée de majesté. Son lit était un simple manteau, et son oreiller une peau remplie de feuilles de dattier. On le voyait traire lui-même ses brebis, et il s'asseyait à terre pour raccommoder ses vêtements et ses chaussures. Toute sa conduite dément le caractère entreprenant, audacieux, qu'on est convenu de lui attribuer. Il se montre habituellement faible, irrésolu, peu sûr de lui-même. M. Weil va jusqu'à le traiter de poltron; il est certain qu'en général il avançait timidement et résistait presque toujours à l'entraînement de ceux qui l'accompagnaient. Ses précautions dans les batailles étaient peu dignes d'un prophète. Il se couvrait de deux haubert et portait sur la tête un casque à visière qui lui recouvrait la figure. A la déroute d'Ohod, sa tenue est on ne peut plus messéante à un envoyé de Dieu : renversé dans un fossé, il ne dut la vie qu'au dévouement des Ansâr, qui le couvrirent de leur corps, et il se releva tout souillé de sang et de boue. Son extrême circonspection perce à chaque pas. Il écoutait volontiers les avis et y montrait beaucoup de déférence. Souvent même on le voit céder à la pression de l'opinion publique et se laisser entraîner à des démarches que sa prudence réprouvait. Ses disciples, ayant une idée beaucoup plus haute que lui de ses dons prophétiques et croyant en lui beaucoup plus que lui-même, ne comprenaient rien à ces hésitations et à ces ménagements.

Toute l'énergie qui fut déployée dans la fondation de la religion nouvelle appartient à Omar. Omar est vraiment le saint Paul de l'islamisme, le glaive qui tranche et décide. On ne peut douter que le caractère réservé de Mahomet n'eût compromis le succès de son œuvre, s'il n'eût rencontré cet impétueux disciple, toujours prêt à tirer le sabre contre ceux qui n'admettaient pas sans examen la religion dont il avait été le plus ardent persécuteur. La conversion d'Omar fut le moment décisif dans le progrès de l'islamisme. Jusque-là les musulmans s'étaient cachés pour pratiquer leur religion et n'avaient point osé confesser leur foi en public. L'audace d'Omar, son ostentation à s'avouer musulman, la terreur qu'il inspirait leur donnèrent la confiance de paraître au grand jour. Il ne semble pas que Mahomet ait rien vu au delà de l'horizon de l'Arabie ni qu'il ait songé que sa religion pût convenir à d'autres qu'aux Arabes. Le principe conquérant de l'islamisme, cette pensée que le monde doit devenir musulman, est une pensée d'Omar. C'est lui qui, après la mort de Mahomet, gouvernant en réalité sous le nom du faible Abou-Bekr, au moment où l'œuvre du prophète à peine ébauchée allait se dissoudre, arrêta la défection des tribus arabes et donna à la religion nouvelle son dernier caractère de fixité. Si la chaleur d'un tempérament impétueux, s'attachant avec frénésie à un dogme, doit s'appeler foi, Omar a réellement été le plus

énergique des fidèles. Jamais on n'a cru avec tant de rage, jamais on n'a dépensé tant de colère au nom de l'indubitable. On voit souvent le besoin de haïr amener ainsi à la religion les caractères entiers et sans nuances ; car, de tous les prétextes de haine, la religion est celui auquel on s'abandonne avec le plus de sécurité.

Le rôle de prophète a toujours ses épines, et, en face de compatriotes aussi disposés à le trouver en défaut, Mahomet ne pouvait manquer d'avoir à traverser des moments difficiles. Il s'en tirait en général avec beaucoup d'habileté, évitant d'exagérer son rôle et prenant garde de s'aventurer trop loin. Il pouvait paraître surprenant qu'un envoyé de Dieu essuyât des défaites, vît ses prévisions déjouées, remportât des demi-victoires. Dans les grandes légendes surnaturelles, les choses sont bien autrement menées; tout y est tranché, absolu, comme il convient lorsque Dieu s'en mêle. Il était trop tard pour prendre les choses sur un ton aussi élevé : voilà pourquoi, dans la vie de ce dernier des prophètes, tout se passe à demi et par à peu près, d'une manière tout humaine et tout historique. Il est battu, il se trompe, il recule, il se corrige, il se contredit. Les musulmans reconnaissent jusqu'à deux cent vingt-cinq contradictions dans le Coran, c'est-à-dire deux cent vingt-cinq passages qui ont été plus tard abrogés en vue d'une autre politique.

Quant aux traits de la vie de Mahomet qui, à nos yeux, seraient des taches impardonnables à sa moralité, gardons-nous d'y appliquer une critique trop rigoureuse. Il est évident que la plupart de ces actes ne produisaient pas sur les contemporains et ne produisent pas sur les historiens orientaux la même impression que sur nous. On ne peut nier cependant que, de l'aveu des musulmans, Mahomet ne fasse dans plusieurs cas le mal avec pleine connaissance, en sachant très-bien qu'il obéit à sa propre volonté et non à l'inspiration de Dieu. Il permet le brigandage; il commande des assassinats; il ment et il permet de mentir à la guerre par stratagème. On pourrait citer une foule de circonstances où il pactise avec la morale dans un intérêt politique. Une des plus singulières assurément est celle où il promet d'avance à Othman le pardon de tous les péchés qu'il pourra commettre jusqu'à sa mort, en compensation d'un grand sacrifice pécuniaire. Il était surtout impitoyable pour les rieurs. La seule femme pour laquelle il se montra rigoureux à la prise de la Mecque fut la musicienne Ferténa, qui chantait habituellement les vers satiriques que l'on composait contre lui. Sa conduite envers l'un de ses secrétaires est aussi très-caractéristique. Cet homme, qui écrivait le Coran sous la dictée du prophète, assistait de trop près à son inspiration pour que leur confiance réciproque fût bien vive.

Mahomet ne l'aimait pas; il l'accusait de changer des mots et de dénaturer ses pensées, si bien que le secrétaire, agité de sinistres pressentiments, s'enfuit et abjura l'islamisme. Après la prise de la Mecque, il retomba entre les mains des musulmans. Mahomet ne se laissa arracher son pardon qu'avec une peine infinie, et, quand l'apostat se fut retiré, il exprima avec humeur aux musulmans son mécontentement de ce qu'ils ne l'avaient pas délivré de cet homme.

Il y aurait aussi quelque injustice à juger en toute rigueur et avec nos idées morales les actes de Mahomet qui, de nos jours, s'appèleraient des supercheries. On ne saurait se figurer à quel point, chez les musulmans, la conviction et même la noblesse de caractère peuvent s'allier à un certain degré d'imposture. Le chef de la secte des Wahhabites, Abd-el-Wahhab, un vrai déiste, le Socin de l'islamisme, n'inspirait-il pas à ses soldats la plus aveugle confiance en leur donnant, avant la bataille, un sauf-conduit signé de sa main et adressé au trésorier du paradis, pour que celui-ci les y admît d'emblée et sans interrogatoire préalable? Tous les fondateurs des *khouan*, ou ordres religieux d'Algérie [1], réunissent le double caractère d'ascètes et d'audacieux charlatans. Sidi-Aïssa, le

[1] Voir le curieux ouvrage du capitaine de Neveu, sur ce sujet. Paris, 1846.

plus extraordinaire de ces modernes prophètes, Sidi-Aïssa, dont la légende a presque atteint les proportions de celle de Mahomet, n'était qu'un jongleur et un montreur de bêtes qui sut habilement exploiter son métier, et aucune des personnes qui ont voyagé en Algérie ne croira que les *Aïssaoua* soient dupes de leurs propres prestiges.

Certes, il serait de mauvais goût de comparer Mahomet à des imposteurs d'aussi bas étage. Il faut pourtant avouer que, si la première condition du prophète est de se faire illusion à lui-même, Mahomet ne mérite pas ce titre. Toute sa vie révèle une réflexion, une combinaison, une politique, qui ne rentrent guère dans le caractère d'un enthousiaste obsédé de visions divines. Jamais tête ne fut plus lucide que la sienne; jamais homme ne fut plus maître de sa pensée. Ce serait poser la question d'une manière étroite et superficielle que de se demander *si Mahomet croyait à sa propre mission;* car, en un sens, la foi seule est capable de soutenir le novateur dans la lutte qu'il soutient pour l'idée de son choix : d'un autre côté, il est absolument impossible d'admettre qu'un homme d'une conscience aussi claire crût avoir entre les deux épaules le sceau de prophétie et tenir de l'ange Gabriel l'inspiration qu'il recevait de ses passions et de ses desseins prémédités. M. Weil et M. Washington Irving supposent, non sans

raison, que dans la première phase de sa vie de prophète un enthousiasme vraiment saint soulevait sa poitrine, et que la période politique ne vint pour lui que plus tard, lorsque la lutte et le sentiment des difficultés à vaincre eurent terni la délicatesse première de son inspiration. Les dernières surates du Coran, si resplendissantes de poésie, seraient l'expression de sa conviction naïve, tandis que les premières surates, chargées de disputes, de contradictions, d'injures, seraient l'œuvre de son âge pratique et réfléchi. On ne peut nier que les premières apparitions de son génie prophétique ne soient empreintes d'un grand caractère de sainteté. On le voyait seul en prière dans les vallées désertes des environs de la Mecque. Ali, fils d'Abou-Talib, à l'insu de son père et de ses oncles, l'accompagnait quelquefois et priait avec lui, imitant ses mouvements et ses attitudes. Un jour, Abou-Talib les surprit dans cette occupation. « Que faites-vous, leur dit-il, et quelle religion suivez-vous donc?—La religion de Dieu, de ses anges, de ses prophètes, répondit Mahomet, la religion d'Abraham. » Qu'il est grand aussi dans les premières épreuves de son apostolat! Un soir, après avoir passé le jour à prêcher, il rentra chez lui sans avoir rencontré un seul individu, homme ou femme, libre ou esclave, qui ne l'eût accablé d'affronts et n'eût repoussé ses exhortations avec mépris. Abattu, décou-

ragé, il s'enveloppa de son manteau et se jeta sur une natte. C'est alors que Gabriel lui révéla la belle surate : *O toi qui es enveloppé d'un manteau, lève-toi et prêche...* Toutefois ce parfum de sainteté n'apparaît qu'à de rares intervalles dans sa période d'activité. Peut-être reconnut-il que le sentiment moral et la pureté de l'âme ne suffisent pas dans la lutte contre les passions et les intérêts, et que la pensée religieuse, du moment qu'elle aspire au prosélytisme, est obligée de prendre les allures de ses adversaires, souvent peu délicats. Il semble du moins qu'après avoir cru sans arrière-pensée à sa prophétie, il perdit ensuite la foi spontanée et continua néanmoins de marcher, guidé par la réflexion et la volonté, moins grand dès lors ; — à peu près comme Jeanne d'Arc redevint femme dès qu'elle perdit sa première naïveté. L'homme est trop faible pour porter longtemps la mission divine, et ceux-là seuls sont immaculés que Dieu a bientôt déchargés du fardeau de l'apostolat.

Question plus étrange peut-être et que la critique pourtant est obligée de poser : Jusqu'à quel point les disciples de Mahomet croyaient-ils à la mission prophétique de leur maître ? — Il peut sembler étrange de révoquer en doute la conviction absolue d'hommes que l'élan de leur foi entraîna du premier bond jusqu'aux extrémités du monde. D'importantes distinctions sont pourtant ici né-

cessaires. Dans le cercle des fidèles primitifs, parmi les Mohadjir et les Ansâr [1], la foi était, il faut l'avouer, à peu près absolue; mais si nous sortons de ce petit groupe, qui ne dépassait pas quelques milliers d'hommes, nous ne trouvons autour de Mahomet, dans tout le reste de l'Arabie, que l'incrédulité la moins déguisée. L'antipathie des Mecquois pour leur compatriote ne fut jamais pleinement domptée; l'épicuréisme qui régnait chez les riches Koreischites, l'esprit léger et libertin des poëtes alors en vogue ne laissaient place à aucune conviction profonde. Quant aux autres tribus, il est certain qu'elles n'embrassèrent l'islamisme que pour la forme, sans s'enquérir des dogmes qu'il fallait croire et sans y attacher d'importance. Elles ne voyaient pas grand inconvénient à prononcer la formule de l'islam, sauf à l'oublier quand le prophète ne serait plus. Lorsque Khâlid parut chez les Djadhîma en les sommant d'adopter la foi du prophète, ces bonnes gens savaient si peu de quoi il était question, qu'ils crurent qu'on leur parlait du sabéisme, et qu'ils jetèrent leurs armes en criant : « Nous sommes sabéens! » — Les fiers Thakif imaginèrent un singulier accommodement pour sauver la honte de leur conversion : ils consentirent à se

[1] Les Mohadjir étaient les Mecquois qui accompagnèrent Mahomet dans sa fuite (*hedjra*); les Ansâr, les Médinois qui l'accueillirent et se firent ses défenseurs contre ses propres concitoyens.

soumettre à la loi nouvelle, à condition qu'ils conserveraient encore pendant trois ans leur idole Lât. Cette condition ayant été rejetée, ils demandèrent à garder Lât pendant un an, pendant six mois, pendant un mois. Leur fierté voulait une concession ; ils se rabattirent enfin à demander l'exemption de la prière. — La conversion des Témimites n'est pas moins curieuse. Leurs ambassadeurs se présentèrent fièrement, et, s'approchant des appartements du prophète et de ses femmes : « Sors, Mahomet, lui crièrent-ils ; nous venons te proposer une lutte de gloire [1] : nous amenons notre poëte et notre orateur. » Mahomet sortit, et l'on prit place autour des jouteurs. L'orateur Otarid et le poëte Zibrican exaltèrent, l'un en prose rimée, l'autre en vers, les avantages de leur tribu. Cays et Hassan, fils de Thabet, répondant par des pièces improvisées sur le même mètre et avec la même rime, établirent avec tant d'énergie la supériorité des musulmans que les Témimites s'avouèrent vaincus. « Mahomet est vraiment un homme favorisé du ciel, se dirent-ils ; son orateur et son poëte ont vaincu les nôtres. » Et ils se firent musulmans.

[1] On appelait lutte de gloire, ou *moufâkhara*, des tournois poétiques où chaque tribu se faisait représenter par un poëte chargé de faire valoir ses titres à la prééminence. La victoire restait à la tribu dont le poëte avait trouvé les expressions les plus fortes et les plus heureuses.

Toutes les conversions étaient de ce genre. On faisai ses conditions ; on prenait et on laissait. Le vieil Amir, fils de Tofayl, étant venu trouver Mahomet : « Si j'embrasse l'islamisme, lui dit-il, quel sera mon rang ? — Celui des autres musulmans, répondit Mahomet ; tu auras les mêmes droits et les mêmes devoirs que tous. — Cette égalité ne me suffit point. Déclare-moi ton successeur dans le commandement de la nation, et j'adhère à tes croyances. — Il ne m'appartient pas de disposer du commandement après moi ; Dieu le donnera à celui qu'il lui plaira de choisir. — Eh bien ! partageons maintenant le pouvoir : règne sur les villes, sur les Arabes à demeures fixes, et moi sur les Bédouins. » Mahomet n'ayant pas voulu consentir à ces conditions, Amir renonça à se faire musulman.

C'est surtout après la mort de Mahomet que l'on put voir combien était faible la conviction qui avait réuni autour de lui les différentes tribus arabes : une apostasie en masse faillit se produire. Les uns disaient que, si Mahomet eût été réellement envoyé de Dieu, il ne serait pas mort ; d'autres prétendaient que sa religion ne devait durer que pendant sa vie. A peine la nouvelle de sa fin prochaine se fut-elle répandue qu'il apparut dans toute l'Arabie une nuée de prophètes ; chaque tribu voulut avoir le sien, comme les Koreischites : l'exemple avait été contagieux. Presque tous ces prophètes n'étaient du

reste que des intrigants subalternes, entièrement dépourvus d'initiative religieuse. S'adressant à des tribus simples et beaucoup moins raffinées que les Mecquois, ils avaient à leur service quelques tours de prestidigitation, qu'ils donnaient comme preuve de leur mission divine. L'un d'eux, Moseilama, courait le pays en montrant une fiole à goulot étroit, dans laquelle il avait fait entrer un œuf au moyen d'un procédé qu'il avait appris d'un jongleur persan. Il récitait aussi des phrases rimées, qu'il donnait pour des versets d'un second Coran. Qui le croirait? ce vil imposteur tint en échec durant plusieurs années toutes les forces musulmanes serrées autour d'Abou-Bekr, et balança la destinée de Mahomet. Il trouva un rival redoutable dans la prophétesse Sedjah, qui avait réussi à grouper derrière elle une puissante armée de Témimites. Moseilama, pressé dans Hadjr, ne vit d'autre moyen de désarmer sa belle rivale que de lui proposer un tête-à-tête, qui fut accepté avec empressement. Le prophète et la prophétesse en sortirent mariés. Après trois jours donnés à l'hymen, Sedjah rentra dans son camp, où ses soldats s'empressèrent de la questionner sur les résultats de son entrevue avec Moseilama. « J'ai reconnu en lui, dit-elle, un véritable prophète et je l'ai épousé.—Moseilama nous donne-t-il un cadeau de noces? demandèrent les Témimites. — Il n'a point parlé de cela, répliqua Sedjah.—Ce serait une

honte pour toi et pour nous, reprirent-ils, qu'il épousât notre prophétesse sans nous rien donner. Retourne vers lui, et réclame pour nous un cadeau. » Sedjah alla se présenter à la porte de Hadjr, et, la trouvant barricadée, elle fit appeler son époux, qui parut sur la muraille. Un héraut lui exposa la réclamation des Témimites. « Fort bien, répondit Moseilama, vous serez satisfaits. Je vous charge de publier la proclamation suivante : Moseilama, prophète de Dieu, accorde exemption aux Benou-Témim de la première et de la dernière des cinq prières que son confrère Mahomet leur a imposées. » Les Témimites prirent cette dispense au sérieux, et l'on prétend que, depuis lors, ils n'ont plus fait la prière de l'aurore ni celle de la nuit.

On peut juger par ces récits combien était peu profond le mouvement religieux chez les Arabes[1]. Ce mouvement n'avait absolument rien de dogmatique en dehors d'un groupe très-réduit. On raconte qu'après une victoire Omar ordonna que chaque soldat eût son lot du butin

[1] Le caractère indévot de l'Arabe nomade a frappé tous les voyageurs. Voir, en particulier, M. d'Escayrac de Lature, *Le Désert et le Soudan*, p. 340 et suiv. Certaines parties de l'Arabie ne sont devenues complétement musulmanes qu'au commencement de ce siècle, par suite du mouvement wahhabite. En général, les religions sont plus facilement conquérantes au loin que dans le pays même qui a été leur berceau.

en proportion de la partie du Coran qu'il savait par cœur. Or, quand on en vint à l'épreuve, il se trouva que les plus braves d'entre les Bédouins n'en purent réciter tout juste que la formule initiale : *Au nom de Dieu clément et miséricordieux*, ce qui fit beaucoup rire les assistants. Ces natures fortes et simples n'entendaient rien à la mysticité. D'un autre côté, la foi musulmane avait trouvé dans les familles riches et fières de la Mecque un centre de résistance dont elle ne put triompher entièrement. Abou-Sofyan, le chef de cette opposition, ne prit jamais franchement les allures d'un vrai croyant. Lors de sa première entrevue avec Mahomet, après la prise de la Mecque : « Eh bien ! Abou-Sofyan, lui dit Mahomet, confesses-tu maintenant qu'il n'y a d'autre dieu qu'Allah ? — Oui, répondit Abou-Sofyan. — Ne confesseras-tu pas aussi que je suis l'envoyé d'Allah ? — Pardonne à ma sincérité, reprit Abou-Sofyan, mais sur ce point je conserve encore quelques doutes. » Un grand nombre de piquantes anecdotes témoignent du ton légèrement sceptique et railleur que le même personnage conserva toujours à l'égard de la foi nouvelle. Or une foule de Mecquois partageaient ces sentiments. Il y avait à la Mecque tout un parti d'hommes d'esprit, riches, nourris de l'ancienne poésie arabe, radicalement incrédules. Ces hommes avaient trop de bon goût et de finesse pour faire une bien vive opposition à la secte naissante ; ils

embrassèrent l'islamisme, mais en conservant leurs habitudes profanes. C'est le parti des *mounafikoun*, ou musulmans simulés, qui joue un si grand rôle dans le Coran. A la bataille de Honayn, où les musulmans furent mis en déroute, ces faux frères ne cachèrent pas leur joie maligne. « Par ma foi ! dit Calada, je crois que cette fois-ci Mahomet est à bout de sa magie. — Voyez-les donc, disait Abou-Sofyan, ils courront jusqu'à ce que la mer les arrête. » Mahomet savait fort bien à quoi s'en tenir sur leurs sentiments; mais, en habile politique, il se contentait d'une soumission extérieure, et faisait même en sorte que dans le partage du butin ils fussent plus favorisés que les fidèles, dont il était assuré.

Tout le premier siècle de l'islamisme ne fut qu'une lutte entre les deux partis que suscita la prédication de Mahomet : d'un côté, le groupe fidèle des Mohadjir et des Ansâr ; de l'autre, le parti opposant représenté par la famille des Omeyyades ou d'Abou-Sofyan. Le parti des musulmans sincères avait toute sa force dans Omar; mais, après l'assassinat de ce dernier, c'est-à-dire douze ans après la mort du prophète, le parti des opposants triompha par l'élection d'Othman, neveu d'Abou-Sofyan, c'est-à-dire du plus dangereux ennemi de Mahomet. Tout le khalifat d'Othman fut une réaction contre les amis du prophète, qui se virent écartés des affaires et violemment persécutés. Dès lors ils ne reprirent jamais

le dessus. Les provinces ne pouvaient souffrir que la petite aristocratie des Mohadjir et des Ansâr, groupée à la Mecque et à Médine, s'arrogeât à elle seule le droit d'élire le khalife. Ali, le vrai représentant de la tradition primitive de l'islamisme, fut durant sa vie entière un homme impossible, et son élection ne fut jamais prise au sérieux dans les provinces. De toutes parts, on tendait la main à la famille Omeyyade, devenue syrienne d'habitudes et d'intérêts. Or, l'orthodoxie des Omeyyades était très-suspecte. Ils buvaient du vin, pratiquaient des rites du paganisme, ne tenaient aucun compte de la tradition, des mœurs musulmanes ni du caractère sacré des amis de Mahomet. Ainsi s'explique l'étonnant spectacle que présente le premier siècle de l'hégire, tout occupé à exterminer les musulmans primitifs, les vrais pères de l'islamisme. Ali, le plus saint des hommes, le fils adoptif du prophète, Ali que Mahomet avait proclamé son vicaire, est impitoyablement égorgé. Hosein et Hasan, ses fils, que Mahomet avait tenus sur ses genoux et couverts de ses baisers, sont égorgés. Ibn-Zobéir, le premier né des Mohadjir, qui reçut pour premier aliment la salive de l'apôtre de Dieu, est égorgé. Les fidèles primitifs, serrés autour de la Caaba, y continuent la vie arabe, passant le jour à causer dans les parvis et à faire les tournées processionnelles autour de la pierre noire; mais ils sont devenus

complétement impuissants, et les Omeyyades ne les respectent que jusqu'au jour où ils se croient capables de les forcer dans leur sanctuaire. Ce fut un étrange scandale que ce dernier siége de la Mecque, où l'on vit des musulmans de Syrie mettre le feu aux voiles de la Caaba et la faire crouler sous les coups de leurs balistes. On dit qu'à la première pierre lancée contre la maison sainte, le tonnerre se fit entendre; les soldats de Syrie tremblèrent. « Allez toujours, dit leur chef, je connais le climat de ce pays, les orages y sont fréquents dans cette saison. » En même temps, il saisit les cordes de la baliste et les mit lui-même en mouvement[1].

Nous arrivons donc de toutes parts à ce résultat singulier : que le mouvement musulman s'est produit presque sans foi religieuse; qu'en mettant à part un petit nombre de fidèles disciples, Mahomet n'opéra réellement que peu de conviction en Arabie, et qu'il ne réussit jamais à abattre l'opposition représentée par le parti omeyyade. C'est ce parti qui, comprimé d'abord par l'énergie d'Omar, l'emporte définitivement après la mort de ce redoutable croyant, et fait élire Othman; c'est ce parti qui oppose à Ali une résistance invincible et finit par l'immoler à sa haine; c'est ce parti enfin qui

[1] Pour le tableau de cette curieuse époque, on peut consulter le mémoire de M. Quatremère sur la vie d'Ibn-Zobéir (*Journal Asiatique*, 1832).

triomphe par l'avénement des Omeyyades et va égorger jusque dans la Caaba tout ce qui restait de la génération primitive et pure. De là aussi cette indécision où flottent jusqu'au XIIe siècle tous les dogmes de la foi musulmane; de là cette philosophie hardie proclamant sans détour les droits souverains de la raison; de là ces sectes nombreuses, confinant parfois à l'infidélité la plus avouée : karmathes, fatimites, ismaéliens, druzes, haschischins, zendiks, sectes secrètes à double entente, alliant le fanatisme à l'incrédulité, la licence à l'enthousiasme religieux, la hardiesse du libre penseur à la superstition de l'initié. Ce n'est réellement qu'au XIIe siècle que l'islamisme a triomphé des éléments indisciplinés qui s'agitaient dans son sein, et cela par l'avénement de la théologie ascharite, plus sévère dans ses allures, et par l'extermination violente de la philosophie. Depuis cette époque, pas un doute ne s'est produit, pas une protestation ne s'est élevée dans le monde musulman. La difficulté des créations religieuses réside tout entière dans la première génération de fidèles, qui fournit le point d'appui nécessaire à la croyance de l'avenir. La foi est l'œuvre du temps, et le ciment des édifices religieux se durcit en vieillissant.

II

La nature humaine, dans son ensemble, n'étant ni entièrement bonne, ni entièrement mauvaise, ni tout à fait sainte, ni tout à fait profane, on pèche également contre la critique quand on prétend ramener les mouvements religieux de l'humanité, soit au jeu des passions et des intérêts individuels, soit à l'action exclusive de mobiles supérieurs. Une révolution aussi profonde que l'islamisme n'a pu être le fruit de quelque adroite combinaison, et Mahomet n'est pas plus explicable par l'imposture et la ruse que par l'illuminisme et l'enthousiasme. Aux yeux du logicien, qui se place au point de vue des abstractions et oppose l'une à l'autre la vérité et le mensonge comme des catégories absolues, il n'y a pas de moyen terme entre l'imposteur et le prophète. Mais aux yeux du critique, qui se place dans le milieu fuyant et insaisissable de la réalité, rien n'est pur de ce qui sort de l'homme; tout porte, à côté du sceau de la beauté, sa tache originelle. Qui peut dire la ligne qui sépare, dans ses propres sensations morales, l'aimable du haïssable, la laideur de la beauté, la vision angélique de la vision satanique, et même, dans une certaine mesure, la joie de la douleur? Les religions

étant les œuvres les plus complètes de la nature humaine, celles qui l'expriment avec le plus d'unité, participent aux contradictions de cette nature et excluent les jugements simples et absolus. Vouloir appliquer avec fermeté à ces phénomènes capricieux les catégories de la scolastique, les juger avec l'aplomb du casuiste traçant une ligne profonde entre la sagesse et la folie, c'est en méconnaître la nature. Tout se succède comme un mirage dans ces nuits de Walpurgis, dans ce grand sabbat de toutes les passions et de tous les instincts. Le saint et l'infâme, le charmant et l'horrible, l'apôtre et le jongleur, le ciel et l'enfer s'y donnent la main, comme les visions d'un sommeil troublé, où toutes les images cachées dans les replis de la fantaisie apparaissent tour à tour.

J'ai longuement insisté sur l'infirmité native de l'islamisme; il y aurait injustice à ne pas ajouter qu'aucune religion ni aucune institution ne résisterait à l'épreuve que nous pouvons faire subir à celle-ci. Quel prophète tiendrait contre la critique, si la critique le poursuivait, comme le nôtre, jusque dans son alcôve? Heureux ceux que couvre le mystère, et qui combattent retranchés derrière le nuage! Peut-être aussi notre siècle a-t-il abusé du mot de spontanéité dans l'explication des phénomènes que ni l'expérience du présent ni les témoignages de l'histoire ne sauraient nous faire comprendre.

Par réaction contre une école qui s'était exagéré le pouvoir créateur des facultés réfléchies, qui n'avait voulu voir dans le langage, les croyances religieuses et morales, la poésie primitive, que des inventions délibérées, nous sommes trop portés, ce semble, à croire que toute idée de composition doit être exclue des poëmes primitifs, et toute idée d'imposture de la formation des grandes légendes. Au lieu de dire que les langues, les religions, les croyances et la poésie populaires se sont faites d'elles-mêmes, il serait plus exact de dire qu'on ne les voit pas se faire. Le spontané n'est peut-être que l'obscur; car voici la seule religion dont les origines soient claires et historiques, et dans ces origines nous trouvons beaucoup de réflexion, de délibération, de combinaison. A Dieu ne plaise que je veuille, en quoi que ce soit, porter atteinte à la majesté du passé! Quand la critique s'applique pour la première fois à un fait ou à un livre qui avait captivé les respects d'un grand nombre de générations, on découvre presque toujours que l'admiration avait porté à faux; on aperçoit mille artifices, mille retouches, mille à peu près, qui détruisent la grande impression de beauté ou de sainteté qui avait séduit les siècles non critiques. Quel jour dans la fortune d'Homère que celui où les malencontreuses scolies de Venise sont venues nous révéler les coups de crayon de Zénodote et d'Aristarque, et nous introduire en quelque

sorte dans le comité où s'est élaboré le poëme qui jusque-là semblait l'émission la plus directe, le jet le plus limpide du génie personnel! Est-ce à dire que la critique ait détruit Homère? Autant vaudrait dire que les progrès de la philosophie et de l'esthétique ont détruit l'antiquité, parce qu'ils ont démontré le néant de certaines beautés longtemps fort goûtées, et dont l'antiquité était parfaitement innocente. Autant vaudrait dire que l'exégèse a détruit la Bible, parce qu'au lieu des contresens de la Vulgate elle nous a montré une littérature éclatante d'originalité.

La critique déplace l'admiration, mais ne la détruit pas. L'admiration est un acte essentiellement synthétique : ce n'est pas en disséquant un beau corps qu'on en découvre la beauté ; ce n'est pas en examinant à la loupe les événements de l'histoire et les œuvres de l'esprit humain qu'on en reconnaît le haut caractère. On peut affirmer que si nous voyions l'origine des grandes choses du passé d'aussi près que les mesquines agitations du présent, tout prestige s'évanouirait, et qu'il ne resterait plus rien à adorer ; mais aussi n'est-ce pas dans cette région inférieure des fluctuations et des défaillances de l'individu qu'il convient de chercher l'éternelle beauté. Les choses ne sont belles que par ce qu'y voit l'humanité, par les sentiments qu'elle y attache, par les symboles qu'elle en tire. C'est elle qui crée ces tons

absolus, lesquels n'existent jamais dans la réalité. La réalité est complexe, mêlée de bien et de mal, à la fois admirable et critiquable, digne d'amour et de haine. Au contraire, ce qui enlève les hommages de l'humanité est simple, sans tache, tout admirable. Le critique exclusivement préoccupé de la vérité, rassuré d'ailleurs sur les conséquences, puisqu'il sait que les résultats de ses recherches ne pénètrent pas dans les régions où les illusions sont nécessaires, a pour mission de réparer les contre-sens dont l'humanité ne s'inquiète guère. Il ne s'exagère pas l'importance de cette mission. Qu'importe, en effet, que l'humanité commette dans son admiration des erreurs historiques, qu'elle fasse plus beaux et plus purs qu'ils n'étaient en réalité les hommes qu'elle a adoptés? Son hommage, s'adressant à la beauté qu'elle leur suppose et qu'elle a mise en eux, n'en est pas pour cela moins méritoire. Au point de vue de la vérité historique, le savant seul a le droit d'admirer; mais, au point de vue de la morale, l'idéal appartient à tous. Les sentiments ont leur valeur indépendamment de la réalité de l'objet qui les excite, et on peut douter que l'humanité partage jamais les scrupules de l'érudit, qui ne veut admirer qu'à coup sûr.

Après avoir fait la part du limon terrestre dans l'œuvre du fondateur de l'islamisme, je dois montrer maintenant en quoi cette œuvre fut sainte et légitime, c'est-

à-dire en quoi elle correspondit aux instincts les plus profonds de la nature humaine, et, en particulier, aux besoins de l'Arabie au vii^e siècle.

L'islamisme apparaissait jusqu'ici dans l'histoire comme une tentative parfaitement originale et sans antécédents. C'était presque une formule obligée de présenter Mahomet comme le fondateur de la civilisation, du monothéisme, et même (cette grave erreur a été indéfiniment répétée) de la littérature des Arabes. Or, on peut dire que, loin de commencer à Mahomet, le génie arabe trouve en lui sa dernière expression. Je ne sais s'il y a dans toute l'histoire de la civilisation un tableau plus gracieux, plus aimable, plus animé que celui de la vie arabe avant l'islamisme, telle qu'elle nous apparaît dans les *Moallakât* et surtout dans ce type admirable d'Antar : liberté illimitée de l'individu, absence complète de loi et de pouvoir, sentiment exalté de l'honneur, vie nomade et chevaleresque, fantaisie, gaieté, malice, poésie légère et indévote, raffinement d'amour. Or, cette fleur de délicatesse de la vie arabe finit précisément à l'avénement de l'islamisme. Les derniers poëtes de la grande école disparaissent en faisant à la religion naissante la plus vive opposition. Vingt ans après Mahomet, l'Arabie est humiliée, dépassée par les provinces conquises. Cent ans après, le génie arabe est complétement effacé; la Perse triomphe par l'avénement

des Abbassides; l'Arabie disparaît pour toujours de la scène du monde, et pendant que sa langue et sa religion vont porter la civilisation depuis la Malaisie jusqu'au Maroc, de Tombouctou à Samarkand, elle, oubliée, refoulée dans ses déserts, redevient ce qu'elle était au temps d'Ismaël. Il est ainsi dans la vie des races un premier et rapide éclair de conscience, moment divin, où, préparées par une lente évolution intérieure, elles arrivent à la lumière, produisent leur chef-d'œuvre, puis s'effacent, comme si ce grand effort eût épuisé leur fécondité.

Mahomet n'est pas plus le fondateur du monothéisme que de la civilisation et de la littérature chez les Arabes. Il résulte de faits nombreux, signalés pour la première fois par M. Caussin de Perceval, que Mahomet n'a fait que suivre le mouvement religieux de son temps, au lieu de le devancer. Le monothéisme, le culte d'*Allah suprême* (*Allah taâla*), semble avoir toujours été le fond de la religion arabe. La race sémitique n'a jamais conçu le gouvernement de l'univers autrement que comme une monarchie absolue. Sa théodicée n'a pas fait un progrès depuis le *Livre de Job;* les grandeurs et les aberrations du polythéisme lui sont toujours restées étrangères. Quelques superstitions entachées d'idolâtrie, qui variaient de tribu à tribu, avaient pourtant altéré, chez les Arabes, la pureté de la religion patriarcale, et, en face de religions plus fortement organisées, tous les esprits

éclairés de l'Arabie aspiraient à un culte meilleur. Un peuple n'arrive guère à concevoir l'insuffisance de son système religieux que par ses rapports avec l'étranger, et les époques de création religieuse suivent d'ordinaire les époques de mélange entre les races. Or, au vi^e siècle, l'Arabie, restée jusque-là inaccessible, s'ouvre de toutes parts : Grecs, Syriens, Persans, Abyssins y pénètrent à la fois. Les Syriens y portent l'écriture; les Abyssins et les Persans règnent tour à tour dans l'Yémen et le Bahren. Plusieurs tribus reconnaissaient la suzeraineté des empereurs grecs et recevaient d'eux un toparque. L'épisode le plus singulier peut-être de l'histoire antéislamique est celui du prince-poëte Imroulcays, venant chercher un asile à Constantinople, nouant une intrigue amoureuse avec la fille de Justinien, la chantant en vers arabes, et mourant empoisonné par les ordres secrets de la cour de Byzance. La diversité des religions entretenait également en Arabie un singulier mouvement d'idées. Des tribus entières avaient embrassé le judaïsme ; le christianisme comptait des églises considérables à Nedjran, dans les royaumes de Hira et de Ghassan. De tous côtés, on disputait de religion. Il nous est resté un curieux monument de ces controverses dans la dispute de Gregentius, évêque de Zhefar, contre le Juif Herban. Une sorte de tolérance vague et de syncrétisme de toutes les religions sémitiques finit par s'établir : les idées de

Dieu unique, de paradis, de résurrection, de prophètes, de livres sacrés s'insinuèrent peu à peu, même chez les tribus païennes. La Caaba devint le panthéon de tous les cultes; quand Mahomet chassa les images de la maison sainte, au nombre des dieux expulsés était une vierge byzantine peinte sur une colonne, tenant son fils entre ses bras.

Ce grand travail religieux se trahissait au dehors par des faits significatifs et qui annonçaient une prochaine éclosion. On vit une foule d'hommes mécontents de l'ancien culte se mettre en voyage pour aller à la recherche de la meilleure religion, essayer tour à tour les différents cultes existants, et, en désespoir de cause, se créer une religion individuelle en harmonie avec leurs besoins moraux. Toute apparition religieuse est ainsi précédée d'une sorte d'inquiétude et d'attente vague, qui se manifeste dans quelques âmes privilégiées par des pressentiments et des désirs. L'islamisme eut son Jean-Baptiste et son vieillard Siméon[1]. Quelques années avant la prédication de Mahomet, tandis que les Koreischites célébraient la fête d'une de leurs idoles, quatre hommes

[1] Il en fut de même du bouddhisme. A la vue des apparitions merveilleuses qui accompagnent la naissance de Bouddha, un anachorète de l'Himalaya, possédant les cinq sciences transcendantes, vient à Kapila à travers les cieux, prend l'enfant dans ses bras, et reconnaît en lui les trente-deux signes du grand homme et les quatre-vingts marques du Bouddha.

plus éclairés que le reste de leur nation se réunissaient à l'écart de la foule et se communiquaient leurs pensées. « Nos compatriotes, se disaient-ils, marchent dans une fausse voie; ils se sont éloignés de la religion d'Abraham. Qu'est-ce que cette prétendue divinité à laquelle ils immolent des victimes et autour de laquelle ils font des processions solennelles? Cherchons la vérité, et pour la trouver, quittons, s'il le faut, notre patrie et parcourons les pays étrangers. » Les quatre personnages qui formaient ce projet étaient Waraca, fils de Naufal, Othman, fils de Howayrith, Obeydallah, fils de Djahsch, et Zeyd, fils d'Amr.

Waraca avait puisé dans ses relations fréquentes avec les chrétiens et les Juifs une instruction supérieure à celle de ses concitoyens. Adoptant une croyance assez généralement répandue, il était persuadé qu'un envoyé du ciel devait bientôt paraître sur la terre, et que cet envoyé devait sortir de la nation arabe. Il avait acquis la connaissance de l'écriture hébraïque et lu les livres saints. Khadidja, sa cousine, lui ayant raconté la première vision de son mari, il déclara que Mahomet était le prophète des Arabes et prédit les persécutions qu'il endurerait. Il mourut peu après, n'ayant entrevu que l'aurore de l'islamisme.

Othman, fils de Howayrith, se mit à voyager, interrogeant tous ceux dont il espérait tirer des lumières. Des

religieux chrétiens lui inspirèrent du goût pour la foi de Jésus-Christ. Il alla se présenter à la cour de l'empereur de Constantinople, où il reçut le baptême.—Obeydallah, fils de Djahsch, après d'inutiles efforts pour arriver à la religion d'Abraham, demeura dans l'incertitude et le doute jusqu'au moment où Mahomet commença sa prédication. Il crut d'abord reconnaître dans l'islamisme la vraie religion qu'il cherchait; mais bientôt il y renonça pour se vouer définitivement au christianisme. — Quant à Zeyd, fils d'Amr, il se rendait tous les jours à la Caaba et priait Dieu de l'éclairer. On le voyait, le dos appuyé contre le mur du temple, se livrer à de pieuses méditations dont il sortait en s'écriant : « Seigneur ! si je savais de quelle manière tu veux être servi et adoré, j'obéirais à ta volonté; mais je l'ignore. » Ensuite il se prosternait la face contre terre. N'adoptant ni les idées des Juifs ni celles des chrétiens, Zeyd se fit une religion à part, tâchant de se conformer à ce qu'il croyait avoir été le culte suivi par Abraham. Il rendait hommage à l'unité de Dieu, attaquait publiquement les fausses divinités et déclamait avec énergie contre les pratiques superstitieuses. Persécuté par ses concitoyens, il s'enfuit et parcourut la Mésopotamie et la Syrie, consultant partout les hommes voués aux études religieuses dans l'espoir de retrouver la religion patriarcale. Un savant moine chrétien, avec lequel il s'était lié, l'in-

forma, dit-on, de l'apparition d'un prophète arabe, qui prêchait la religion d'Abraham à la Mecque. Zeyd s'empressa de se mettre en route pour aller entendre l'apôtre; mais il fut arrêté en chemin par une bande de voleurs, dépouillé et mis à mort.

Ainsi, de toutes parts on pressentait une grande rénovation religieuse, de toutes parts on disait que le temps de l'Arabie était venu. Le *prophétisme* est la forme que revêtent toutes les grandes révolutions chez les peuples sémitiques, et le prophétisme n'est, à vrai dire, que la conséquence nécessaire du système monothéiste. Les peuples primitifs, se croyant sans cesse en rapport immédiat avec la Divinité et envisageant les grands événements de l'ordre physique et de l'ordre moral comme des effets de l'action directe d'êtres supérieurs, n'ont eu que deux manières de concevoir cette influence de Dieu dans le gouvernement de l'univers : ou bien la force divine s'incarne sous une forme humaine, c'est l'*avatar* indien; ou bien Dieu se choisit pour organe un mortel privilégié, c'est le *nabi* ou prophète sémitique. Il y a si loin en effet de Dieu à l'homme dans le système sémitique, que la communication de l'un à l'autre ne peut s'opérer que par un interprète restant toujours parfaitement distinct de celui qui l'inspire. Dire que l'Arabie allait entrer dans l'ère des grandes choses, c'était dire par conséquent qu'elle allait avoir son prophète comme

les autres familles sémitiques. Plusieurs individus, devançant la maturité des temps, crurent ou prétendirent être l'apôtre annoncé. Mahomet grandissait au milieu de ce mouvement. Ses voyages en Syrie, ses rapports avec les moines chrétiens, et peut-être l'influence personnelle de son oncle Waraca, si versé dans les écritures juives et chrétiennes, l'eurent bientôt initié à toutes les perplexités religieuses de son siècle. Il ne savait ni lire ni écrire; mais les histoires bibliques avaient pénétré jusqu'à lui par des récits qui l'avaient vivement frappé, et qui, restés dans son esprit à l'état de vagues souvenirs, laissaient toute liberté à son imagination. Le reproche qu'on a adressé à Mahomet d'avoir altéré les histoires bibliques est tout à fait déplacé. Mahomet prenait ces récits tels qu'on les lui donnait, et la partie narrative du Coran n'est que la reproduction des traditions rabbiniques et des évangiles apocryphes. L'*Évangile de l'Enfance* surtout, qui fut de très-bonne heure traduit en arabe et qui n'a été conservé que dans cette langue, avait acquis une importance extrême parmi les chrétiens des régions écartées de l'Orient et avait presque effacé les évangiles canoniques. Il est certain que les récits dont nous parlons étaient un des plus puissants moyens d'action de Mahomet. Nadhr, fils de Hârith, entreprenait quelquefois de lui faire concurrence; il avait séjourné en Perse et connaissait les légendes des anciens rois de ce pays.

Lorsque Mahomet, réunissant autour de lui un cercle d'auditeurs, leur présentait des traits de la vie des patriarches et des prophètes, des exemples de la vengeance divine tombée sur des nations impies, Nadhr prenait la parole après lui et disait : « Écoutez maintenant des choses qui valent bien celles dont Mahomet vous a entretenus. » Il racontait alors les faits les plus étonnants de l'histoire héroïque de la Perse, les merveilleux exploits des héros Roustem et Isfendiâr ; puis il ajoutait : « Les narrations de Mahomet sont-elles plus belles que les miennes? Il vous débite d'anciennes légendes qu'il a recueillies de la bouche d'hommes plus savants que lui, comme j'ai moi-même recueilli dans mes voyages et mis par écrit les récits que je vous fais. »

Longtemps avant l'islamisme, les Arabes avaient adopté pour expliquer leurs propres origines les traditions des Juifs et des chrétiens. On a souvent envisagé la légende par laquelle les Arabes se rattachent à Ismaël comme ayant une valeur historique et fournissant une puissante confirmation des récits de la Bible. Aux yeux d'une critique sévère, cela est inadmissible. On ne peut douter que les réputations bibliques d'Abraham, de Job, de David, de Salomon n'aient commencé chez les Arabes vers le v[e] siècle. Les Juifs (les *gens du livre*) avaient tenu jusque-là les archives de la race sémitique, et les Arabes reconnaissaient volontiers leur supériorité en

érudition. Le *livre* des Juifs parlait des Arabes, leur attribuait une généalogie; il n'en fallait pas davantage pour que ceux-ci l'acceptassent de confiance : tel est le prestige des textes écrits sur les peuples naïfs, toujours empressés de se rattacher aux origines des peuples plus civilisés. On raconte qu'à l'époque où Mahomet commençait à se faire remarquer, les Mecquois eurent l'idée d'envoyer des députés à Médine consulter les rabbins de cette ville sur ce qu'il fallait penser du nouveau prophète. Les députés dépeignirent aux docteurs la personne de Mahomet, leur exposèrent quels étaient ses discours et ajoutèrent : « Vous êtes des savants qui lisez des livres : que pensez-vous de cet homme? » Les docteurs répondirent : « Demandez-lui : Qu'est-ce que certains jeunes gens des siècles passés dont l'aventure est une merveille? Qu'est-ce qu'un personnage qui a atteint les bornes de la terre à l'orient et à l'occident? Qu'est-ce que l'âme? S'il répond à ces trois questions de telle ou telle manière, c'est véritablement un prophète. S'il répond autrement, ou s'il ne peut répondre, c'est un charlatan. » Mahomet résolut la première énigme par l'histoire des Sept dormants, populaire dans tout l'Orient; la seconde, par Dhoul-Carnayn, conquérant fabuleux qui n'est autre que l'Alexandre légendaire du *Pseudo-Callisthène*. Quant à la troisième, il répondit, hélas! peut-être tout ce qu'il est permis de répondre : « L'âme est une chose dont la

connaissance est réservée à Dieu. Il n'est accordé à l'homme de posséder qu'une bien faible lueur de science. »

La partie dogmatique de l'islamisme suppose encore moins de création que la partie légendaire. Mahomet était tout à fait dénué d'invention en ce sens. Étranger aux raffinements du mysticisme, il n'a su fonder qu'une religion simple et de toutes parts limitée par le sens commun, timide comme tout ce qui naît de la réflexion, étroite comme tout ce qui est dominé par le sentiment du réel. Le symbole de l'islamisme, au moins avant l'invasion relativement moderne des subtilités théologiques, dépasse à peine les données les plus simples de la religion naturelle. Nulle prétention transcendante, aucun de ces hardis paradoxes du supernaturalisme où se déploie avec tant d'originalité la fantaisie des races douées pour l'infini; pas de sacerdoce, pas de culte en dehors de la prière. Toutes les cérémonies de la Caaba, les tournées processionnelles, le pèlerinage, l'*omra*, les sacrifices dans la vallée de Mina, le débordement du mont Arafat, étaient organisés dans tous leurs détails bien avant Mahomet.

Le pèlerinage surtout était depuis un temps immémorial l'élément essentiel de la vie arabe, ce qu'étaient les jeux Olympiques pour la Grèce, je veux dire les panégyries de la nation, à la fois religieuses, commerciales, poétiques. La vallée de la Mecque était ainsi devenue le point

central de l'Arabie, et, malgré la division et la rivalité des tribus, l'hégémonie de la famille qui gardait la Caaba était implicitement reconnue. Ce fut un moment grave et qui fait presque une ère dans l'histoire des Arabes que celui où l'on mit une serrure à la maison sainte. Dès lors l'autorité fut attachée à la possession des clefs de la Caaba. Le Koreischite Cossay, ayant enivré le Khozaïte Abou-Ghobschan, gardien des clefs, les lui acheta, dit la légende, pour une outre de vin, et fonda ainsi l'autorité primatiale de sa tribu. A ce moment commence le grand mouvement d'organisation de la nation arabe. Jusque-là, on n'avait osé dresser que des tentes dans la vallée sacrée; Cossay y groupa les Koreischites, reconstruisit la Caaba et fut le vrai fondateur de la ville de la Mecque. Toutes les institutions les plus importantes datent de Cossay : le *nadwa,* ou conseil central siégeant à la Mecque; le *liwa,* ou drapeau; le *rifada,* ou l'aumône destinée à défrayer les pèlerins ; la *sicaya,* ou intendance des eaux, charge capitale dans un pays comme l'Hedjaz; le *nasaa,* ou l'intercalation des jours complémentaires dans le calendrier; le *hidjaba,* ou la garde des clefs de la Caaba. Ces fonctions, qui résumaient toute l'institution politique et religieuse de l'Arabie, étaient exclusivement réservées aux Koreischites. Ainsi, dès le milieu du v[e] siècle, le germe de la centralisation de l'Arabie est déjà posé, et le point d'où

devait partir l'organisation religieuse et politique de ce pays est désigné à l'avance. Cossay, en un sens, a fondé beaucoup plus que Mahomet. Il fut même regardé comme une sorte de prophète, et sa volonté passait pour un article de religion.

Hâschem, dans la première moitié du VI[e] siècle, compléta l'œuvre de Cossay et étendit d'une manière surprenante les relations commerciales de sa tribu : il établit deux caravanes, l'une d'hiver pour l'Yémen, l'autre d'été pour la Syrie. Abd-el-Mottalib, fils de Hâschem et grand-père de Mahomet, continua l'œuvre traditionnelle de l'oligarchie koreischite par la découverte du puits de Zemzem [1]. Le puits de Zemzem, indépendamment de la tradition qu'on y rattacha, était, dans une vallée aride et aussi fréquentée que celle de la Mecque, un point fort important, et assurait la prééminence à la famille qui se l'était approprié. La tribu des Koreischites se trouvait ainsi élevée, comme celle de Juda chez les Hébreux, au rang de tribu privilégiée, destinée à réaliser l'unité de la nation. Mahomet ne fit donc que couronner l'œuvre de ses ancêtres; en politique, comme en religion, il n'a rien inventé, mais il a réalisé avec énergie les aspirations de son siècle. Il reste à chercher quels auxiliaires il trouva dans les

[1] C'est la source que, selon la légende arabe, Dieu fit jaillir dans le désert pour désaltérer Ismaël.

instincts éternels de la nature humaine, et comment il sut donner à son œuvre la base la plus inébranlable, en s'appuyant sur les faiblesses du cœur.

Indépendamment de toute croyance dogmatique, il y a dans l'homme des besoins religieux auxquels l'incrédulité même ne saurait nous soustraire. On s'étonne quelquefois qu'une religion puisse vivre si longtemps après que l'édifice de ses dogmes a été miné par la critique ; mais, en réalité, une religion ne se fonde ni ne se renverse par des raisonnements : elle a sa raison d'être dans les besoins les plus impérieux de notre nature, besoin d'aimer, besoin de souffrir, besoin de croire. Voilà pourquoi la femme est l'élément essentiel de toutes les fondations religieuses. Le christianisme a été, à la lettre, fondé par des femmes[1]. L'islamisme, qui n'est pas précisément une religion *sainte*, mais bien une religion naturelle, sérieuse, libérale, une religion d'hommes en un mot, n'a rien, je l'avoue, à comparer aux types admirables de Madeleine, de Thécla; pourtant cette froide et raisonnable religion eut assez de séductions pour fasciner le sexe dévot. Rien n'est plus inexact que les idées généralement répandues en Occident sur la condition faite à la femme par l'islamisme : la femme

[1] Voyez les spirituels aperçus de M. Saint-Marc Girardin sur le rôle des femmes à l'origine du christianisme, dans ses *Essais de littérature et de morale*, t. II.

arabe, à l'époque de Mahomet, ne ressemblait nullement à cet être stupide qui peuple le harem des Ottomans. En général, il est vrai, les Arabes avaient mauvaise opinion des qualités morales de la femme, parce que le caractère de la femme est exactement le contraire de ce que les Arabes envisagent comme le type de l'homme parfait. On lit dans le *Kitâb-el-Aghâni* qu'un chef de la tribu de Jaschkor, nommé Moschamradj, ayant, dans une excursion contre les Temimites, enlevé une jeune fille de noble famille, l'oncle de la jeune fille, Cays, fils d'Acim, alla la redemander à Moschamradj, en lui offrant une rançon. Moschamradj ayant donné l'option à la captive de rester près de lui ou d'être rendue à sa famille, la jeune fille, qui s'était éprise de son ravisseur, le préféra à ses parents. Cays s'en retourna tellement stupéfait et indigné de la faiblesse d'un sexe capable d'un pareil choix, qu'en arrivant à sa tribu il fit enterrer vivantes deux filles en bas âge qu'il avait, et jura qu'il traiterait de même toutes les filles qui lui naîtraient à l'avenir. Ces simples et loyales natures ne pouvaient comprendre la passion qui élève la femme au-dessus des affections exclusives de la tribu; mais il s'en fallait qu'ils l'envisageassent comme un être mineur et sans individualité. Il y avait des femmes maîtresses d'elles-mêmes, ayant la jouissance de leurs biens, choisissant leur mari et ayant le droit de le congédier quand bon

leur semblait. Plusieurs se distinguaient par leur talent poétique et leurs goûts littéraires. N'avait-on pas vu une femme, la belle El-Khansâ, lutter avec gloire contre les poëtes les plus célèbres du grand siècle ? D'autres faisaient de leur maison le rendez-vous des lettrés et des gens d'esprit.

Mahomet, en relevant encore la condition d'un sexe dont les charmes le touchaient si vivement, ne fut point payé d'ingratitude. La sympathie des femmes ne contribua pas peu à le consoler, dans les premiers temps de sa mission, des affronts qu'il recevait : elles le voyaient persécuté, et elles l'aimaient. Le premier siècle de l'islamisme présente plusieurs caractères de femmes vraiment remarquables. Après Omar et Ali, les deux principales figures de cette grande époque sont celles de deux femmes, Aïscha et Fatime. Une auréole de sainteté brille autour de Khadidja, et c'est vraiment un témoignage bien honorable en faveur de Mahomet, que, par un fait unique dans l'histoire du prophétisme, sa mission divine ait été d'abord reconnue par celle qui pouvait connaître le mieux ses faiblesses. Lorsque au début de sa prédication, accusé d'imposture et en butte aux railleries, il venait lui confier ses peines, elle le consolait par des paroles de tendresse et raffermissait sa foi ébranlée. Aussi Khadidja ne fut-elle jamais confondue dans les souvenirs de Mahomet avec les autres épouses

qui lui succédèrent. On raconte que l'une de celles-ci, jalouse de tant de constance, ayant un jour demandé au prophète si Allah ne lui avait pas donné de quoi lui faire oublier la vieille Khadidja : « Non, répondit-il. Quand j'étais pauvre, elle m'a enrichi; quand les autres m'accusaient de mensonge, elle crut en moi ; quand j'étais maudit par ma nation, elle me resta fidèle, et plus je souffris, plus elle m'aima. » Depuis, quand une de ses femmes voulait gagner ses bonnes grâces, elle commençait par faire l'éloge de Khadidja.

La pierre de touche d'une religion, après ses femmes, ce sont ses martyrs. La persécution, en effet, est la première des voluptés religieuses ; il est si doux au cœur de l'homme de souffrir pour sa foi, que cette douceur a parfois suffi pour faire croire. La conscience chrétienne l'a merveilleusement compris en créant ces admirables légendes où tant de conversions s'opèrent par le charme du supplice. L'islamisme, quoiqu'il soit resté étranger à cette profondeur de sentiment, est aussi arrivé parfois, dans ses récits de martyres, à des traits fort élevés. L'esclave Belâl ne serait pas déplacé parmi les touchants héros de la *Légende dorée*. Aux yeux des musulmans, les véritables martyrs sont ceux qui ont péri en combattant pour la vraie religion. Bien qu'il y ait là une confusion d'idées à laquelle nous ne pouvons nous prêter, la mort du soldat et celle du martyr cor-

respondant chez nous à des sensations tout à fait différentes, le génie musulman est arrivé à entourer ses morts d'une assez haute poésie. C'est une belle et grande scène par exemple que celle des funérailles qui suivirent la bataille d'Ohod. « Enterrez-les sans laver leur sang, criait Mahomet; ils paraîtront au jour de la résurrection avec leurs blessures saignantes, qui exhaleront l'odeur du musc, et je témoignerai qu'ils ont péri martyrs de la foi. » Le porte-étendard Djafir a eu les deux mains coupées, et est tombé percé de quatre-vingt-dix blessures, toutes reçues par devant. Mahomet va porter cette nouvelle à sa veuve. Il prend sur ses genoux le jeune fils du martyr, et lui caresse la tête d'une manière qui fait tout comprendre à la mère : « Ses deux mains ont été coupées, dit-il, mais en échange Dieu lui a donné deux ailes d'émeraude, avec lesquelles il vole maintenant partout où il veut parmi les anges du paradis. »

Les conversions sont aussi, en général, disposées avec beaucoup d'art. Presque toutes rappellent celle de saint Paul. Le persécuteur devient un apôtre: la victime, amenée au paroxysme de sa colère, reçoit le coup suprême qui l'étend tout de son long aux pieds de la grâce triomphante. La légende de la conversion d'Omar est, sous ce rapport, une incomparable page de psychologie religieuse. Omar avait été l'ennemi le plus acharné des musulmans. Les terribles emportements de son

caractère en avaient fait l'épouvantail des fidèles encore timides et réduits à se cacher. Un jour, dans un moment d'exaltation, il sortit avec l'intention arrêtée de tuer Mahomet. Il rencontre en chemin Noaym, un de ses parents, qui, le voyant ainsi le sabre au poing, lui demande où il va et ce qu'il prétend faire. Omar lui expose son dessein. « La passion t'emporte, lui dit Noaym. Que ne songes-tu plutôt à donner une correction aux personnes de ta famille qui ont abjuré à ton insu la religion de leurs pères?—Et ces personnes de ma famille, qui sont-elles? dit Omar. — Ton beau-frère Saïd et ta sœur Fatima, reprit Noaym. » Omar vole à la maison de sa sœur. Saïd et Fatima recevaient en ce moment les instructions secrètes d'un disciple, qui leur lisait un chapitre du Coran écrit sur un feuillet de parchemin. Au bruit des pas d'Omar, le catéchiste se cache dans un réduit obscur ; Fatima glisse le feuillet sous ses vêtements. « Qu'est-ce que je vous ai entendu psalmodier à voix basse? dit Omar en entrant.—Rien ; tu t'es trompé. —Vous lisiez quelque chose, et j'ai appris que vous êtes affiliés à la secte de Mahomet. » En disant ces mots, Omar s'élance sur son beau-frère. Fatima veut le couvrir de son corps, et tous deux s'écrient : « Oui, nous sommes musulmans. Nous croyons à Dieu et à son prophète. Massacre-nous, si tu veux. » Omar, frappant en aveugle, atteignit et blessa grièvement sa sœur Fatima. A la vue

du sang d'une femme versé de sa main, l'impétueux jeune homme s'adoucit tout à coup. «Montrez-moi l'écrit que vous lisiez, dit-il avec un calme apparent. — Je crains, répond Fatima, que tu ne le déchires. » Omar jure de le rendre intact. A peine a-t-il lu les premières lignes : « Que cela est beau ! que cela est sublime ! s'écrie-t-il. Indiquez-moi où est le prophète; je vais à l'instant me donner à lui. » Mahomet se trouvait en ce moment dans une maison située sur la colline de Safa avec une quarantaine de ses disciples, auxquels il expliquait ses doctrines. On frappe à la porte. Un des musulmans regarde par la fente : « C'est Omar, le sabre au côté, dit-il avec terreur. » La consternation fut générale. Mahomet ordonne que l'on ouvre; il s'avance vers Omar, le prend par son manteau, et, l'attirant au milieu du cercle : « Quel motif t'amène, fils de Khattâb? lui dit-il. Persisteras-tu dans ton impiété jusqu'à ce que le châtiment du ciel tombe sur toi?—Je viens, répondit Omar, pour déclarer que je crois en Dieu et en son prophète. » Toute l'assemblée rendit grâce au ciel de cette conversion inespérée.

En quittant les fidèles, Omar alla droit à la maison d'un certain Djémil, qui passait pour le plus grand bavard de la Mecque. « Djémil, lui dit-il, apprends une nouvelle : je suis musulman; j'ai adopté la religion de Mahomet. » Djémil s'empressa de courir au parvis de la

Caaba, où les Koreischites se réunissaient pour converser ensemble. Il arriva en criant à tue-tête : « Le fils de Khattâb est perverti !—Tu mens ! dit Omar qui le suivait de près ; je ne suis point perverti, je suis musulman. Je confesse qu'il n'y a d'autre Dieu qu'Allah et que Mahomet est son prophète. » Ses provocations finirent par rendre furieux les mécréants, qui se jetèrent sur lui. Omar soutint le choc, et, écartant les assaillants : « Par Dieu ! s'écriait-il, si nous étions seulement trois cents musulmans, nous verrions bien qui resterait maître de ce temple. » C'est ce même homme qui plus tard ne peut comprendre que l'on transige avec les infidèles, et qui, sortant le sabre à la main de la maison où il vient de voir expirer Mahomet, déclare qu'il abattra la tête de quiconque osera dire que le prophète a pu mourir.

Enfin, par sa merveilleuse entente de l'esthétique arabe, Mahomet se créa un moyen d'action tout-puissant sur un peuple infiniment sensible au charme du beau langage. Le Coran fut le signe d'une révolution littéraire aussi bien que d'une révolution religieuse; il signale chez les Arabes le passage du style versifié à la prose, de la poésie à l'éloquence, moment si important dans la vie intellectuelle d'un peuple. Au commencement du VIIe siècle, la grande génération poétique de l'Arabie s'en allait; des traces de fatigue se manifestaient de toutes parts; les idées de critique littéraire apparais-

saient comme un signe de mauvais augure pour le génie. Antar, cette nature d'Arabe si franche, si inaltérée, commence sa *Moallakât* presque comme ferait un poëte de décadence, par ces mots : *Quel sujet les poëtes n'ont-ils pas chanté ?* Un immense étonnement accueillit Mahomet, quand il parut au milieu d'une littérature épuisée, avec ses vives et pressantes *récitations*. La première fois qu'Otba, fils de Rébia, entendit ce langage énergique, sonore, plein de rhythme, quoique non versifié, il retourna vers les siens tout ébahi. « Qu'y a-t-il donc ? lui demanda-t-on. — Ma foi ! répondit-il, Mahomet m'a tenu un langage tel que je n'en ai jamais entendu. Ce n'est ni de la poésie, ni de la prose, ni du langage magique, mais c'est quelque chose de pénétrant. » Mahomet n'aimait pas la prosodie si raffinée de la poésie arabe ; il faisait des fautes de quantité quand il citait des vers, et Dieu lui-même se chargea de l'en excuser dans le Coran : « Nous n'avons point appris la versification à notre prophète. » Il répète à tout propos qu'ils n'est ni un poëte ni un magicien ; le vulgaire, en effet, était sans cesse tenté de le confondre avec ces deux classes d'hommes, et il est vrai que son style rimé et sentencieux avait quelque ressemblance avec celui des magiciens. Certes, il nous est impossible aujourd'hui de comprendre le charme que le Coran exerça lors de son apparition. Ce livre nous semble déclamatoire,

monotone, ennuyeux ; la lecture suivie en est à peu près
insoutenable ; mais il faut se rappeler que l'Arabie,
n'ayant jamais eu aucune idée des arts plastiques ni des
grandes beautés de composition, fait consister exclusivement la perfection de la forme dans les détails du style.
La langue est à ses yeux quelque chose de divin ; le don
le plus précieux que Dieu ait fait à la race arabe, le
signe le plus certain de sa prééminence, c'est la langue
arabe elle-même, avec sa grammaire savante, sa richesse
infinie, sa subtile délicatesse [1]. On ne peut douter que
Mahomet n'ait dû ses principaux succès à l'originalité
de son langage et au tour nouveau qu'il donnait à l'éloquence arabe. Les conversions les plus importantes,
celle du poëte Lébid par exemple, s'opèrent par l'effet
de certains morceaux du Coran, et à ceux qui lui demandent un *signe*[2], Mahomet n'oppose d'autre réponse
que la pureté parfaite de l'arabe qu'il parle et la fascination du style nouveau dont il a le secret.

Ainsi l'islamisme résume, avec une unité dont on

[1] Les Arabes se figurent que leur langue seule a une grammaire, et que tous les autres idiomes ne sont que des patois grossiers. Le scheick Rifaa, dans la relation de son voyage en France, se donne beaucoup de peine pour détruire sur ce point le préjugé de ses compatriotes, et leur apprend que la langue française aussi possède des règles, des délicatesses et une académie.

[2] Le mot *aiat*, qui désigne les versets du Coran, veut dire *signe* ou *miracle*.

trouverait difficilement un autre exemple, les idées morales, religieuses, esthétiques, en un mot la vie selon l'esprit, d'une grande famille de l'humanité. Il ne faut lui demander ni cette hauteur de spiritualisme que l'Inde et la Germanie seules ont connue, ni ce sentiment de la mesure et de la parfaite beauté que la Grèce a légué aux races latines, ni ce don de fascination étrange, mystérieux, vraiment divin, qui a réuni toute l'humanité civilisée, sans distinction de race, dans la vénération d'un même idéal parti de la Judée. Ce serait pousser outre mesure le panthéisme en esthétique que de mettre sur le pied d'égalité tous les produits de la nature humaine, et de placer au même degré de l'échelle de la beauté la pagode et le temple grec, parce qu'ils sont le résultat d'une conception également originale et spontanée. La nature humaine est toujours belle, il est vrai, mais elle n'est point toujours également belle. C'est partout le même motif, ce sont les mêmes consonnances et dissonances d'instincts terrestres et divins, mais non la même plénitude ni la même sonorité. L'islamisme est évidemment le produit d'une combinaison inférieure, et pour ainsi dire médiocre, des éléments humains. Voilà pourquoi il n'a été conquérant que dans l'état moyen de la nature humaine. Les races sauvages n'ont point été capables de s'y élever, et d'un autre côté il n'a pu suffire aux peuples qui portaient en eux-mêmes

le germe d'une plus forte civilisation. La Perse, le seul pays indo-européen où l'islamisme soit arrivé à une domination absolue, ne l'a adopté qu'en lui faisant subir les plus profondes modifications, pour l'accommoder à ses tendances mystiques et mythologiques. Sa trop grande simplicité a été partout un obstacle au développement vraiment fécond de la science, de la grande poésie, de la délicate moralité.

Que si l'on se demande quelles seront les destinées de l'islamisme en face d'une civilisation essentiellement envahissante et appelée, ce semble, à devenir universelle, autant que le permet l'infinie diversité de l'espèce humaine, il faut avouer que rien jusqu'ici ne permet de se former à cet égard d'idées précises. D'une part, il est certain que, si l'islamisme vient jamais, je ne dis pas à disparaître, car les religions ne meurent pas, mais à perdre la haute direction intellectuelle et morale d'une partie importante de l'univers, il succombera non sous l'effort d'une autre religion, mais sous le coup des sciences modernes, portant avec elles leurs habitudes de rationalisme et de critique. D'un autre côté, il faut se rappeler que l'islamisme, bien différent de ces tours altières qui se roidissent contre l'orage et tombent tout d'une pièce, a dans sa flexibilité même des forces cachées de résistance. Les nations chrétiennes, pour opérer leur réforme religieuse, ont été obligées de briser

violemment leur unité et de se constituer en révolte ouverte avec l'autorité centrale. L'islamisme, qui n'a ni pape, ni conciles, ni évêques d'institution divine, ni clergé bien déterminé, l'islamisme, qui n'a jamais sondé l'abîme redoutable de l'infaillibilité, doit moins s'effrayer peut-être du réveil du rationalisme. A quoi, en effet, s'attaquerait la critique? A la légende de Mahomet? Cette légende n'a guère plus de sanction que les pieuses croyances que, dans le sein du catholicisme, on peut rejeter sans être hérétique. Strauss évidemment n'a ici rien à faire. Serait-ce au dogme? Réduit à ses lignes essentielles, l'islamisme n'ajoute à la religion naturelle que le *prophétisme* de Mahomet et une certaine conception de la fatalité, qui est moins un article de foi qu'un tour général d'esprit susceptible d'être convenablement dirigé. Serait-ce à la morale? On a le choix de quatre sectes également orthodoxes, entre lesquelles le sens moral conserve une honnête part de liberté. Quant au culte, dégagé de quelques superstitions accessoires, il ne peut se comparer pour la simplicité qu'à celui des sectes protestantes les plus épurées. N'a-t-on pas vu au commencement de ce siècle, dans la patrie même de Mahomet, un sectaire provoquer le vaste mouvement politique et religieux des Wahhabites, en proclamant que le vrai culte à rendre à Dieu consiste à se prosterner devant l'idée de son existence, que l'invocation de tout

intercesseur auprès de lui est un acte d'idolâtrie, et que l'œuvre la plus méritoire serait de raser le tombeau du prophète et les mausolées des imams?

Des symptômes d'une nature beaucoup plus grave se révèlent, je le sais, en Égypte et en Turquie. Là, le contact des sciences et des mœurs européennes a produit un libertinage de croyance quelquefois à peine déguisé. Les croyants sincères, qui ont la conscience du danger, ne cachent pas leurs alarmes, et dénoncent les livres de science européenne comme contenant des erreurs funestes et subversives de toute foi religieuse. Je n'en persiste pas moins à croire que, si l'Orient peut surmonter son apathie et franchir les bornes qu'il n'a pu jusqu'ici dépasser en fait de spéculations rationnelles, l'islamisme n'opposera pas un bien sérieux obstacle aux progrès de l'esprit moderne. Le manque de centralisation théologique a toujours laissé aux nations musulmanes une certaine liberté religieuse. Quoi qu'en dise M. Forster, le khalifat n'a jamais ressemblé à la papauté. Le kalifat n'a été fort que tant qu'il a représenté la première idée conquérante de l'islamisme ; quand le pouvoir temporel a passé aux *emir-al-omra* et que le khalifat n'est plus qu'un pouvoir religieux, il tombe dans le plus déplorable abaissement. L'idée d'une puissance purement spirituelle est trop déliée pour l'Orient : toutes les branches du christianisme elles-mêmes n'ont pu y

atteindre : la branche gréco-slave ne l'a jamais comprise; la famille germanique l'a secouée et dépassée; seules les nations latines s'y sont prêtées. Or, l'expérience a démontré que la foi simple du peuple ne suffit pas pour conserver une religion, si une hiérarchie constituée et un chef spirituel ne veillent à sa garde. Est-ce la foi qui manquait au peuple anglo-saxon, quand la volonté de Henri VIII le fit passer, sans qu'il s'en aperçût, un jour au schisme, le lendemain à l'hérésie? L'orthodoxie musulmane, n'étant point défendue par un corps permanent, autonome, qui se recrute et se régisse lui-même, est donc assez vulnérable. Il est superflu d'ajouter que, si jamais un mouvement de réforme se manifestait dans l'islamisme, l'Europe ne devrait y participer que par son influence la plus générale. Elle aurait mauvaise grâce à vouloir régler la foi des autres. Tout en poursuivant activement la propagation de son dogme, qui est la civilisation, elle doit laisser aux peuples la tâche infiniment délicate d'accommoder leurs traditions religieuses avec leurs besoins nouveaux, et respecter le droit le plus imprescriptible des nations comme des individus, celui de présider soi-même dans la plus parfaite liberté aux révolutions de sa conscience.

LA VIE DES SAINTS.

La renaissance catholique, qui marquera dans l'histoire le milieu du XIXe siècle, laissera après elle deux sortes de productions : les unes faibles, frivoles, éphémères, de mauvais goût, comme tout ce qui tient aux réactions de la mode; les autres sérieuses, et, comme toutes les choses sérieuses, utiles, lors même que l'engouement qui les a fait naître est passé. Parmi ces dernières, il faut mettre en première ligne la continuation du grand recueil dit des Bollandistes, destiné dans la pensée de ses auteurs à présenter, selon l'ordre du calendrier, la vie de tous les saints de l'Église catholique. On sait que cette grande collection, dont l'histoire

formerait un livre à elle seule [1], commencée en 1643, à Anvers, par le jésuite Bolland, interrompue en 1794 par la révolution, n'atteignait avec ses cinquante-trois volumes in-folio que le 14 octobre. A plusieurs reprises, les voix les plus diverses, Monge au nom de l'Institut, M. Guizot au nom de la science historique, les hommes d'État de la Belgique au nom de l'honneur national, insistèrent sur l'utilité d'une continuation de ce précieux répertoire. Par un vote des Chambres belges du 8 mai 1837, l'existence d'une nouvelle Société de Bollandistes, prise dans le sein de la Compagnie de Jésus, fut assurée, et deux volumes déjà publiés [2], formant un total de plus de 2,400 pages, attestent à l'heure qu'il est le zèle avec lequel ces nouveaux travailleurs se sont remis à l'œuvre de leurs pères. De vastes matériaux légués par l'ancienne Société, et miraculeusement conservés à travers une série de périlleuses aventures, facilitaient du reste la tâche des continuateurs, qui n'ont eu, pour plusieurs parties de leur travail, qu'à publier des textes déjà à peu près arrêtés par leurs devanciers.

Je ne veux entrer ici dans la critique ni du plan des Bollandistes ni de celui de leurs continuateurs. Parmi les

[1] Elle a trouvé un historien vif et passionné, mais toujours attachant et instructif, dans le docte abbé Pitra. *Études sur la collection des Actes des Saints.* Paris, 1850.

[2] *Acta Sanctorum Octobris*, t. VII et VIII. Bruxelles, 1845-1853.

censures de toutes sortes qui ne furent pas épargnées aux premiers éditeurs (pendant vingt ans leur œuvre fut sous le coup d'une condamnation de l'inquisition d'Espagne), quelques-unes étaient au moins frivoles; ainsi celle des Carmes, qui trouvaient le livre hérétique, parce qu'on y contestait à leur institut la gloire de descendre en ligne directe du prophète Élie; d'autres nous semblent aujourd'hui assez fondées. Il est regrettable, par exemple, qu'on ait préféré l'ordre artificiel et arbitraire du calendrier au classement par époques, et dans le sein de chaque époque par nationalités. Les saints, en effet, comme toutes les productions vraiment originales, sentent leur terroir et portent profondément l'empreinte de leur temps et de leur pays. Trop souvent aussi les laborieux compilateurs ne distinguent pas suffisamment l'âge des documents et accordent une autorité qu'elles ne méritent guère aux rédactions du XIII° siècle, époque où la composition des Vies des Saints était devenue un véritable métier et se réduisait à une fastidieuse répétition des mêmes formules et des mêmes miracles. Un reproche bien plus grave encore qu'on a pu leur adresser, est de préférer sans cesse au rôle d'éditeurs, pour lequel ils étaient si bien préparés, celui de critiques, qu'ils ne pouvaient convenablement remplir. En reproduisant les légendes, ils retranchent parfois ce qui les choque, et ce qui les choque est sou-

vent ce qui nous intéresserait le plus; ils dissertent naïvement sur les miracles qui doivent être admis ou rejetés, et ne voient pas qu'avec cette méthode ils font trop ou trop peu. Ils font trop pour la foi simple, qui n'a pas besoin de ces raisonnements et procède par de tout autres voies que celles de la critique; ils font trop peu pour la critique indépendante, qui a bien d'autres exigences et ne se contente pas de ces timides concessions. Ainsi leur recueil, au lieu d'être admis sans objection par tout le monde, comme doit l'être une collection de documents faite sans système et sans parti pris, a mécontenté tout le monde : le croyant, qui y cherche un objet de foi et vient s'aheurter contre des objections; l'homme pieux, qui y cherche un aliment pour sa piété et sent à chaque instant quelque gravier crier sous sa dent; l'artiste, qui veut des légendes et de la poésie et trouve des dissertations, ce que M. de Montalembert appelait autrefois l'*acide du raisonnement;* enfin l'historien et le critique pur, qui, au lieu de textes sincères, trouvent des textes assemblés, discutés et quelquefois tronqués dans un intérêt qui n'est pas celui de la haute et impartiale vérité.

On ne peut pas dire que les continuateurs de la collection bollandienne aient atténué ce qu'il pouvait y avoir sous ce rapport de défectueux dans le plan de leurs devanciers. Ce n'est pas à un moment de réaction reli-

gieuse comme celui que nous traversons depuis quelques années qu'il faut demander de la critique désintéressée : cette haute indifférence, qui est le véritable esprit scientifique, était difficile aux catholiques du XVII[e] siècle; elle est absolument impossible aux catholiques de nos jours. A chaque pas les nouveaux éditeurs glissent dans la polémique : au lieu de nous offrir, dégagés de discussions, une série de documents précieux pour tous, leurs pages sont remplies de dissertations qui n'ont souvent qu'une valeur de secte, de controverses acerbes parfois, et qui, je le crains, ne convertiront personne. Ce défaut en produit un autre non moins grave dans une collection de cette nature, je veux dire une effrayante prolixité. Les deux volumes de continuation qui ont paru jusqu'ici ne donnent le contingent que de six jours. Sainte Thérèse occupe un demi-volume à elle seule : ce n'est pas trop assurément pour cette sainte admirable; mais il est clair qu'avec cette manière de procéder, les proportions déjà si vastes du plan des premiers Bollandistes sont brisées et dépassées. Je me hâte de le dire toutefois : ces objections, fussent-elles encore vingt fois plus graves qu'elles ne le sont en réalité, n'enlèveraient rien à l'immense intérêt du recueil des *Acta Sanctorum*. Il me semble que, pour un vrai philosophe, une prison cellulaire avec ces cinquante-cinq volumes in-folio serait un vrai paradis; on peut dire que parmi

les légendes qui les remplissent (M. Guizot s'est donné la peine d'en faire le compte [1], et en a trouvé 25,000), il n'y en a pas une qui n'ait son intérêt, et ne mérite, par un côté ou par un autre, l'attention du penseur.

Quelle incomparable galerie, en effet, que celle de ces 25,000 héros de la vie désintéressée ! quel air de haute distinction ! quelle noblesse ! quelle poésie ! Il y en a d'humbles et de grands, de doctes et de simples, d'obscurs et d'illustres, mais je n'en connais pas un seul qui ait l'air vulgaire. Tous m'apparaissent tels que les pose Giotto, grandioses, hardis, détachés des liens terrestres et déjà transfigurés. Ils plaisent peu au sens positif, je l'avoue ; jamais ils n'entendirent rien en économie politique ; on ne peut dire que les sociétés qui ont possédé beaucoup de saints aient été les plus prospères et les mieux organisées. Mais qu'ils ont, après tout, mieux compris la vie que ceux qui l'embrassent comme un étroit calcul d'intérêt, comme une lutte insignifiante d'ambition et de vanité ! Il eût mieux valu sans doute ne pas placer leur idéal dans cette nuageuse hauteur, où pour les contempler, il faut une position si tendue ; mais qu'on retrouve bien mieux dans leurs sublimes folies les grands instincts de la nature humaine que dans ces existences affairées que n'a jamais traversées le

[1] *Histoire de la Civilisation en France*, xviie leçon.

rayon divin! Voilà pourquoi les pays riches et heureux comptent si peu de saints, tandis que les pays tristes et pauvres en ont produit un si grand nombre. La Bretagne et l'Irlande en ont des milliers; la Normandie n'en a pas un seul, au moins de race normande. On en compte très-peu de condition bourgeoise et ayant exercé les professions dites libérales; tous sont évêques ou moines, hommes de guerre ou ermites, rois ou mendiants. Il y a, je crois, un ou deux saints médecins, mais leurs légendes sont apocryphes. La Bretagne eut seule le privilége de faire adopter un saint avocat, saint Yves; et encore la conscience populaire protesta contre cette intrusion, et se vengea en chantant à sa fête : *Advocatus et non latro*, **Res miranda populo !**

Et en effet, s'il est une œuvre profondément populaire, c'est le travail secret qui créait le saint, avant que la papauté se fût attribué le privilége exclusif de la canonisation. La foule y mettait tous ses instincts et ne conférait ce haut titre qu'à ses favoris. De là le caractère essentiellement démocratique de la plupart des saints, redresseurs de torts, défenseurs des faibles, hauts et fermes devant les puissants; de là aussi l'étonnante diversité d'origine que présente au premier coup d'œil la troupe des bienheureux. Il y a de tout dans ce panthéon populaire : des martyrs d'une cause chérie, de vieux héros oubliés, des personnages de romans; Roland,

Guillaume d'Aquitaine, les dames de la cour d'Arthur elles-mêmes finissent par la sainteté. C'est que le peuple aime avant tout le grand et le noble ; facile et coulant sur bien des points, il canonise pour leur bonne mine toutes ses vieilles connaissances ; ce qui est simplement honnête et sensé ne le touche guère ; il ne juge pas des choses par des considérations d'utilité et de raison, mais mais par leur grand air.

M. Guizot a parfaitement établi que les légendes de saints furent la vraie littérature de la première moitié du moyen âge, et servirent d'aliment à la vie intellectuelle, morale, esthétique même de ce temps. On se prend d'émotion en songeant combien d'âmes simples cette lecture a consolées, que de vies pâles et monotones elle a colorées, quel immense ennui elle a soulagé. Durant cette longue nuit d'hiver que traversa l'humanité du VI^e au X^e siècle, le monde des saints était un idéal qu'on opposait à la triste réalité, une sorte d'*Astrée*, le rêve d'un monde de moralité et de douceur où les faibles et les humbles prenaient leur revanche contre le monde violent et fort, une révolte de l'imagination contre l'insupportable uniformité de la vie.—Mon savant ami, M. Alfred Maury, a aussi montré à merveille comment les vies des saints, par un autre côté, sont la vraie mythologie du christianisme [1]. Un Dieu unique, su-

[1] *Essai sur les Légendes pieuses du moyen âge.* Paris, 1843.

prême, inabordable, est en effet un dogme trop austère pour certaines époques et pour certains pays. Chassée de Dieu, la mythologie s'est réfugiée dans les saints. Autour des saints s'est formée tout une religion inférieure, qui plus d'une fois a pu obscurcir la dévotion à Dieu le père, mais qui, d'un autre côté, a prêté au monothéisme ce qui lui manque en pittoresque et en variété.

C'est parce qu'ils sont ainsi le reflet des instincts religieux de chaque race que les saints offrent des physionomies si diverses et si locales : en Syrie, stylites et tournant au bouddhisme; en Italie, bons vivants et sentant le voisinage des *Frati Gaudenti;* en Irlande, aventuriers et coureurs de mer. L'aspect des lieux est presque toujours le meilleur commentaire de la vie des saints. On ne comprend bien saint François d'Assise que quand on a vu l'Ombrie et le mont Ubaldo. Les terribles, étranges et par moments ravissantes légendes de Cologne n'ont tout leur prix que dans ce grand centre religieux de l'Allemagne du moyen âge. On a souvent répété que dans le paganisme chaque nation faisait ses dieux à son image : dans le christianisme, où Dieu n'est plus à refaire, c'est par les saints que chaque époque et chaque pays ont donné leur mesure et en quelque sorte leur portrait moral. S'il est vrai que les légendes d'un peuple sont plus expressives que son histoire, en ce sens

qu'elles nous offrent l'image plus fidèle de son être et de ses aptitudes morales, quel n'est pas, au point de vue de l'histoire et de l'étude de la nature humaine, l'intérêt d'un recueil destiné à nous présenter la série des types sous lesquels les diverses branches de la famille chrétienne ont tour à tour conçu l'idéal !

Les saintes subissent en général les vicissitudes des saints, cependant avec quelques différences, car les mêmes époques sont loin d'être également favorables au développement des deux sexes. Le moyen âge, qui a tant de saints admirables, a peu de saintes vraiment distinguées avant sainte Catherine de Sienne. L'époque brillante des saintes est, à mon avis, du IVe au VIe siècle; les dames chrétiennes de ce temps, Monique, Paule, Eustochie, Radegonde, ont un charme tout particulier. Les vierges martyres mériteraient certes la palme entre toutes leurs compagnes célestes, si la critique ne réduisait trop souvent leurs histoires à n'être que de charmants petits romans. Mais quelles ingénieuses combinaisons que celles qui ont présidé à la création de ces légendes ! quelle fine esthétique dans cette association de la foi, de la jeunesse et de la mort ! L'art antique avait spirituellement tiré des contrastes analogues du mythe des Amazones; mais l'antiquité, étrangère à nos raffinements religieux, ne pouvait rien concevoir d'aussi délicat que cette fermeté théologique

dans une jeune fille. — En général, les légendes des martyrs, qui demandent au point de vue de l'histoire un contrôle si sévère, se distinguent par une prodigieuse richesse d'invention. Après l'amour, c'est le martyre qui a fourni à la poésie les combinaisons les plus diverses. Il y a dans ces imaginations de supplices je ne sais quelle sombre et étrange volupté que l'humanité savoura avec délices pendant des siècles ; le roman chrétien ne connut pas d'abord d'autre machine d'intérêt. A Rome, sur le mont Cœlius, près de Saint-Étienne-le-Rond ou des *Quatre-Couronnés*, on est juste au point qu'il faut pour embrasser ce grand cycle de légendes et comprendre les sentiments nouveaux qui y trouvèrent une si riche et si belle expression.

J'ai dit les qualités des saints ; pour être complet, il faudrait dire un mot de leurs défauts. Tous sont grands, mais tous ne sont pas également bons : parfois ils semblent terribles, absolus, vindicatifs. Tous furent des poëtes admirables ; mais ordinairement ils dépassent la mesure et nous effrayent par leur exaltation. Voilà pourquoi leur âme fut si souvent triste et désolée. La plupart d'entre eux ont beaucoup souffert ; car tout ce qui est grand et haut porte en soi son supplice, et est puni par sa grandeur même de quitter les voies communes de l'humanité. Le moment du triomphe des saints est vraiment celui de leur mort. Leur vie, appréciée d'après nos

idées modernes, semble imparfaite, en ce sens qu'ils ont été exclusifs, qu'ils n'ont vu les choses que par un seul côté, qu'ils ont manqué de critique et d'étendue d'esprit. Je ne souhaiterais pas leur vie, mais je suis jaloux de leur mort. A voir ces fins glorieuses et calmes, l'âme se relève et se fortifie; on reprend quelque estime pour la nature humaine, on se persuade que cette nature est noble et qu'il y a lieu d'en être fier.

Là est le secret du charme contagieux que la lecture de la *Vie des Saints* a toujours exercé sur les fortes âmes. Ignace de Loyola ne lisait que cela et l'*Amadis de Gaule*. Dans les moments d'ennui et d'abattement, quand l'âme, blessée par la vulgarité du monde moderne, cherche dans le passé la noblesse qu'elle ne trouve plus dans le présent, rien ne vaut la *Vie des Saints*. Ceux qui plaisent le plus alors, ce sont les plus inutiles, les ascètes purs. Voyez-les à Pise, au Campo-Santo, dans l'admirable fresque de Laurati, ou lisez les belles pages que Fleury a consacrées dans son *Histoire ecclésiastique* aux origines de la vie solitaire. La *Vie des Pères du Désert*, qu'on lisait à Port-Royal pendant les heures de récréation, est aussi un grandiose et austère roman : le style d'ordinaire inanimé de Port-Royal ne devait trouver de couleurs que pour peindre la Thébaïde; je ne connais que certaines légendes bouddhiques qui approchent du charme de ces graves et simples récits.

Une pensée à laquelle on ne peut s'arrêter sans tristesse, mais qui semble une conséquence inévitable de ce qui vient d'être dit, c'est qu'il n'y aura plus de saints. Je m'explique : la race des enfants de Dieu est éternelle, et notre âge, si pauvre de grandes choses, n'est pas plus déshérité qu'un autre de bonnes et belles âmes. Mais ces saints à l'ancienne manière, ces grandes statues si fièrement posées, ces hautes représentations du côté idéal et divin de la nature humaine, voilà ce qui ne se verra plus; c'est un genre de poésie fini, comme tant d'autres. Il y aura des saints canonisés à Rome; il n'y en aura plus de canonisés par le peuple. C'est une chose attristante que l'air grêle, étriqué, mesquin, insignifiant des saints tout à fait modernes, saint Liguori par exemple[1] : évidemment la faculté qui crée les légendes s'en va de l'humanité. Le XVIe siècle marque bien à cet égard la limite du grand style et du bon goût. Ce siècle extraordinaire eut encore des saints admirables : Loyola est certes un âpre et redoutable personnage; mais quelle puissance! quel entraînement! quelle franche et complète personnification de son époque et de son pays! Voilà encore un saint de la vieille école, un saint digne de Zurbaran ou de l'Espagnolet! Comparez à ce géant

[1] Son principe était que pour devenir un saint il suffit de gagner le plus d'indulgences possible.

l'honnête et excellent Vincent de Paule : de l'un à l'autre, une immense révolution s'est accomplie. Au lieu d'un sublime enthousiaste que la grandeur de sa passion élève jusqu'au génie, nous trouvons une âme d'or, qui ne connut d'autre poésie que celle de bien faire, d'autre théologie que la charité. C'est la meilleure sans doute, et plût à Dieu, pour le bonheur de l'humanité, que tous les saints eussent ressemblé à celui-ci ! Mais pour la hauteur et le grand air, quelle différence ! On pourrait mettre l'art au défi de traiter avec élévation cette bonne et douce figure : ce n'est plus un saint suspendu entre ciel et terre, visité par les anges, et dont chaque pas est signalé par des merveilles; c'est un homme moderne, réduit à des proportions toutes naturelles, luttant comme un autre au milieu des difficultés de la vie, et ne faisant guère d'autres miracles que ceux de son immense activité et de son inépuisable dévouement.

Que conclure de tout cela ? Que les saints diminuent de taille comme le reste des hommes; que la bonté va de plus en plus remplaçant la grandeur ; que le monde se rapetisse à mesure qu'il se range ; que le règne de la grande originalité et de la grande poésie est fini. Il est sûr que le mal n'est plus de nos jours aussi fort qu'il l'était autrefois; mais il est sûr d'un autre côté que les grandes individualités n'ont plus de place dans le monde tel qu'il tend à se faire. Aussi l'art élevé, qui ne vit que

de types fortement accusés, est-il obligé de se réfugier dans le passé, dans le monde des héros et des saints. — Je regrette qu'il ne me soit pas permis de montrer tout cela par quelques exemples empruntés aux volumes que viennent de publier les nouveaux Bollandistes; peut-être le ferai-je une autre fois en disant quelques mots de la femme extraordinaire qui occupe une si grande place dans leur recueil. L'illustre exemple de sainte Thérèse nous apprendra par quelles épreuves s'emportait le titre de saint, quelle force de volonté, quelle originalité d'esprit il supposait presque toujours, mais aussi au prix de quel enjeu redoutable s'obtenait cette qualification, qui confinait si souvent à celle d'hérétique et de réprouvé. Combien de religieuses espagnoles ont voulu faire ce que Thérèse a fait et ont succombé sous l'inquisition! Thérèse fut sainte parce qu'elle fut plus forte que ses directeurs, qu'elle sut leur imposer sa foi et entraîner ses propres guides. Voilà le spectacle auquel nous fait assister la première partie du tome VII des nouveaux *Acta;* et tel est l'intérêt de ce récit, que, malgré ses 680 pages in-folio, on ne songe pas un moment à l'accuser de prolixité.

L'AUTEUR

DE L'IMITATION DE JÉSUS-CHRIST.

C'est un immense avantage pour un livre destiné à la popularité que d'être anonyme. L'obscurité des origines est la condition du prestige ; la vue trop claire de l'auteur rapetisse l'œuvre, et nous fait apercevoir, malgré nous, derrière les plus beaux endroits, un scribe occupé à polir des phrases et à combiner des effets. En montrant dans l'*Iliade* et l'*Odyssée,* non plus le fruit des veilles d'un poëte composant avec suite et réflexion, mais la création impersonnelle du génie épique de la Grèce, Wolf a posé la première condition de l'admiration sérieuse d'Homère. Le charme de la Bible vient en partie de ce que l'auteur de chaque livre est si souvent ignoré. Combien les morceaux qui forment la

seconde partie du livre d'Isaïe : « Lève-toi, resplendis, Jérusalem..... » nous semblent plus beaux, depuis que nous y voyons le cri d'espérance d'un prophète inconnu, peut-être le plus grand de tous, annonçant, durant la captivité, la gloire future de Sion ! La perfection est précisément que l'auteur se soit oublié à ce point qu'il ait négligé de signer, ou que son livre ait répondu si complétement à la pensée d'une époque que l'humanité même se soit pour ainsi dire substituée à sa place, et ait adopté comme siennes les pages qu'elle reconnaissait avoir inspirées.

La critique, dont les exigences sont loin d'être toujours d'accord avec celles de l'admiration naïve, ne s'arrête point devant de pareilles considérations. Plus l'auteur s'est caché, plus elle s'obstine à pénétrer le mystère des grandes œuvres sans nom. Quelquefois, il serait regrettable qu'elle réussît trop bien à déchirer le voile qui fait une partie de leur beauté. Mais souvent aussi elle révèle des circonstances historiques qui, mieux que les syllables insignifiantes d'un nom propre, nous aident à placer l'ouvrage anonyme dans son milieu naturel et à lui restituer sa première signification.

Le livre qui, sous le titre fautif d'*Imitation de Jésus-Christ*[1], est arrivé à une fortune si extraordinaire, a

[1] Un des titres les plus anciens est *Consolations intérieures*. Le

exercé plus qu'aucun autre la sagacité des érudits. L'histoire des diverses littératures n'offre peut-être aucun ouvrage dont la paternité soit aussi effacée. L'auteur n'y a pas laissé une trace de lui-même; le temps et le lieu n'existent pas pour lui; on dirait une inspiration d'en haut qui n'a point traversé, pour arriver jusqu'à nous, la conscience d'un homme. Depuis les récits absolument impersonnels des premiers évangélistes, jamais voix si complétement dégagée de toute attache individuelle n'avait parlé à l'homme de Dieu et de ses devoirs.

Des trois auteurs principaux pour lesquels on réclame l'honneur d'avoir composé ce livre admirable, a-Kempis, Gerson et le bénédictin Jean Gersen, abbé de Verceil, ce dernier, dont les droits furent rejetés d'abord comme chimériques, a vu sa cause grandir tout à coup, par suite de découvertes inattendues et surtout par les impossibilités qu'une critique attentive a révélées dans les autres hypothèses. M. Paravia, professeur à l'Université de Turin,

titre actuel provient de la rubrique du premier chapitre, qui, par un abus fréquent au moyen âge, a été appliqué à l'ensemble des quatre livres. C'est ainsi que certaines chansons de Gestes s'appelaient *Enfances*, parce qu'elles commençaient par le récit de l'enfance merveilleuse du héros. — L'unité du livre de l'*Imitation* et les transformations qu'il peut avoir subies demanderaient un sévère examen. Il faut lire sur ce sujet la savante préface que M. Victor Le Clerc a placée en tête de la splendide édition exécutée par l'Imprimerie impériale pour l'Exposition universelle.

vient de publier un nouveau plaidoyer en faveur de son compatriote [1]. S'il n'ajoute aucun fait à ceux qu'avait laborieusement recueillis dans le même sens M. de Grégory, il a du moins le mérite d'écarter les mauvaises raisons et les hors-d'œuvre par lesquels ce patient collecteur avait fait tort à sa cause. On peut seulement regretter que le dernier défenseur des prétentions verceillaises n'ait pas su mieux que ses devanciers se mettre au-dessus du défaut habituel de la critique italienne, je veux dire de cette vanité nationale, si déplacée en histoire littéraire, qui inspire au lecteur une sorte de défiance même contre les preuves les mieux déduites et les raisonnements les plus décisifs.

J'admets pour ma part comme très-probable le sentiment de M. Paravia, surtout dans ses conclusions négatives contre Gerson et a-Kempis. L'opinion qui attribue à Gerson le livre de l'*Imitation* est de tous point insoutenable. Ce livre ne figure pas dans la liste des écrits du chancelier dressée par son frère lui-même. Un personnage aussi célèbre de son vivant n'aurait pu, quand il l'eût voulu, garder l'anonyme pour un livre arrivé si vite à la renommée, et dans un siècle où la publicité était déjà si étendue. Il y a d'ailleurs un étrange contraste entre le rude scolastique dont la vie fut remplie par tant

[1] *Dell' autore del libro De Imitatione Christi.* Torino, 1853.

de combats, et le pacifique dégoûté qui écrivit ces pages pleines de suavité et de naïf abandon. Un homme mêlé à toutes les luttes de son temps n'eût jamais su trouver des tons aussi fins et aussi pénétrants. L'homme politique conserve jusque dans la retraite ses habitudes d'activité inquiète ; il est une certaine délicatesse de conscience que les affaires ternissent irrévocablement, et on trouverait à peine, au moins dans le passé, une œuvre distinguée par le sentiment moral qui soit le fruit des loisirs d'un homme d'État. Gerson, retiré chez les Célestins de Lyon, continuait à s'occuper de toutes les querelles du siècle, et nous savons que son frère lui ayant demandé, dans ses derniers jours, de composer pour la communauté un traité de morale tiré de l'Écriture Sainte, il n'en put venir à bout.

Je ne veux pas médire de l'homme extraordinaire qui porta si haut dans son temps l'autorité de l'Église gallicane et de l'Université de Paris. Mais évidemment, l'auteur du traité *De auferibilitate Papæ* n'a rien de commun avec l'auteur de l'*Imitation*. Celui-ci avait goûté le monde, il est vrai, et sans cela aurait-il trouvé des accents si délicats pour en dire la vanité ? Mais tout porte à croire que de bonne heure il se retira de la vie. « Quand j'errais loin de toi, tu m'as ramené pour te servir.... Que te rendrai-je pour cette grâce ? » De l'essai qu'il fit du monde, il ne reste dans son œuvre ni regrets ni amer-

tume, mais expérience et sagesse consommée. « On y sent partout, dit M. Michelet, une maturité puissante, une douce et riche saveur d'automne ; il n'y a plus là les âcretés de la jeune passion. Il faut, pour en être venu à ce point, avoir aimé bien des fois, désaimé, puis aimé encore. » Rien de moins gallican, rien de moins universitaire que ce livre. Y songe-t-on ? Cette fleur charmante serait éclose entre les pavés de la Sorbonne ! La protestation de l'âme contre les subtilités de l'école serait partie du séjour de l'*ergo !* Gerson, le dialecticien par excellence, Gerson, l'ennemi des ordres religieux, l'adversaire des mystiques, le représentant de l'âpreté gallicane, aurait trouvé dans son âme endurcie par le syllogisme la plus douce inspiration de la vie monacale !... Quoi de plus impossible ? Ajoutons que le style de Gerson est d'une barbarie toute scolastique ; celui de l'*Imitation* n'est pas latin sans doute, mais il est plein de charme. C'est une langue à part qu'il faut prendre pour ce qu'elle est, très-peu classique, mais admirablement propre à rendre les nuances les plus fines de la vie intérieure et du sentiment.

L'hypothèse de Thomas a-Kempis n'est guère plus acceptable que celle de Gerson, bien qu'elle renferme, à d'autres points de vue, une certaine part de vérité. La formule qui se trouve à la fin du manuscrit d'Anvers : *Finitus et completus per manus fratris Thomæ, anno*

Domini 1441, indique certainement la main du copiste ou du compilateur, mais non celle de l'auteur. Et pourtant, la renommée n'a pas été purement capricieuse dans l'honneur qu'elle a fait au scribe de Zwoll. La vérité est, ce me semble, que Thomas a-Kempis fut l'auteur, non pas du livre lui-même, mais de la vogue inouïe qu'il obtint, à partir de la seconde moitié du xv[e] siècle, dans toute la chrétienté. A-Kempis composa un recueil d'opuscules ascétiques, en tête duquel il plaça comme des traités distincts les quatre livres, jusque-là peu connus, qui devaient devenir, sous le titre d'*Imitation de Jésus-Christ*, le code de la vie religieuse. Ce recueil fut fort apprécié dans les Pays-Bas et sur les bords du Rhin. Plusieurs communautés voulurent en avoir des copies « faites sur le livre écrit par frère Thomas. » En un sens, le pieux a-Kempis a donc des droits véritables sur le livre de l'*Imitation*. Il ne le composa pas, mais il le comprit, et on peut dire que sans lui cette production si caractéristique du mysticisme chrétien se fût perdue ou fût restée ignorée. Le moyen âge a ainsi quelques caractères de copistes tout à fait aimables, qui arrivèrent par leurs habitudes studieuses à une assez grande noblesse intellectuelle. L'âme douce et honnête de ce bon scribe, qui déclarait avoir cherché partout le repos et ne l'avoir trouvé « qu'avec un petit livre dans un petit coin » (*in angello cum libello*), était digne de répondre,

à travers deux siècles d'oubli, à l'âme également pure, mais plus élevée de l'ascète inconnu, dont la destinée n'eût pas été complète s'il n'eût préludé par l'obscurité à l'éclat incomparable que lui réservait l'avenir.

Ce ne sera pas une des moindres singularités de l'histoire de l'*Imitation* que la révolution de Juillet doive être rappelée à propos de la découverte qui a jeté le plus grand jour sur ses origines. Le 4 août 1830, M. de Grégory, amené par la curiosité sur la place du Louvre, entra chez Techener, et découvrit sur les rayons du libraire aimé des bibliophiles un ancien manuscrit de son livre favori, qui avait appartenu durant plusieurs générations aux Avogadri de Cerione, en Piémont. Des paléographes trop complaisants peut-être affirmèrent à l'heureux auteur de cette trouvaille que le manuscrit ne pouvait être postérieur à l'an 1300. Le doute est très-permis à cet égard. Toutefois le manuscrit en question attira l'attention sur les Avogadri et amena la découverte d'un journal de famille, qui, à la date du 15 février 1349, portait une note d'où il résultait que le précieux volume était possédé *depuis longtemps* par les Avogadri comme un trésor héréditaire [1]. Quand on s'est

[1] *Post divisionem factam cum fratre meo Vincentio, qui Ceridonii habitat, in signum fraterni amoris..., dono illi pretiosum codicem de* Imitatione Christi, *quod hoc ab agnatibus meis longa manu teneo, nam nonnulli antenates mei hujus jam recordarunt.* Ajoutons toute-

fait une idée exacte de ce qu'était un livre au moyen âge, on admet volontiers que le manuscrit des Avogadri a pu être longtemps presque unique, et que l'ouvrage fut la propriété à peu près exclusive de quelques maisons religieuses de l'Italie subalpine, jusqu'au commencement du XVe siècle, époque où Gerson et surtout a-Kempis en fondèrent la célébrité. D'un autre côté, un assez grand nombre d'anciens manuscrits attribuent l'ouvrage à un abbé Jean *Gesen, Gessen, Gersen* ou *Jean de Cabanac*. Le nom de *Gersen* n'est pas à l'abri de toute difficulté, puisqu'on pourrait soutenir à la rigueur que ce n'est là qu'une altération du nom de *Gerson*. Mais le nom de *Jean de Cabanac*, sur lequel on ne peut supposer aucune erreur, et qui se lit dans plusieurs manuscrits de la Bibliothèque impériale, est tout à fait décisif, et c'est évidemment de ce nom que la critique aurait dû partir tout d'abord. Or *Cabanacum* ou *Cabaliacum* est probablement Cavaglià dans la province de Bielle, où le nom de Gersen, Garsen, Garson, s'est conservé dans plusieurs familles jusqu'à nos jours. Comme d'ailleurs on croit trouver un Jean Gersen abbé de Saint-Etienne de

fois que ce texte répond si bien aux besoins de la cause soutenue avec une chaleur de mauvais goût par M. de Grégory, qu'on ne peut s'empêcher de concevoir quelques doutes sur son authenticité. Il serait bien à désirer que le journal conservé à Bielle fût étudié par un paléographe impartial et tout à fait exercé.

Verceil au commencement du XIIIe siècle, on arrive à désigner avec une assez grande vraisemblance le personnage si longtemps et si curieusement recherché. Par bonheur, il ne reste pas pour cela moins mystérieux ; car on ne connaît de Gersen que les syllabes de son nom, et rien ne troublera l'imagination dans les rêves qu'il lui est permis de faire sur ce pieux inconnu.

Quoi qu'il en soit, deux résultats importants paraissent désormais acquis relativement au sujet qui nous occupe. D'abord le livre est du XIIIe siècle, de la fleur du moyen âge et non de sa décadence. On aurait dû le deviner, lors même que les textes ne nous l'auraient point appris. Rien de triste, de froid, de pâle comme cette fin du moyen âge qui, de 1300 à 1450, se traîne en attendant le grand réveil. L'*Imitation* n'est pas de cette sombre époque, pleine de mécontentement, d'aspirations, de colères. Les douleurs de Sainte Mère Église, la réforme du chef et des membres, les grandes lamentations sur la prostituée de Babylone, l'Apocalypse invoquée contre la papauté simoniaque d'Avignon, voilà les pensées habituelles aux contemporains des conciles de Constance et de Bâle. Rien de tout cela dans l'*Imitation*. On y voit un paisible solitaire, heureux de sa propre pensée, tranquille sur le sort de l'Église, sans aucune préoccupation de l'avenir du monde. Son dégoût n'est pas celui qui succède aux grands siècles, et qui est si sensible vers

1350. C'est plutôt celui d'une époque peu tourmentée et le prélude d'une grande activité. La scolastique est née déjà ; mais elle n'a pas tout envahi : l'âme conserve encore ses droits. La scolastique contre laquelle proteste l'excellent abbé n'est pas celle de la seconde période, représentée par saint Thomas, acceptée par l'Église, identifiée avec la théologie, à tel point qu'un cardinal osait dire qu'il eût manqué quelque chose au dogme de l'Église si Aristote n'avait point vécu. La scolastique qui excite les antipathies de ce fin et charmant esprit est celle des réalistes et des nominalistes, celle d'Abélard et de Guillaume de Champeaux, la *scientia clamorosa* de la montagne Sainte-Geneviève, tout occupée de définitions, de genres et d'espèces [1]. La discipline de l'école, à partir de la fin du XIII^e siècle, était devenue si absolue que personne n'aurait pu s'y soustraire : pas une voix ne s'est élevée contre elle jusqu'à la renaissance. Les mystiques allemands, Eckard, Tauler, Henri Suso, qui seuls ont vu le néant de cette science de Dieu abstraite et desséchée, en ont subi comme les autres l'influence. Ils citent Aristote, Averroès ; ils ont bu à toutes sortes de sources impures. Chez l'auteur de l'*Imitation*, au contraire, nous trouvons une pensée vierge, qui n'a été souillée par aucun contact profane : la Bible, les Pères,

[1] Liv. I^{er}, chap. III. *Quid curæ nobis de generibus et speciebus?*

les saints, voilà toute la lecture du pieux ascète. J'ose affirmer qu'un tel livre n'eût pu être écrit après saint Thomas et avec les habitudes de pédantisme que l'enseignement dominant faisait contracter, au XIII[e] et au XIV[e] siècle, à tous les esprits.

La vie religieuse telle qu'elle apparaît dans le livre de l'*Imitation* nous reporte également à la première moitié du XIII[e] siècle. Cette vie s'y montre encore avec la physionomie bénédictine ; les plaintes de l'auteur et ses vœux de réforme roulent dans un cercle d'idées fort analogues à celles de saint Bernard. Nulle trace de l'immense révolution accomplie dans la vie religieuse par les ordres mendiants. Quand l'auteur veut citer à ses confrères des modèles d'ordres jeunes et dans toute leur ferveur, il cite les fondations du XI[e] et du XII[e] siècle, les Chartreux, les Cisterciens. Nous avons ici évidemment la dernière voix du monachisme dans sa forme antique et pure, avant la radicale transformation qu'il subit au milieu du XIII[e] siècle : vie tranquille et assez libre, point de pratiques mesquines, la sainteté dans l'âme et non à l'extérieur. Une fois, il est vrai (liv. III, chap. L), nous trouvons cité l'*humble saint François*. Mais ce passage, qui est du reste suspect d'interpolation, serait loin de prouver contre notre thèse. Passé 1250, quand saint François est devenu un second Christ, une sorte d'incarnation, « un soleil qui sort d'Assise, comme

l'autre sort du Gange » (Dante, *Paradis*, chap. XI), une telle épithète ne se comprendrait guère. Remarquons d'ailleurs que le mot cité n'est pas textuel et semble rapporté sur ouï-dire. En 1215, le patriarche des Mendiants passa à Verceil : Gersen devait être alors abbé de Saint-Étienne ; peut-être vit-il le saint déjà célèbre, et recueillit-il de sa bouche ce mot qui resta gravé dans son souvenir.

Un second résultat qui paraît fort probable, c'est que le livre de l'*Imitation* est originaire de l'Italie. Il en a le génie, peu profond mais limpide, éloigné des spéculations abstraites, mais merveilleusement propre aux recherches de philosophie pratique. La haute mysticité transcendante n'a jamais été le fait de l'Italie. La direction de l'enthousiasme y est surtout politique et morale. Comparée à sainte Thérèse, sainte Catherine de Sienne, la grande mystique de l'Italie, est en réalité un personnage tout politique : réconcilier les villes, négocier entre les guelfes et les gibelins, juger les prétentions des papes rivaux, défendre les intérêts de Sienne, voilà sa vie. De Pétrarque à Manzoni et à Pellico, on pourrait retrouver en Italie une série non interrompue d'âmes fines et distinguées, modérément ambitieuses en philosophie, mais fort délicates en morale, à la tête desquelles j'aime à placer l'auteur de l'*Imitation*. Il appartient de plus près encore à la famille spirituelle des Jean de

Parme, des Ubertin de Casale, qui, partant du mystérieux abbé de Calabre, Joachim de Flore, s'en vont, sous la bannière de l'*Evangile éternel*, faire leur jonction avec l'ordre de saint François, et continuent en Italie, durant tout le moyen âge, le culte du libre esprit.

D'un autre côté, les Pays-Bas et les provinces du Rhin étaient comme prédestinés, par la tranquille mysticité qu'ils inspirent, à devenir pour l'*Imitation* une seconde patrie. Créée par l'Italie, elle devait d'abord être appréciée dans le pays de Ruysbroek, de Gérard Groot et d'a-Kempis.—Il est permis de dire, au contraire, que ce livre n'a rien de français. La France n'a jamais été bien convaincue de la vanité du monde ; elle n'a guère pris ce thème-là que comme un lieu commun prêtant à de beaux développements oratoires. Le sens exact et ferme des choses de la terre, voilà son partage. La France n'est, par son caractère essentiel, ni poétique ni mystique : l'essence de la poésie et de la mysticité consiste à dépasser le monde ; or l'esprit français est de tous le plus parfaitement en harmonie avec les proportions de notre planète ; il en a mesuré les dimensions d'un coup d'œil, et ne va pas au delà.

Quand on recherche l'origine de cette idée de la *vanité du monde*, qui est devenue la base de la mystique chrétienne, on est conduit à en trouver la première

expression dans le livre de l'Ecclésiaste : or le livre de l'Ecclésiaste appartient par son style aux plus basses époques de la langue hébraïque, et est sans doute bien postérieur à la captivité. C'est donc là une idée relativement moderne, se rattachant, d'une part, au caractère de la race sémitique, qui prend toute chose d'une façon égoïste et personnelle ; de l'autre, au défaut de curiosité et à l'infériorité des facultés scientifiques qui caractérise cette même race. On supposa que Salomon, après avoir épuisé la science, le pouvoir et le plaisir, arriva à cette conclusion finale : *Vanité des vanités, tout est vanité.* Jamais une pareille idée ne fût venue aux peuples indo-européens, aux Grecs et aux Romains, par exemple, qui prenaient la vie sans arrière-pensée, et ignorèrent, jusqu'à leur conversion aux idées juives et chrétiennes, la maladie du dégoût. Le christianisme rendit ce sentiment tout à fait dominant, et en fit un des éléments les plus essentiels de son éloquence. A partir du v^e siècle, le monde a vécu de ces deux mots : *Vanité des vanités..... Une seule chose est nécessaire.* L'*Imitation* est la plus parfaite et la plus attrayante expression de ce système, grand et poétique, sans doute, mais que l'esprit moderne ne saurait accepter qu'avec bien des réserves.

Le mysticisme, en effet, négligea trop un élément essentiel de la nature humaine, la curiosité, cet attrait

qui porte l'homme à pénétrer le secret des choses et à devenir par la science, suivant l'expression de Leibnitz, un miroir de l'univers. L'Ecclésiaste ne dirait plus de nos jours : « Rien de nouveau sous le soleil.....; ce qui « est, est ce qui a été ; ce qui a été, est ce qui sera. » L'Ecclésiaste n'avait vu qu'un point bien réduit de l'universalité des choses; il prenait le ciel pour une voûte solide, et le soleil pour un globe suspendu à quelques lieues en l'air ; l'histoire, cet autre monde, n'existait pas pour lui. L'Ecclésiaste avait senti, je veux l'en croire, tout ce que le cœur de l'homme est capable de sentir; mais il ne se doutait pas de tout ce qu'il est permis à l'homme de savoir. L'esprit humain, de son temps, débordait la science; la science, de nos jours, déborde l'esprit humain. Je ne puis admettre que celui qui saurait, en poëte et en philosophe, tout ce que savent ou devraient savoir l'Académie des sciences et l'Académie des Inscriptions, pût dire encore : « Augmenter sa science, c'est augmenter sa peine..... J'ai appliqué mon esprit à la science, et j'ai vu que c'était la pire occupation que Dieu ait donnée aux fils des hommes..... » Il me semble, au contraire, que l'esprit humain, en notre siècle, sortira de l'état de marasme où l'ont plongé tant de mécomptes, d'abord par le sentiment moral, qui a le privilége de survivre dans les natures nobles à toutes les déceptions, puis par la curiosité, par ce penchant qui

fait que, même désabusé, on s'attache à ce monde et on le trouve digne d'étude et d'attention.

Oui, sans doute, une seule chose est nécessaire. C'est un beau mot qu'il faut accepter dans toute sa portée philosophique, comme le principe de toute noblesse spirituelle, comme la formule expressive, quoique dangereuse en sa brièveté, de la grande moralité. Mais l'ascétisme, en proclamant cette simplification de la vie, entendit d'une façon si étroite la seule chose nécessaire, que son principe devint avec le temps pour l'esprit humain une chaîne intolérable. Parmi les choses intellectuelles, qui sont toutes saintes, on distingua le sacré et le profane. Le profane, grâce aux instincts de la nature, plus forts que les principes d'un ascétisme exclusif, ne fut pas entièrement banni ; on le tolérait, quoique vanité. Quelquefois même on s'adoucissait jusqu'à l'appeler la moins vaine des vanités ; mais si l'on eût été conséquent, on l'eût proscrit sans pitié : c'était une faiblesse à laquelle les parfaits renonçaient. Ainsi la nature humaine se trouva mutilée dans sa portion la plus élevée. En réalité, il y a dans la vie spirituelle très-peu d'actes tout à fait profanes. Une seule chose est nécessaire, mais cette chose renferme l'infini. Tout ce qui a pour objet les formes pures de la vérité, de la beauté, de la bonté morale, c'est-à-dire, pour prendre l'expression la plus consacrée par les respects de l'hu-

manité, Dieu lui-même, perçu et senti par l'intelligence de ce qui est vrai et l'amour de ce qui est beau, tout cela est sacré, tout cela est digne de la passion des belles âmes. Le reste, nous l'accordons volontiers à l'Ecclésiaste, n'est que vanité et affliction d'esprit.

Voilà ce que l'auteur de l'*Imitation* ne comprit guère. Il ne sortit jamais de sa cellule de Verceil. Il ne lut d'Aristote que la première ligne, *Omnis homo naturaliter scire desiderat*, et il ferma le livre tout scandalisé : « A quoi sert, dit-il, de savoir des choses sur lesquelles nous ne serons point examinés au jour du jugement? » (Liv. I, ch. II et III.) C'est par là qu'il est incomplet, mais c'est par là aussi qu'il nous charme. Que je voudrais être peintre pour le montrer tel que je le conçois, doux et recueilli, assis en son fauteuil de chêne, dans le beau costume des bénédictins du Mont-Cassin ! Par le treillis de sa fenêtre, on verrait le monde revêtu d'une teinte d'azur, comme dans les miniatures du XIV[e] siècle : au premier plan, une campagne parsemée d'arbres légers, à la manière du Pérugin ; à l'horizon, les sommets des Alpes couverts de neige..... Ainsi je me le figurais à Verceil même, en feuilletant les manuscrits maintenant déposés au Dôme, et dont plusieurs peut-être ont passé par ses mains.

La vie monastique, entre beaucoup de fruits excellents, avait l'avantage de soustraire à la vulgarité quel-

ques âmes choisies, destinées à une mission spéciale d'enseignement religieux ou moral. Les hommes ne placent pas haut ce qu'ils voient à leur niveau. Pour exercer sur eux une grande action morale, religieuse, politique même, dans le sens élevé du mot, il ne faut pas trop leur ressembler. Ce don cruel, qui condamne à l'isolement l'homme voué au culte d'une idée, se décèle de bonne heure par un certain embarras qui le fait paraître gauche, déplacé, ennuyé au milieu des autres. On voit qu'il vit haut et qu'il a peine à s'abaisser; il ne sait pas dire les choses vulgaires; sa réserve excite chez les personnes ordinaires un sentiment de respect mêlé d'une certaine antipathie. La vie religieuse, aux époques où les croyances qu'elle suppose pouvaient convenir à des esprits cultivés, était un excellent asile pour ces âmes-là. Une personne qui avait passé de la vie religieuse à la vie séculière me disait qu'elle fut d'abord frappée de rencontrer en dehors du cloître beaucoup plus d'esprits élevés et sérieux qu'on ne le lui avait fait croire, mais aussi qu'elle fut surprise de trouver en général le monde si commun, préoccupé de soins de ménage et d'une foule de choses qui n'ennoblissent pas. Je ne voudrais pas exagérer l'importance de cette espèce de gentilhommerie spirituelle, sans laquelle on peut fort bien être un homme utile et même un honnête homme. Mais il est certain qu'en perdant les

institutions de la vie monastique, l'esprit humain a perdu une grande école d'originalité. La distinction s'acquiert également par la pratique d'une aristocratie intellectuelle et par la solitude. Or, tout ce qui a contribué à maintenir dans l'humanité une tradition de noblesse morale est digne de respect et, en un sens, de regrets, lors même que ce résultat a dû être acheté par beaucoup d'abus et de préjugés.

JEAN CALVIN.

M. Jules Bonnet, déjà connu par d'excellents travaux sur l'histoire de la Réforme, et en particulier par une biographie pleine d'intérêt d'Olympia Morata, vient de publier en deux volumes la collection des lettres françaises de Calvin [1]. Cette précieuse correspondance n'avait point été recueillie jusqu'ici d'une manière complète. « Près de retourner à Dieu, raconte Théodore de Bèze, Jean Calvin, toujours préoccupé des intérêts de l'Église, me recommanda son trésor, c'est-à-dire un vaste

[1] *Lettres de Jean Calvin, recueillies pour la première fois et publiées d'après les manuscrits originaux.* Lettres françaises. 2 vol. Paris, C. Meyrueis.

amas de papiers, voulant que, s'il s'y trouvait quelque chose d'utile aux églises, on le mît au jour. » Ce vœu de l'apôtre mourant n'obtint au xvi^e siècle qu'une imparfaite réalisation. Les luttes qui absorbaient toute l'activité des esprits, les catastrophes et les massacres qui suivirent de près la mort du réformateur, et plus encore les scrupules d'admirateurs respectueux, préoccupés à la fois des ménagements dus aux contemporains et des égards réclamés par une mémoire qui leur était chère, tout parut conspirer à l'ajournement de la tâche léguée par Calvin à ses amis. Nous n'avons plus à le regretter, puisqu'un jeune et laborieux historien vient de recueillir avec la piété d'un disciple et l'exactitude d'un savant impartial ces archives du berceau de sa foi. Le travail de M. Bonnet ne laisse qu'un désir, c'est que le recueil des lettres latines vienne compléter le plus tôt possible les deux volumes consacrés aux lettres françaises. N'aurait-il pas été préférable de fondre en une seule série les deux classes de lettres et de présenter suivant un ordre rigoureusement chronologique la correspondance du réformateur ? Il est permis de le croire. Je n'ignore pas les raisons qui ont porté les éditeurs à suivre un autre plan ; ils ont pensé que les lettres françaises pouvaient avoir un intérêt de littérature ou de piété pour des personnes qui ne liraient pas les lettres latines ; mais c'est là un motif que le lecteur désintéressé n'acceptera

qu'avec peine. Le recueil des lettres de Calvin est avant tout un document historique; c'est le rapetisser que d'y chercher un intérêt littéraire, et c'est le fausser que d'en faire un livre d'édification.

Le caractère de Calvin, tel qu'il résulte de ces textes nouveaux, est-il sensiblement différent de celui qu'il était permis de tracer d'après l'histoire et les parties déjà publiées de sa correspondance? Il y aurait quelque exagération à le prétendre. Calvin était un de ces caractères absolus, coulés d'une seule pièce, qu'on aperçoit tout entiers du premier coup : une lettre, un acte suffirait pour le juger. Nul repli dans cette âme inflexible, qui ne connut jamais le doute ni l'hésitation. Les natures qui réservent à l'histoire des secrets inattendus et qui à chaque révélation posthume se montrent sous des aspects nouveaux sont ces natures flexibles et riches qui, supérieures à leur action, à leur destinée, à leurs opinions mêmes, ne se sont livrés au monde qu'à demi et ont toujours gardé un côté mystérieux par lequel elles ont communiqué librement avec l'infini. Dieu, qui abandonne le monde aux violents et aux forts, leur refuse presque toujours les dons de finesse qui seuls dans les choses spéculatives mènent à la vérité. La vérité est tout entière dans la nuance; or, pour exercer une action puissante dans le monde, il ne faut pas voir les nuances, il faut croire qu'on a seul entièrement raison, et que ceux

qui pensent d'une autre manière ont entièrement tort. L'esprit délicat et dégagé de passion, critique pour lui-même, voit les côtés faibles de sa propre cause et est tenté par moments d'être de l'avis de ses adversaires. Au contraire, l'homme passionné et absolu dans ses opinions identifie hardiment sa cause avec celle de Dieu, et procède avec l'audace que doit naturellement donner cette assurance. Le monde lui appartient, et c'est justice, car le monde ne marche que par l'impulsion de ces fermes esprits; mais les délices de la pensée lui sont refusées; il ne voit jamais le vrai dans sa forme épurée; dupe de lui-même, il meurt sans avoir atteint la sagesse.

Cette âpreté inflexible, qui doit faire le caractère essentiel de l'homme d'action, Calvin l'eut mieux que personne. Je ne sais si l'on trouverait un type plus complet de l'ambitieux, jaloux de faire dominer sa pensée parce qu'il la croit vraie. Nul soin de la richesse, des titres, des honneurs; nul faste; une vie modeste, une apparente humilité; tout sacrifié à l'envie de former les autres à son image. Je ne vois guère qu'Ignace de Loyola qui puisse lui disputer la palme de ces terribles emportements; mais Loyola y mettait une ardeur espagnole et un entraînement d'imagination qui ont leur beauté; il resta toujours un ancien lecteur de l'Amadis, poursuivant, après la chevalerie mondaine, la chevalerie spirituelle, tandis que Calvin a toutes les duretés de la passion sans

en avoir l'enthousiasme. On dirait un interprète juré s'arrogeant un droit divin pour définir ce qui est chrétien ou anti-chrétien. Sa correspondance, haute, grave, stoïque, manque entièrement de charme; rien n'y vit; jamais on n'y sent un elan spontané ni un accent du cœur. Son style est de même ferme et nerveux, mais sec, éteint, embarrassé, souvent obscur, sans doute parce que les terreurs et la contrainte du temps l'obligeaient à s'exprimer à demi-mot. On dit que ses lettres latines le montrent par un côté plus tendre, et c'est là précisément une des raisons pour lesquelles on peut regretter que M. Bonnet ne nous ait pas fait lire de suite les deux correspondances. Dans celle-ci, je ne vois que rigueurs; une conviction grave, un esprit chagrin, voyant partout le péché, comprenant la vie comme une expiation. Un seul moment, à propos de la naissance d'un enfant, il essaye de sourire, mais c'est pour détonner de la plus étrange manière, et bientôt retomber dans sa tristesse. « Il me faict mal que je ne puis là estre avecque vous du moins ung demy jour, pour rire avecque vous, en attendant que l'on fasse rire le petit enfant en payne d'endurer cependant qu'il crye et pleure. Car c'est la première note pour entonner au commencement de ceste vie, pour rire à bon escient quand nous en serons sortys. »

Il est surprenant qu'un homme qui dans sa vie et dans ses écrits se montre à nous si peu sympathique ait été

en son siècle le centre d'un immense mouvement, et que ce ton âpre et dur ait exercé sur l'esprit des contemporains un si grand prestige. Comment, par exemple, une des femmes les plus distinguées de son temps, Renée de France, en sa cour de Ferrare, entourée de la fleur des beaux esprits de l'Europe, fût-elle éprise de ce maître sévère et engagée par lui dans une voie qui devait être semée de tant d'épines? On n'exerce ce genre de séduction austère que quand on travaille vraiment avec l'opinion. Sans cette ardeur vive, profonde, sympathique qui fut un des secrets de la fortune de Luther, sans le charme et les dangereuses mollesses de François de Sales, Calvin réussit, parce qu'il fut l'homme le plus chrétien de son siècle, en un siècle et un pays qui voulait une réaction chrétienne. Sa morosité même fut la condition de son succès ; car les personnes sérieusement religieuses sont plus facilement gagnées par la sévérité que par le relâchement; elles préfèrent les chemins étroits aux voies larges et faciles, et le plus sûr moyen de se les attacher est de leur demander beaucoup, sans avoir l'air de leur rien concéder. Ai-je besoin d'ajouter que pour les traits essentiels de droiture, d'honnêteté, de conviction, la correspondance publiée par M. Bonnet lave complétement le réformateur des calomnies inventées par la haine et l'esprit de parti? Deux lettres fabriquées par un faussaire maladroit pour

souiller sa mémoire, et que les historiens superficiels depuis Voltaire semblent s'être donné le mot pour reproduire, sont victorieusement rejetées au rang des pièces apocryphes. Si l'argumentation de M. Bonnet sur ce point n'était péremptoire, elle trouverait une confirmation décisive dans les nouvelles recherches de M. Charles Read sur le même sujet, recherches fondées sur la comparaison des prétendus autographes de Calvin avec les pièces mêmes sorties de sa main [1].

La conséquence inévitable du caractère et de la position de Calvin était l'intolérance. Toutes les fois que l'homme se laisse dominer par une opinion qu'il croit être la vérité complète, absolue, évidente à tel point qu'en ne l'embrassant pas on est aveugle ou coupable, il est nécessairement intolérant. C'est, au premier coup d'œil, une étrange contradiction que celle de Calvin réclamant avec chaleur la liberté pour lui et les siens et la refusant aux autres. Mais en réalité cela est tout simple : il croyait autrement que les catholiques, mais il croyait aussi absolument qu'eux. Ce qu'on regarde bien à tort comme l'essence du protestantisme naissant, la liberté de croire, le droit individuel de se faire à soi-même son symbole, n'a guère été entrevu au XVIe siècle. Sans

[1] *Bulletin de la Société de l'histoire du Protestantisme français*, 4e année, 1er cahier.

doute cet appel de l'Église à l'Écriture, qui faisait l'âme de la Réforme, devait en définitive tourner au profit de la critique, et en ce sens les premiers réformateurs sont vraiment les ancêtres de la libre pensée. Mais c'était sans qu'ils le sussent ni le voulussent. Les catholiques ont dit avec quelque raison de la Révolution française : « Faite contre nous, Dieu aidant, elle a tourné pour nous; » les philosophes peuvent en dire autant de la Réforme. L'histoire offre de nombreux exemples où les doctrines d'un parti et les tendances cachées que ce parti représente se montrent ainsi en pleine contradiction. Dans la querelle des jésuites et des jansénistes, les jésuites soutenaient une doctrine plus conforme à la raison et plus respectueuse pour la liberté que celle de leurs adversaires ; et pourtant le jansénisme fut au fond un mouvement libéral, auquel on conçoit que les hommes les plus honnêtes et les plus éclairés se soient ralliés.

Ce zèle violent, qui entraîne l'homme convaincu à procurer le salut des âmes par des moyens de haute lutte et sans tenir compte de la liberté, éclate dans toute la correspondance de Calvin. Écrivant au régent d'Angleterre pendant la minorité d'Édouard VI : « A ce que j'entends, Monseigneur, vous avez deux espèces de mutins qui se sont eslevez contre le roy et l'estat du royaume : les uns sont gens fantastiques, qui soubs

couleur de l'Evangile vouldroient mettre tout en confusion; les aultres sont gens obstinés aux superstitions de l'Antechrist de Rome. Tous ensemble méritent bien d'estre réprimés par le glayve qui vous est commis, veu qu'ils s'attaschent non seulement au roy, mais à Dieu qui l'a assis au siége royal, et vous a commis la protection tant de sa personne comme de sa majesté. » Le modèle qu'il lui propose, et plus tard au roi d'Angleterre, est celui du saint roi Josias, que Dieu loua pour « avoir aboli et *raclé* tout ce qui ne sert qu'à nourrir superstition. » L'exemple qu'il leur fait craindre est celui des rois qui, « ayant abatu les idolâtres, mais n'ayant point *raclé* tout entièrement, » sont blâmés pour « n'avoir point abatu les chappelles et lieux de folle dévotion. » Comme les catholiques, Calvin ne réclame pas la tolérance au nom de la liberté, mais au nom de la vérité. Quand il engage les magistrats civils à sévir contre « les incorrigibles qui méprisent les peines spirituelles et ceux qui professent de nouveaux dogmes, » l'idée ne lui vient pas un moment que le même principe pourrait être tourné contre les siens, et, voulant se défendre du meurtre de Servet, il écrit sans sourciller ce titre terrible: *Defensio orthodoxæ fidei...., ubi ostenditur hæreticos jure gladii coercendos esse.*

Ces violences n'étonnaient alors personne et étaient en quelque sorte le droit commun : Bolsec, chassé violem-

ment de Genève ; Gruet, décapité ; Gentilis, n'échappant pour un temps à l'échafaud que par la rétractation ; Servet, subissant sous les yeux de Farel son atroce supplice, ne sont pas des actes isolés. L'aigreur et la menace reviennent comme un sentiment naturel sous la plume de Calvin : « Sçachant en partie quel homme c'était, écrit-il à M^{me} de Cany à propos d'un inconnu, j'eusse voulu qu'il fust pourry en quelque fosse, si ce eût été à mon souhait, et sa venue me réjouit autant comme qui m'eust navré le cœur d'un poignart.... Et vous assure, Madame, s'il ne fust si tost eschappé, que, pour m'acquitter de mon debvoir, il n'eust pas tenu à moy qu'il ne fust passé par le feu. » On reconnaît ici la terrible franchise de celui qui écrivait, à propos de Servet : *Si venerit, modo valeat mea auctoritas, vivum exire non patiar*, qui fournissait lui-même à l'inquisition de Vienne des preuves contre cet infortuné, et faisait remettre à l'archevêque de Lyon les feuillets du livre qui devait servir à allumer son bûcher [1].

La mort même ne l'apaisait pas. Trois ans après l'exécution de Gruet, on trouva dans un galetas un ouvrage autographe, où le chanoine rebelle exprimait avec rage et désespoir les pensées qu'en des temps

[1] Voir la belle étude de M. E. Saisset sur Servet, dans la *Revue des Deux Mondes*, février et mars 1848.

meilleurs il aurait eu le droit d'exposer avec calme et sagesse. Calvin, ne jugeant pas cet écrit assez puni par la mort de son auteur, le fit brûler par la main du bourreau, et en dressa lui-même la censure. Au lieu de la pitié que réclamaient les rêves d'un esprit exaspéré, se vengeant de la contrainte par la violence du langage, il n'a que de la colère pour ce qu'il appelle « des blasphêmes si exécrables qu'il n'y a créature humaine qui ne doibve trembler à les ouyr. » Cet infortuné, voué à la mort par la fatalité, coupable d'avoir dit en mauvais style au XVIe siècle ce qui se dit en bon style au XIXe, est pour lui « l'adhérent d'une secte infecte et plus que diabolique.... dégorgeant telles exécrations dont les cheveux doibvent dresser en la teste à tous, et qui sont infections si puantes pour rendre tout un pays mauldict, tellement que toutes gens ayant conscience doibvent requérir pardon à Dieu de ce que son nom a été ainsi blasphémé entre eux. »

Les sévérités de Calvin en ce qui touche à la morale privée nous étonnent et nous blessent peut-être plus encore que celles qui lui étaient dictées par l'orthodoxie. Trop porté à faire bon marché de la liberté humaine, et préoccupé exclusivement de la réforme des mœurs, il faussa de tout point la notion de l'Etat, et fit de Genève une sorte de république théocratique, gouvernée par les ministres et où l'inquisition s'étendait à toute la vie.

L'état des âmes se tenait à Genève au XVIe siècle, comme en Italie de nos jours. Une *visitation* annuelle de maison en maison fut établie, pour interroger les habitants sur leur foi, discerner les ignorants et les endurcis d'avec les fidèles. Les plus amères ironies reviennent sous la plume du réformateur contre ce parti des *libertins*, qui fit à ses rigueurs une opposition impuissante. « Il y a bien eu quelques murmures et menaces des gens desbauchés qui ne peuvent porter le chastiement. Mesme la femme de celui qui vous devoit aller veoir (Amédée Perrin) et vous escrivit de Berne s'estoit élevée bien fièrement. Mais il a fallu qu'elle ait gagné les champs pource qu'il ne faisoit pas bon en la ville pour elle. Les aultres baissent bien la teste, au lieu de lever les cornes. Il y en a un (Gruet) qui est en danger de payer un escot bien chier; je ne sçay si la vie n'y demeurera point. Il semble advis aux jeunes gens que je les presse trop. Mais si la bride ne leur estoit tenue roidde, ce seroit pitié. Ainsi il faut procurer leur bien, malgré qu'ils en ayent. » Et ailleurs : « Vray est que Sathan a icy assez d'allumettes. Mais la flamble s'en va comme celle des estouppes. La punition capitale qu'on a faict d'un de leurs compagnons (Gruet) leur a bien abatu des cornes. Quant à vostre hoste (Amédée Perrin), je ne sçay quelle mine il nous tiendra à son retour. Cependant sa femme a tant faict la diablesse, qu'il a

fallu qu'elle ait gagné les champs. Il y a desjà environ deux mois qu'il est absent. Il faudra qu'il file doux à son retour. »

Hâtons-nous de le dire, il y aurait une suprême injustice à juger par ces rigueurs le caractère de Calvin. La modération et la tolérance, vertus suprêmes des âges critiques comme le nôtre, ne sauraient être le fait d'un siècle dominé par des convictions ardentes et absolues. Persuadé que la saine croyance est le bien suprême, auprès duquel l'existence terrestre est peu de chose, et assuré qu'il possède exclusivement la vérité, chaque parti doit être alors inexorable pour tous les autres. De là une terrible réciprocité. L'homme qui fait peu de cas de son existence et est prêt à la donner pour sa foi est bien tenté de faire peu de cas de celle des autres. La vie humaine, dont les époques modérées se montrent si justement avares, est sacrifiée avec une effrayante prodigalité. Les abominables excès de 1793 ne peuvent s'expliquer que par une de ces crises où la vie humaine tombe, si j'ose le dire, à vil prix. Une sorte de frénésie s'empare des esprits; on reçoit et on donne la mort avec une égale froideur. Représentons-nous l'état d'exaltation où devait vivre le fervent disciple de la Réforme quand lui arrivait de Paris, de Lyon, de Chambéry, la nouvelle des tortures endurées par ses coréligionnaires. L'histoire n'a pas assez insisté sur l'atrocité de ces persécutions et

sur la résignation, le courage, la sérénité de ceux qui les souffrirent. Il y a là des pages dignes des premiers siècles de l'Eglise, et je ne doute pas qu'un récit simple, pénétrant, composé avec les pièces et les correspondances du temps, de ces sublimes combats n'égalât en beauté l'ancien martyrologe. La voix de Calvin dans ces moments d'épreuves atteint une plénitude, une hauteur vraiment admirables. Ses lettres aux martyrs de Lyon, de Chambéry, aux prisonnières du Châtelet, semblent un écho des temps héroïques du christianisme, des pages détachées des écrits de Tertullien ou de Cyprien. J'avoue qu'avant d'avoir été introduit par M. Bonnet dans ce sanglant intérieur de martyrs, je n'avais compris ni la noblesse des victimes ni la cruauté de leurs bourreaux. D'autres persécutions sans doute ont été plus meurtrières : Philippe II versa plus de sang ; quel persécuteur ne pâlirait auprès du duc d'Albe? Mais c'était la foi du moins qui en Espagne et dans les Pays-Bas allumait les bûchers et dressait les échafauds. Ces hécatombes offertes à la vérité (c'est-à-dire à ce qu'on croyait tel) ont leur grandeur, et il ne faudrait plaindre qu'à demi ceux qui succombèrent dans cette lutte grandiose, où chacun combattait pour son Dieu : la foi les immola, comme la foi les soutint. Mais que Sardanapale (c'est le nom sous lequel François I{er} figure dans la correspondance de Calvin), pour servir les intérêts de sa politique

ou sauver le repos de ses plaisirs, se fasse le vengeur d'une croyance qu'il n'a pas, voilà l'odieux et l'horrible. La foi absolue de l'Espagne couvre d'une sorte de poésie la flamme de ses bûchers; on prend une haute idée de la noblesse humaine à voir l'homme barbare, livré à toute l'impétuosité de ses instincts, préférer ainsi la foi à la vie, recevoir et donner la mort pour une opinion abstraite. Mais en voyant dans le pays de l'indifférence, en pleine civilisation, de nobles femmes brûlées, des enfants torturés, des langues coupées, des trentaines d'infortunés « *trempant* et languissant dans les fonds de fosses du Châtelet » en attendant leur supplice, et le roi, pour preuve de zèle, déclarant « qu'il ne se contentait pas de sa cour du Parlement de Paris, et faisant tancer ses conseillers comme nonchalans et tardifs, pour ce que ils ne brusloient point assez à la hâte, » le seul sentiment est celui de l'indignation, et l'on se surprend à douter de la valeur morale d'un pays qui a pu souffrir et provoquer ce jeu exécrable de la vie.

Ne nous étonnons donc pas si Calvin nous paraît si sévère, si âpre dans sa conviction, si intolérant pour celle d'autrui. Comment croire à demi ce pour quoi l'on est proscrit? Quelle est la foi chancelante qui ne deviendrait fanatique par la torture? La jouissance de souffrir pour sa foi est si grande qu'on a vu plus d'une fois les natures passionnées

embrasser des opinions pour avoir le plaisir de s'y sacrifier. La persécution est en ce sens une condition essentielle de toutes les créations religieuses. Elle a une merveilleuse efficacité pour fixer les idées, chasser les doutes, et il est permis de croire que ce qu'on appelle (à tort, selon moi) le scepticisme de notre temps céderait devant cet énergique remède. Nous sommes timides, indécis; nous croyons à peine à nos propres idées; peut-être, s'il nous était donné d'être persécutés pour elles, finirions-nous par y croire. Ne le désirons pas; car dès lors nous deviendrions intolérants et persécuteurs à notre tour.

Que cette rigueur de caractère, qui fit la force de Calvin, soit préjudiciable au développement de l'intelligence et exclue la flexibilité du libre esprit, entraîné dans tous les sens par l'amour désintéressé du beau et du vrai, cela est incontestable. Mais la puissance d'action n'est qu'à ce prix : la largeur d'esprit ne saurait rien fonder; ce sont les pensées étroites qui réunissent les hommes. Les fondateurs se montrent à nous en général comme des esprits peu étendus et peu aimables. On est surpris d'abord, en parcourant les lettres de Calvin, d'y trouver plutôt la correspondance d'un homme d'État et d'un administrateur, chargée d'affaires et de détails, que celle d'un penseur ou d'un ascète. Sa théologie même est peu transcendante : assez

dégagé de la scolastique, plus légiste que théologien, il n'obéit pas, en opérant sa réforme, à des considérations spéculatives, mais à des vues de morale pratique. Ses longues professions de foi fournissent à peine quelques lignes que la pensée de notre temps puisse s'assimiler avec avantage : le symbole y a perdu toute sa grandeur; la philosophie en est faible; toute imagination, toute poésie a disparu. Mais qu'il serait injuste de s'arrêter là! Qu'importe que Calvin ait été un philosophe et un théologien médiocre, si cette médiocrité même était la condition de l'œuvre qu'il devait accomplir? Un penseur solitaire et sans passion eût-il réussi comme lui à soulever le poids du moyen âge et à reculer hardiment de dix siècles en arrière dans l'histoire du christianisme? Le calvinisme de même, sans sa forte organisation aristocratique, sans la tutelle vigoureuse à laquelle il soumettait la conscience individuelle, eût-il victorieusement résisté à de si furieuses attaques, et conservé en France un levain impérissable? La force ne s'obtient d'ordinaire qu'au prix de grands sacrifices demandés à la liberté, et il est permis de croire que, dégagée de son caractère sombre et austère, la tentative de Calvin n'eût été, comme tant d'autres, qu'un essai avorté pour échapper à l'énorme pression que le catholicisme était arrivé à exercer sur l'esprit humain.

L'excellent travail de M. Bonnet comptera parmi les

documents le plus essentiels que devra consulter l'historien des révolutions du xvi^e siècle. Malgré ses convictions vives et avouées, M. Bonnet reconnaît les taches qui déparent la vie du réformateur, et blâme son intolérance, en l'expliquant, ainsi qu'il le devait, par l'esprit du temps. Accueillons donc comme un bon augure la promesse que fait dans sa préface le savant éditeur de nous donner une histoire de Calvin composée d'après les pièces originales et authentiques. Il ne faut rien moins que la perspective de cette grande œuvre pour nous faire attendre avec patience la réalisation d'un autre engagement que M. Bonnet a contracté envers le public, je veux dire une *Vie de Rénée de France*. Je regrette pour ma part cet ajournement, qui nous privera longtemps encore de connaître autant qu'elle le mérite l'une des femmes les plus éclairées de son siècle et l'une des âmes les plus nobles de tous les temps. Je sais les raisons qui ont porté M. Bonnet à donner la priorité au sévère réformateur : guidé par les considérations les plus pures et les plus désintéressées, il veut avant tout convertir, et préfère ce qu'il regarde comme un devoir à son goût et au succès. Mais, même au point de vue du prosélytisme, qu'il me permette de combattre sa résolution : la duchesse de Ferrare est un apôtre mieux approprié à notre temps que Calvin. Les femmes étendent leur séduction jusqu'à la théologie;

elles ont bonne grâce à avoir une opinion en ces matières, et la passion qu'elles y mettent leur donne un charme de plus. Rénée de France passant tout le jour à lire des traités sur la messe et la prédestination, cherchant naïvement la vérité sur tout cela, et endurant pour sa conviction les plus héroïques souffrances, est la légende du calvinisme. Le livre où M. Bonnet retracera ce beau spectacle sera un livre ravissant (je n'en veux d'autre preuve que l'épisode déjà publié d'Olympia Morata et l'intérêt que M. Bonnet a su répandre sur cette docte persécutée), tandis que je n'ose espérer que, malgré son talent et son amour, il réussisse à faire de Calvin un personnage aimable.

CHANNING

ET LE MOUVEMENT UNITAIRE AUX ÉTATS-UNIS.

Il est dans la destinée du protestantisme de partager la loi commune des choses humaines, je veux dire de vivre et de se développer sans atteindre jamais un point fixe et un état permanent. C'est là son privilége, ou si l'on veut son anathème. Si l'on croit qu'il y a ici-bas un système complet et donné une fois pour toutes de vérités révélées, il est clair que Bossuet a raison, dans son orgueilleuse *Histoire des Variations,* quand il présente cette perpétuelle mobilité comme le signe assuré de l'erreur. Que si l'on pense au contraire qu'aucun système religieux ou philosophique ne peut prétendre à une valeur exclusive et absolue, il faut louer évidemment

celui qui possède en lui-même des ressources de flexibilité pour s'accommoder au mouvement de l'humanité, se modifier avec elle et poursuivre avec elle des conséquences toujours nouvelles et un but inconnu.

Cette tendance du protestantisme vers un idéal religieux de plus en plus épuré s'est montrée jusqu'ici sous deux aspects assez distincts, selon le génie divers des deux grandes fractions de la réforme. L'Allemagne d'une part, appliquant à la théologie sa profondeur d'esprit, sa haute imagination, sa merveilleuse aptitude aux recherches de la critique, est arrivée à la fin du dernier siècle et au commencement de celui-ci à l'une des formes religieuses les plus grandes et les plus poétiques qu'il soit donné de concevoir. Ce ne fut qu'un moment ; mais quel moment dans l'histoire de l'esprit humain que celui où Kant, Fichte, Herder étaient chrétiens, où Klopstock traçait l'idéal du Christ moderne, où s'élevait ce merveilleux édifice de l'exégèse biblique, chef-d'œuvre de critique pénétrante et de rationalisme élevé ! Jamais sous le nom de christianisme ne tinrent tant et de si grandes choses ; mais le vague et l'indétermination, condition essentielle de la poésie en religion, condamnaient cette belle apparition à ne durer qu'un jour et à ne rien asseoir pour l'avenir. Le schisme des éléments divers qui s'étaient un moment conciliés dans son sein

ne tarda pas à se manifester. Le sentiment religieux pur aboutit à un piétisme étroit, le rationalisme et la critique à des formules négatives et tranchantes assez analogues à celles de notre XVIII[e] siècle ; le catholicisme, qui veille sans cesse pour profiter de toutes les défaillances, envahit le terrain de toutes parts.

La race anglaise de son côté, en Europe et en Amérique, s'attachait à la solution du grand problème posé par la réforme et poursuivait à sa manière la formule d'un christianisme qui pût être accepté par l'esprit moderne. Elle ne porta dans cette œuvre ni la puissance de facultés intellectuelles, ni la haute poésie, ni la liberté de critique, ni la science vaste et pénétrante que l'Allemagne seule, de notre temps, a su appliquer aux choses religieuses. Une grande droiture d'esprit, une admirable simplicité de cœur, un sentiment exquis de moralité, telles furent les données avec lesquelles cette sérieuse et forte race chercha le Christ. L'unitarisme, sorte de compromis assez analogue à celui que tenta au IV[e] siècle le diacre Arius, fut le plus haut résultat de sa théologie ; d'excellentes applications pratiques, un esprit vraiment évangélique, dans le sens le plus élevé qu'on s'est habitué à donner à ce mot, compensent ce qui manque à son œuvre en poésie et en profondeur. On peut dire sans hésiter que de cette direction sont sorties les plus excellentes leçons de morale et de

philosophie sociale qu'ait jusqu'ici entendues le monde. Servie par de bonnes et solides natures, étrangères d'une part aux raffinements et aux caprices de l'artiste, de l'autre aux exigences et aux scrupules du savant, l'honnête et sage école dont nous parlons a prouvé une fois de plus combien les dons de l'esprit sont divers, et quel abîme sépare les vues du génie de la sagesse pratique qui organise d'une manière efficace l'amélioration du genre humain.

Channing, dont le nom, bien nouveau parmi nous, groupe déjà tant de sympathies et de précoces admirations, a été sans contredit le représentant le plus complet de cette tentative tout américaine de religion sans mystères, de rationalisme sans critique, de culture intellectuelle sans haute poésie, qui semble l'idéal auquel aspire la religion des États-Unis. S'il n'est pas le fondateur, Channing est vraiment le *saint* des unitaires. Les bruits qui nous arrivent d'Amérique nous montrent l'opinion de sa sainteté grandissant de jour en jour et confinant presque à la légende. Un charme subit a attiré vers ses écrits un certain nombre d'âmes d'élite en France et en Angleterre. On ne peut donc qu'applaudir à la pensée qui a porté un publiciste et un savant des plus distingués, M. Laboulaye, à attacher son nom à l'introduction parmi nous de ces excellents écrits. Les remarquables études de M. Laboulaye,

publiées dans le *Journal des Débats*, avaient déjà appelé en France l'attention sur le nom de Channing et inspiré aux esprits éclairés le désir de connaître de plus près le maître dont la renommée remplit toute l'Amérique. Le volume de traduction que nous annonçons [1] répond à ce désir : il renferme la partie la plus excellente des œuvres de Channing, ses œuvres sociales. Au début d'une apparition religieuse vraiment propre à notre temps et qui semble assurée d'un grand avenir, il est bon d'étudier avec la sympathie que méritent les bonnes et belles choses, mais sans prédilection décidée, la physionomie de cet illustre réformateur, et de rechercher le rôle que ses idées peuvent être appelées à jouer parmi nous.

I

William Ellery Channing [2] naquit à Newport, dans l'état de Rhode-Island, le 7 avril 1780, d'une famille honnête et aisée. On ne peut dire que son éducation ait

[1] *OEuvres sociales de W.-E. Channing*, traduites de l'anglais, précédées d'un essai sur la vie et les doctrines de Channing, et d'une introduction, par M. E. Laboulaye, membre de l'Institut.

[2] Les détails biographiques qui suivent sont tirés des *Memoirs of Channing* (New-York), recueil plein d'intérêt et qui fait pénétrer au fond de l'âme même de Channing.

été fort distinguée, ni le milieu dans lequel il se forma très-propre à développer un esprit d'une grande portée spéculative. Newport était une ville de commerce et de plaisir, et les détails mêmes dans lesquels entre naïvement son biographe pour relever la société qu'on y trouvait nous en donnent une assez pauvre idée. « De riches marchands, dit-il, des capitaines de marine retirés du service et d'autres personnes attirées par des motifs de santé y formaient une société raffinée et même dissipée. La présence des officiers anglais et français durant la guerre de l'indépendance acheva de polir les manières; il faut même ajouter que, par l'effet du libéralisme français et de la licence de discours si commune parmi les gens de mer, l'impiété était assez répandue dans la plupart des classes..... » Nous comprenons difficilement comment au milieu de marchands et d'officiers retraités, loin des grands centres d'instruction, eût pu se former une de ces puissantes et hautes individualités auxquelles nous donnons le nom de génies. Dès lors, en effet, on sent ce qui manquera un jour à Channing, je veux dire ce raffinement d'esprit qui résulte du contact d'une aristocratie intellectuelle, et que peut-être le milieu populaire, mieux que la société bourgeoise, saurait développer.

Chez un homme voué spécialement aux travaux de l'esprit, ce serait là certes une irréparable lacune; mais

chez un homme destiné, comme Channing, à un apostolat tout pratique, ce fut peut-être un bonheur. Il faut reconnaître que les qualités de finesse et de flexibilité qui s'acquièrent par une culture variée des facultés intellectuelles ne feraient que nuire à l'entraînement de l'apôtre. A force de voir les différents côtés des choses, on devient indécis. Le bien ne passionne plus, car on le voit compensé par une dose presque équivalente de mal. Le mal dégoûte toujours, mais n'irrite plus autant qu'il le devrait; car on s'accoutume à l'envisager comme nécessaire, et parfois même comme la condition du bien. L'apôtre ne doit pas connaître toutes ces nuances. L'honnête Channing dut peut-être à son éducation sobre et peu dissolvante l'avantage de conserver toute sa vie l'énergie de ses tendances morales et le tour absolu de ses convictions. Il eut cet heureux privilége des bons esprits de cotoyer l'abîme sans être pris de vertige, et de voir le monde sous un angle assez réduit pour n'avoir jamais été effrayé de son immensité. En spéculation, il ne dépassa point l'école écossaise, dont il porta la sage modération dans sa théologie. Il ne connut pas bien l'Allemagne et ne la comprit qu'à demi. Ses idées littéraires et ses connaissances scientifiques étaient celles d'un homme instruit et cultivé, mais sans don spécial de pénétration et d'originalité.

Au contraire, sur toutes les questions de l'ordre so-

cial, moral, politique, il pensa de très-bonne heure et avec beaucoup de force. L'idée du communisme, la première et par conséquent la plus fausse qui se présente à l'esprit quand on commence à réfléchir sur la réforme de la société humaine, traversa un moment son esprit; il eut même la tentation de se joindre comme ministre à une société d'émigrants dont le principe était la communauté des biens. Son enfance et sa jeunesse furent travaillées par de grandes inquiétudes qui contrastent étrangement avec le calme profond du reste de sa vie. Quarante ans après cette période d'épreuve, il y reportait avec douceur sa pensée et en parlait en ces termes : « Je vivais seul, consacrant mes nuits à construire des plans et des projets, et n'ayant personne sous mon toit, excepté aux heures des leçons que je donnais; là je travaillai comme je ne l'ai jamais fait depuis. N'ayant pas un être humain à qui je pusse communiquer mes pensées et fuyant les sociétés ordinaires, je passai par des combats intellectuels et moraux, par des troubles de cœur et d'esprit assez vifs et assez absorbants pour m'enlever le sommeil et pour altérer sensiblement ma constitution. J'étais réduit presque à l'état de squelette; cependant c'est avec bonheur que je me rappelle ces jours d'isolement et de tristesse. Si jamais j'ai aspiré de toute mon âme vers la pureté et la vérité, c'est bien alors. Au milieu de rudes

combats, se posa au dedans de moi cette grande question : Obéirai-je aux principes les plus élevés ou les plus humbles de ma nature? serai-je la victime des passions du monde, ou l'enfant et le serviteur de Dieu? Je me souviens que ce grand conflit se passait en moi sans qu'aucune des personnes qui m'entouraient pût même soupçonner ce que j'éprouvais. »

Ses réflexions sur la religion l'amenèrent de très-bonne heure à un profond mécontentement de l'église établie et à une forte antipathie contre les dogmes absolus et terribles du calvinisme. Sa mauvaise humeur contre *cette vulgaire et effroyable théologie,* ainsi qu'il l'appelle, éclate à chaque page de ses écrits. Toute sa théologie se résuma dès lors en un mot : « Dieu est bon. » La manière sévère d'envisager la religion, qu'on regarde comme favorable à la piété, lui semblait un rigorisme cruel qui étend une morne obscurité sur Dieu, sur la vie présente, sur la vie future, et conduit fatalement par la tristesse aux superstitions du paganisme. « La théologie anglaise, écrivait-il vers 1804, me semble, en somme, de bien peu de valeur. Une église établie me paraît le tombeau de l'intelligence. Imposer une croyance fixe, invariable, c'est élever les murs d'une prison autour de l'âme... La timidité, la froideur et la pesanteur qui distinguent généralement tous les livres de théologie doivent être attribuées principalement à la cause dont nous parlons. » Et

quelques années après : « Je sais que le calvinisme est embrassé par beaucoup d'hommes excellents; mais je sais aussi que sur quelques cœurs il a les plus tristes effets, qu'il étend sur eux d'impénétrables ténèbres, qu'il donne naissance à un esprit de servitude et de crainte, qu'il refroidit les meilleures affections, qu'il arrête les plus vertueux efforts, qu'il ébranle quelquefois le siége de la raison. Sur les esprits impressionables, l'influence de ce système est toujours à redouter. Si l'on y croyait, on y trouverait les motifs d'un découragement qui irait jusqu'à la démence. Si moi et tous mes amis bien-aimés et toute ma race nous sommes sortis des mains du Créateur totalement dépravés, irrésistiblement entraînés vers le mal et détestant le bien ; si une partie seulement du genre humain peut se sauver de ce misérable état, et que le reste soit condamné par l'Être qui nous donna une nature perverse et dépravée à des tourments sans fin et à des flammes éternelles, alors je pense qu'il ne reste qu'à se lamenter dans l'angoisse du cœur ; l'existence est une malédiction, et je n'ose dire ce qu'est le Créateur. O Père miséricordieux, je ne puis en parlant de toi me servir des termes que ce système suggère. Non, tu m'as donné trop de preuves de ta bonté pour qu'un tel reproche se trouve sur mes lèvres. Tu m'as créé pour être heureux ; tu m'as appelé à la vertu et à la piété, parce que dans la piété et dans la vertu consiste le bonheur,

et tu n'attends de moi que ce que tu m'as rendu capable d'accomplir. »

L'état religieux auquel Channing se trouva ainsi amené était une doctrine assez analogue à celle des ariens et des pélagiens. Il ne regardait pas l'homme comme entièrement corrompu par le péché, et ne voyait pas dans le Christ le Dieu incarné, descendu sur la terre pour porter le fardeau de nos fautes et pour obtenir par ses propres souffrances notre justification; mais il ne regardait pas non plus l'homme comme étant dans un état normal et s'avançant naturellement vers le bien. Il ne voyait pas seulement dans Jésus-Christ une personne d'un génie religieux supérieur qui, par l'effet d'un tempérament délicat et sous le stimulant de l'enthousiasme de sa nation, avait atteint l'union la plus parfaite avec Dieu. Il se joignait plutôt à ceux qui considèrent le genre humain comme actuellement dégénéré par un abus de la libre volonté. En Jésus-Christ, il reconnaissait un être sublime, qui avait opéré une crise dans la condition de l'humanité, renouvelé le sens moral et touché avec une salutaire efficacité les sources du bien cachées au fond du cœur de l'homme.

Ces doctrines avaient beaucoup d'analogie avec celles de l'unitarisme, qui comptait déjà en Amérique quelques églises. Channing se rallia aux unitaires, et, dès l'âge de vingt-trois ans, il accepta une fonction de pasteur, qu'il

exerça le reste de sa vie dans l'église de *Federal-Street*, à Boston ; mais jamais il n'y porta un esprit de secte ou de parti. Son aversion pour tout établissement officiel en religion lui fit craindre que même la plus large des sectes ne fût encore trop étroite. A peine est-il un de ses sermons où il ne revienne sur cette pensée fondamentale : « Je vous prie de vous souvenir, dit-il, que dans ce discours je parle en mon propre nom. Je ne vous donne les opinions d'aucune secte ; je vous donne les miennes. Moi seul je suis responsable de ce que je dis ; que personne ne m'écoute pour savoir ce que d'autres pensent. J'appartiens, il est vrai, à cette société de chrétiens qui croient qu'il n'y a qu'un seul Dieu, le Père, et que Jésus-Christ n'est pas ce Dieu unique ; mais mon adhésion à cette secte est bien loin d'être entière, et je ne cherche pas à y attirer de nouveaux prosélytes. Ce que croient d'autres hommes est pour moi de peu d'importance. Leurs arguments, je les écoute avec reconnaissance ; leurs conclusions, je suis libre de les accepter ou de les rejeter. Je prends, il est vrai, avec joie le nom d'unitaire, parce qu'on essaye de le décrier, et que je n'ai point appris la religion du Christ pour reculer devant les reproches des hommes. Si ce nom était plus honoré qu'il ne l'est, je serais heureux peut-être de le rejeter ; car je crains les chaînes qu'impose un parti. Je veux appartenir non point à une secte, mais à la communauté des esprits libres

qui aiment la vérité et qui suivent le Christ sur cette terre et dans le ciel. Je désire m'échapper de l'étroite enceinte d'une église particulière, pour vivre sous le ciel ouvert, en pleine lumière, regardant au loin et tout autour de moi, voyant avec mes propres yeux, écoutant avec mes propres oreilles, et suivant la vérité humblement, mais résolument, quelque ardue ou solitaire que soit la voie où elle conduit. Je ne suis donc point l'organe d'une secte; je parle pour moi seul, et je remercie Dieu de vivre dans un temps et dans des circonstances qui me font un devoir d'ouvrir mon âme tout entière avec franchise et simplicité. »

La véritable originalité de Channing est dans cette idée d'un christianisme pur, dégagé de tout lien de secte, dans son aversion contre tout despotisme spirituel, même librement accepté, dans sa haine contre ce qu'il appelle une *dégradante uniformité d'opinions*. Personne n'a trouvé de plus fortes paroles pour condamner la foi officielle et de commande; personne n'a mieux compris qu'une vérité que l'homme n'a pas tirée de son propre cœur, et qu'il s'applique comme une sorte de topique extérieur, est inefficace et sans valeur morale. Le mot croire est antipathique à Channing. Il voit dans l'obéissance requise pour la foi un reste du vieux système qui reposait sur la crainte et sur l'oppression des consciences individuelles par l'autorité constituée. Il croit qu'il vaut

mieux soulever quelques mauvaises passions que de perpétuer l'esclavage et la léthargie. L'unité telle que l'Église l'a entendue depuis son origine lui paraît désormais impossible à poursuivre. L'unité dans la variété, telle est pour lui la loi de l'Église future, et il se berça de ce beau rêve, que la catholicité, imposée par un clergé distinct des fidèles et gardant pour lui le monopole des choses religieuses, serait remplacée dans l'avenir par la communion universelle des chrétiens animés du pur amour.

Cette tolérance libérale et élevée est le côté qui plaît le plus en Channing, et qui lui fait trouver les plus nobles accents; ne nous lassons pas de le citer : « Votre principal devoir à l'endroit de la croyance, dit-il, peut se résumer en deux préceptes : *Respect à ceux qui diffèrent de vous; respect à vous-mêmes*. Honorez les hommes des différentes sectes. Ne vous figurez point que vous ayez le privilége exclusif de la vérité et de la bonté. Ne considérez jamais l'Église du Christ comme renfermée dans les limites d'une invention humaine, mais comme comprenant toutes les sectes. Honneur à tous les hommes ! En même temps, respect à vous-mêmes. Ne souffrez jamais que vos opinions soient traitées avec mépris; mais puisque vous ne les imposez à personne, laissez voir que vous les révérez comme la vérité, et que vous attendez le respect et la courtoisie de ceux qui conversent avec

vous sur ce point. Placez vous toujours sur un pied d'égalité vis-à-vis de chaque secte, et n'enhardissez personne, par votre timidité, à prendre envers vous un ton de dictature, de supériorité ou de mépris. »

Une conséquence singulière de cette largeur indéfinie, de cette exclusion de toute exclusion, fut de le rendre particulièrement tolérant pour la plus intolérante de toutes les sociétés religieuses. Il vit autour de lui le catholicisme calomnié, à demi persécuté, il l'aima. La vive sympathie qu'il conçut pour les écrits de Fénelon, l'influence des beaux souvenirs que Cheverus avait laissés aux États-Unis, et surtout l'avantage qu'avait à ses yeux le catholicisme de n'être pas officiel dans le pays qu'il habitait, déterminèrent ses pensées en ce sens. Il crut à l'avenir de la propagande catholique en Angleterre et, en particulier, du mouvement d'Oxford, parce qu'il y vit une réaction de la conscience individuelle contre l'Église établie. Il s'indigne contre les théologiens qu'alarment les progrès du catholicisme et qui se croient eux-mêmes aussi infaillibles que le pape. « Ne sentent-ils pas, dit-il, que si les hommes doivent choisir entre deux infaillibilités, ils choisiront le pape comme la plus ancienne et celle qui est soutenue par le plus grand nombre de voix? Ce système n'a pu durer si longtemps ni s'étendre si loin sans avoir quelque fondement profond dans notre nature. Les idées et les mots d'*église* et d'*antiquité* ont un

charme puissant. Les hommes, dans leur faiblesse, leur ignorance et leur paresse, aiment l'abri où ils trouvent une vaste organisation que le temps a consacrée. Que nous devenons forts et fiers quand nous sommes soutenus par la foule, par un grand nom et par l'autorité des âges ! Il n'est pas étonnant que l'Église romaine revive en ce moment, quand une crainte maladive des innovations réagit contre l'esprit de réforme et entraîne les hommes vers le passé. Ce mouvement d'Oxford a beaucoup de chances de s'étendre, parce qu'il semble être moins l'œuvre de la police ou de l'ambition du clergé que d'un fanastisme réel. »

Tel fut Channing durant quarante ans dans sa chaire de *Federal-Street*. Possédé par l'idée exclusive du bien, il vit peu de chose en dehors de ce but suprême. Il visita l'Europe, ne la comprit pas et ne chercha pas à la comprendre. Sa vie extérieure fut simple et douce. En France, où toute vocation exceptionnelle consacrée aux choses divines est mise hors du droit commun et implique le célibat, ce serait un spectacle étrange que celui d'un apôtre, d'un saint, vivant de la vie de tout le monde : l'empire de la vulgarité est si fort parmi nous qu'aucune jeune fille n'eût consenti à épouser Channing. — Nul incident ne traversa cette calme et sereine existence. L'optimisme infatigable qui fut toute sa religion ne l'abandonna pas un moment. « La terre, disait-il, devient

plus jeune avec les années, l'homme meilleur en vieillissant. » Dans le dernier été qu'il passa ici-bas, on se demandait en sa présence à quel âge il fallait placer la période la plus heureuse de la vie ; il sourit et répondit que c'était à *environ soixante ans!* Il avait cet âge alors. Il mourut peu après, en octobre 1842, sans douleur ni tristesse, au coucher du soleil, heure qu'il avait toujours aimée et qu'il fêtait comme sacrée. Il avouait lui-même qu'en avançant dans la vie il avait été de plus en plus heureux. « La vie, écrivait-il, me paraît un don qui acquiert chaque jour une plus grande valeur. Je n'ai pas trouvé que ce fût une coupe écumeuse et pétillante à la surface, mais devenant insipide à mesure qu'on l'épuise. En vérité, je déteste cette comparaison surannée... La vie est une bénédiction pour nous. Si je pouvais voir les autres aussi heureux que je le suis moi-même, quel monde serait le nôtre ! Mais ce monde est bon, malgré l'obscurité qui l'entoure. Plus je vis, plus je vois la lumière percer à travers les nuages. Je suis sûr que le soleil est au-dessus. »

II

Ce fut sans préméditation que Channing devint écrivain. Ses ouvrages ne témoignent aucune ambition

littéraire; il n'en est pas un seul où se remarque la moindre prétention d'art et de style. Channing est un ministre évangélique et un prédicateur : ses œuvres ne sont que des sermons, des lettres spirituelles, ou des articles insérés dans un journal religieux, le *Christian Examiner*. L'idée d'écrire un livre ne lui vint qu'assez tard, et heureusement il ne la réalisa pas. Le plan de ce livre n'était ni neuf ni original. C'eût été un *essay* comme tant d'autres, sur l'homme et la nature humaine, le thème perpétuel de la philosophie anglo-écossaise. Je suis bien porté à croire que l'essai de Channing n'eût pas fait exception à l'ennui de ces sortes de livres, excellents sans doute pour certains degrés de culture intellectuelle, mais qui n'apprennent rien, et ont bien peu de valeur depuis que l'histoire et les considérations générales sur le développement de l'espèce humaine ont presque fait oublier cette mesquine philosophie.

Si Channing n'est pas un écrivain, ce n'est pas davantage un savant ou un philosophe. Il manque d'instruction; ses connaissances historiques sont toutes de seconde ou de troisième main. Il n'a pas ce sentiment délicat des nuances qui s'appelle la critique, sans lequel il n'y a pas d'entente du passé, ni par conséquent d'intelligence étendue des choses humaines. Il est surprenant de voir à quel point les Anglais sont en gé-

néral dépourvus de ce don d'intuition historique si richement départi à l'Allemagne, si largement possédé en France par quelques esprits, pourvu qu'il ne s'agisse pas d'une antiquité trop reculée, ni d'un état intellectuel trop différent du nôtre. A l'heure qu'il est, l'antiquité s'enseigne encore à Oxford comme elle s'enseignait chez nous du temps de Rollin, moins bien peut-être. Pour certaines parties de l'histoire politique, cette médiocre pénétration peut produire des ouvrages estimables et suffisamment vrais; mais pour l'histoire littéraire, religieuse, philosophique, qui est destinée à devenir de plus en plus la grande histoire, et à rejeter dans l'ombre ce qu'on appelait autrefois de ce nom, il faut une tout autre puissance de divination, et telle est l'importance qu'ont prise de nos jours les recherches de cet ordre, qu'on ne peut plus être penseur ni philosophe sans avoir cette qualité-là. Heureusement on peut fort bien sans cela être un honnête homme. Voilà ce que Channing est par excellence; il l'est à ce degré qui devient presque du génie, et vaut au moins mille fois mieux que le talent. Comme tous les hommes nés pour la pratique de la vertu plutôt que pour la spéculation, il a peu d'idées, et des idées fort simples. Il croit à la révélation, au surnaturel, aux miracles, aux prophètes, à la Bible. Il cherche à prouver la divinité du christianisme par des arguments qui ne diffèrent en

rien de ceux de l'ancienne école. Ce puritain, qui marchande si chèrement sa foi, est au fond très-crédule en tout ce qui est de l'histoire, faute d'être rompu à la gymnastique intellectuelle qui résulte d'une longue habitude des problèmes de l'esprit humain.

En même temps qu'il manque de critique, Channing manque aussi du sentiment de la haute originalité. Quand on compare cette âme excellente, ce saint de l'Amérique contemporaine, à ceux qui comme lui, dans le passé, ont été possédés du zèle de la gloire de Dieu ou du bien de leurs frères, un sentiment de tristesse et de froid saisit d'abord. Au lieu de la splendide théologie des âges antiques, au lieu de ce grand enivrement d'un François d'Assise, qui parle si puissamment à l'imagination, on se trouve ici en face d'un honnête gentleman, bien posé, bien vêtu; enthousiaste et inspiré à sa manière, mais sans l'auréole du merveilleux; dévoué, mais sans grandeur; noble et pur, mais sans poésie, si ce n'est d'une poésie toute domestique et privée. Loin de nous ces paradoxes d'esprits incomplets qui, parce qu'ils ont compris la beauté du passé, voudraient reconstruire un monde évanoui avec des regrets d'archéologues, comme si la première condition de l'admiration sérieuse n'était pas d'envisager chaque chose dans son milieu naturel, c'est-à-dire dans son époque. Les éblouissantes fantaisies des religions anciennes ne seraient de nos jours

que chimériques. On ne refait pas un rêve par un acte de la volonté, et on ne peut sans injustice reprocher aux hommes modernes de n'avoir pas les qualités dont l'homme des époques naïves était redevable à son ignorance et à sa simplicité. Il ne serait pas moins injuste de reprocher à Channing l'humilité de sa théologie, puisque l'humilité même est, en fait de spéculations abstraites, une condition pour être raisonnable. Sa théologie est au fond tout ce que peut être la théologie au xix^e siècle et en Amérique,— plate, simple, honnête, pratique ; une théologie à la Franklin, sans grande portée métaphysique ni visées transcendantales. Ceux qui apprécient une religion par sa simplicité et son degré de transparence doivent être enchantés de celle-ci. Il est certain que si l'esprit moderne a raison de vouloir une religion qui, sans exclure le surnaturel, en diminue la dose autant que possible, la religion de Channing est la plus parfaite et la plus épurée qui ait paru jusqu'ici.

Mais est-ce là tout, en vérité, et quand le symbole sera réduit à croire à Dieu et au Christ, qu'y aura-t-on gagné ? Le scepticisme se tiendra-t-il pour satisfait ? La formule de l'univers en sera-t-elle plus complète et plus claire ? la destinée de l'homme et de l'humanité moins impénétrable ? Avec son symbole épuré, Channing évite-t-il mieux que les théologiens catholiques les objections de l'incrédulité ? Hélas ! non. Il admet la résurrection de

Jésus-Christ et n'admet pas sa divinité; il admet la Bible et n'admet pas l'enfer. Il déploie toutes les susceptibilités d'un scolastique pour établir contre les trinitaires en quel sens le Christ est fils de Dieu et en quel sens il ne l'est pas. Or, si l'on accorde qu'il y a eu une existence réelle et miraculeuse d'un bout à l'autre, pourquoi ne pas franchement l'appeler divine? L'un ne demande pas un plus grand effort de croyance que l'autre. En vérité, dans cette voie il n'y a que le premier pas qui coûte; il ne faut pas marchander avec le surnaturel; la foi va d'une seule pièce, et, le sacrifice accompli, il ne sied pas de réclamer en détail les droits dont on a fait une fois pour toutes l'entière cession.

Là serait, à mon sens, le côté étroit et contradictoire de Channing. Qu'est-ce qu'un rationaliste qui admet des miracles, des prophéties, une révélation? A quoi sert-il de me dire que cette révélation doit être jugée par la raison, et qu'en cas de conflit la raison doit être préférée? Tout point d'arrêt dans le rationalisme est arbitraire. Le fait de cette révélation, que l'on suppose tout d'abord comme démontré, est d'ailleurs le point essentiel qu'il faudrait établir; et, avec les exigences de la critique moderne, on ne peut pas dire que ce soit là chose facile. On se trouve donc ramené à la diversité des opinions, à laquelle on voulait remédier par l'hypothèse d'une révélation. Or, si l'on suppose qu'il y a une for-

mule absolue de la vérité, comment espérer qu'on puisse y arriver par des efforts individuels ? Comment pousser la confiance dans son propre jugement au point de s'attribuer l'infaillibilité et de croire qu'on trouvera le point fixe que personne n'a encore rencontré jusqu'ici ?

Je n'ignore pas que j'adresse ici à Channing l'objection que les théologiens catholiques adressent au protestantisme en général. C'est qu'en effet l'argumentation des controversistes catholiques, argumentation très-faible, ou plutôt nulle, quand elle s'adresse à ce large protestantisme qui n'est autre chose que le spiritualisme se rattachant à la grande tradition du Christ, m'a toujours paru sans réplique contre cette fraction de l'église réformée qui aspire à posséder la rigueur apparente du catholicisme sans en avoir les chaînes. Quand le protestantisme n'aboutit pas à une religion purement rationnelle, il me semble inconséquent. Que cette inconséquence soit excusable et souvent honorable, je suis le premier à le reconnaître; mais il faut avouer que si le protestantisme n'aspire qu'à remplacer un ensemble de croyances dogmatiques par un autre, il n'a plus de raison d'être : le catholicisme alors vaut bien mieux que lui. Channing n'arriva jamais, sur ce point, à une formule parfaitement claire de sa propre pensée. Si d'une part il prêche la plus entière liberté de symbole, de l'autre il s'arrête bien en deçà de la critique pure. S'il s'élève avec énergie contre l'église établie,

il ne renonce nullement à l'espoir de trouver la forme véritable de la doctrine évangélique. S'il ordonne de chercher par soi-même, il n'imagine pas qu'on puisse être porté par la recherche indépendante hors du christianisme. Et pourtant, si l'on admet la réalité d'une révélation faite à un certain moment de l'histoire, si l'on admet des vérités divinement manifestées, et s'imposant par conséquent à la conscience de celui qui les croit révélées, quelle difficulté y a-t-il à reconnaître un établissement extérieur, une Eglise enseignant avec des lumières surnaturelles ? Un miracle arrivé il y a dix-huit cents ans n'est ni plus facile ni plus difficile à admettre qu'un miracle qui se continuerait de nos jours. Le catholique a quelque droit de dire à Channing : « Vous n'êtes pas plus libre que moi, et vous obéissez à une autorité bien moins claire : vous obéissez à la Bible ; moi, j'obéis à l'Eglise. » J'avoue que, pour ma part, j'accepterais plus volontiers l'autorité de l'Eglise que celle de la Bible. L'Eglise est plus humaine, plus vivante ; quelque immuable qu'on la suppose, elle se plie mieux aux besoins de chaque époque. Il est, si j'ose le dire, plus facile de lui faire entendre raison qu'à un livre clos depuis dix-huit siècles.

Channing ne vit jamais bien clairement que la conséquence, éloignée si l'on veut, mais inévitable, de l'admission d'une révélation est l'admission d'une auto-

rité qui l'interprète, en d'autres termes le catholicisme. L'institution politique de la religion, comme l'entendent les nations issues de Rome, lui répugne à bon droit. Mais de ce qu'un tel système aboutit fatalement à la paresse et à l indifférence, est-on en droit d'en conclure que la religion moins inquiète des peuples du midi (et la France devient de plus en plus un pays du midi) n'ait pas aussi sa poésie? Parce que ces peuples, au lieu de comprendre la religion comme une poursuite sans fin, n'y cherchent qu'un repos; parce que, fuyant la peine, ils savourent à loisir une religion qu'on leur donne toute préparée, est-ce une raison pour les exclure du royaume de Dieu? Qui sait si au fond ils ne sont pas plus sages que ceux qui cherchent la vérité théologique? S'ils n'agitent pas le problème, n'est-ce pas parce qu'ils sentent vaguement et par instinct qu'il est insoluble? Le catholique, prenant le dogme tel que le temps l'a fait et sans l'approfondir, est, en un sens, plus près de la grande philosophie que le protestant, qui cherche à revenir sans cesse à une prétendue formule primitive du christianisme. Si l'on pouvait convenablement diriger la source même de l'opinion dans l'Église, il y aurait dans la manière catholique de laisser faire le dogme par le courant des idées dominantes et par une sorte d'entente tacite des fidèles, quelque chose de plus profond que dans l'appel à une révélation

immuable, où l'on s'oblige à trouver une foi pour tous les temps.

Il est tout simple que l'âme hautement pénétrée de la sainteté des choses religieuses se récrie contre cette religion extérieure, reste du paganisme romain, qui ne commandait pas la foi, mais le respect. Je me souviendrai toujours avec attendrissement de la profonde horreur que me témoigna un missionnaire américain qui venait d'assister à une cérémonie officielle à la Madeleine. Cet appareil profane, ces uniformes dans le lieu saint, ces places marquées comme dans un théâtre, toute cette préoccupation qui assurément n'était pas de Dieu, cette foule où personne ne songeait à prier, tout cela lui fit l'impression d'un affreux paganisme. Voilà certes un louable sentiment, et j'ai hâte de dire que c'est à la gravité et à la délicatesse de conscience qu'appartiennent mes sympathies. Mais on ne peut nier, d'un autre côté, que le paganisme n'ait de très-profondes racines, chez certaines races, et n'exige, dans une certaine mesure, qu'on lui fasse sa part. Si une religion abstraite, purement monothéiste, était la meilleure pour tous les hommes, aucune religion ne pourrait être comparée à l'islamisme. Par ses mystères variés, et surtout par le culte des saints et de la Vierge, le catholicisme répond à ce besoin de démonstrations extérieures et d'arts plastiques qui est si fort dans le midi de l'Europe. D'ailleurs,

il est de la nature d'une religion officielle de commander moins impérieusement la croyance, précisément parce qu'elle ne se pose que comme une institution à laquelle on peut se conformer sans y accorder une foi absolue, de même que pour obéir aux lois de l'État il n'est pas nécessaire de croire qu'elles sont les meilleures du monde. De là vient qu'au fond les pays rigoureusement protestants, où la religion est prise tout à fait au sérieux, sont presque aussi intolérants, au moins pour le libre penseur, que les pays catholiques; de là vient enfin ce singulier phénomène que ce sont surtout les pays catholiques qui ont connu l'incrédulité. Y a-t-il un pays qui ait été moins gêné par sa religion que l'Italie du moyen âge et de la renaissance avant la Réforme ? La philosophie du xviii^e siècle ne pouvait naître que dans un pays catholique [1]; ces deux choses sont de même ordre et se tiennent par une foule d'analogies secrètes qu'il serait trop long d'énumérer ici.

La critique impartiale, en comprenant et approuvant

[1] L'opinion qui fait venir la philosophie du xviii^e siècle de la Réforme est erronée. Si cette philosophie a des antécédents, c'est dans l'Italie païenne de 1500 qu'il faut les chercher. Or, la Réforme est précisément une réaction contre l'incrédulité italienne de ce temps-là. Ai-je besoin d'ajouter toutefois que, dans un sens plus général, la Réforme revendique une part éclatante dans l'œuvre de l'affranchissement de l'esprit humain, et que tout vrai libéral y trouve à bon droit une branche de ses ancêtres ?

les scrupules de l'école américaine, n'est donc pas obligée de les partager d'une manière absolue. Elle sait que tout ici-bas confine au bien et au mal; elle voit d'un côté l'indifférence religieuse comme conséquence du système officiel, de l'autre les aberrations individuelles comme suites de la manie théologique. Sans doute, s'il y avait une vérité absolue qui fût la récompense des efforts faits pour l'atteindre, il faudrait prêcher à tous la recherche et l'examen ; mais de bonne foi peut-on espérer qu'on sera plus heureux que tant d'autres et que seul on jouit d'un privilége pour retrouver le véritable symbole de la religion du Christ ? Jusqu'à quel point même est-il avantageux qu'un pays se passionne ainsi pour la recherche théologique ? L'Allemagne du nord, je le sais, grâce à son entière liberté religieuse et à sa merveilleuse aptitude pour tout ce qui est du domaine de la pensée, a réalisé peut-être la plus belle page de l'histoire de l'âme humaine. Mais voyons-nous que l'Angleterre et les États-Unis, où chacun se fait de la théologie une affaire personnelle, possèdent une culture intellectuelle supérieure à celle de la France, où personne ne fait de théologie ? La lecture habituelle de la Bible, conséquence nécessaire du système protestant, est-elle donc en soi un si grand bien, et l'Église catholique est-elle si coupable d'avoir mis un sceau à ce livre et de l'avoir dissimulé ? Non certes, et je suis tenté de dire que

le plus magnifique coup d'état de cette grande institution est de s'être substituée, elle vivante, agissante, à une autorité muette. C'est une admirable littérature sans doute que la littérature hébraïque, mais seulement pour le savant et le critique, qui peuvent l'étudier dans l'original et restituer leur vrai sens à chacun des curieux morceaux qui la composent. Quant à ceux qui l'admirent de confiance, le plus souvent ils y admirent ce qui n'y est pas; le caractère vraiment original des livres de l'Ancien et du Nouveau Testament leur échappe. Que dire des personnes peu lettrées qui s'enfoncent sans y être préparées dans une aussi obscure antiquité? Qu'on s'imagine le renversement d'esprit que doit causer à des gens simples et sans instruction la lecture habituelle d'un livre comme l'Apocalypse ou même comme le livre des Rois? On sait les étranges aberrations qui, à l'époque de la révolution d'Angleterre, sortirent de cette méditation malsaine. En Amérique, la source des mêmes extravagances n'est pas encore tarie. Sans doute il vaut beaucoup mieux voir le peuple lire la Bible que ne rien lire, comme cela a lieu dans les pays catholiques; mais on avouera aussi que le livre pourrait être mieux choisi. C'est un triste spectacle que celui d'une nation intelligente usant ses heures de loisir sur un monument d'un autre âge, et cherchant tout le jour des symboles dans un livre où il n'y en a pas.

Les efforts de Channing pour échapper à cette pression de la Bible l'amènent parfois à de singulières luttes contre les textes reçus. L'enfer, tel que l'a entendu l'orthodoxie, répugne à sa mansuétude. Pour lui, l'enfer n'est que dans la conscience, de même que le ciel n'a rien de local et n'est autre chose que l'union avec Dieu et avec tous les êtres bons et grands. Je le veux bien; mais quelle naïveté de se mettre à compter combien de fois l'enfer est nommé dans la Bible, de remarquer avec satisfaction qu'il ne l'est que cinq ou six fois, et que même une *bonne* traduction trouverait moyen de se débarrasser de ce mot désagréable ! Ce qui est révélé l'est tout à fait ou ne l'est pas, et s'il y a une parole venue de Dieu, ce n'est pas à l'homme qu'il appartient de la mitiger selon les progrès de sa raison. — En histoire, ce sont les mêmes embarras. Channing est amené à se faire un christianisme primitif tout idéal auquel il ne s'agirait que de revenir. « La religion, dit-il, qui fut donnée pour élever l'homme, on s'en est servi pour le rendre abject. La religion qui fut donnée pour créer en nous une généreuse espérance, on en a fait un instrument d'intimidation servile et de tortures. La religion révélée de Dieu pour enrichir l'âme humaine a été employée à la renfermer dans l'étroite enceinte d'une secte, à fonder l'inquisition, à allumer les bûchers des martyrs. La religion donnée pour rendre libres la pensée et la conscience

a servi, par une criminelle perversion, à les briser l'une et l'autre pour les soumettre aux prêtres, aux symboles purement humains. » Cette théorie protestante d'un âge d'or du christianisme, suivi d'un âge de fer où la pensée primitive se serait obscurcie, est peu acceptable. Le christianisme n'a jamais été ni si parfait que les protestants le supposent à l'origine, ni si dégradé qu'ils le font à son déclin. Il n'y a aucun siècle de sa longue carrière qui puisse être pris comme l'idéal, comme il n'en est aucun où il ait précisément failli à sa mission. Une histoire critique des origines du christianisme montrerait les singulières illusions que l'on se fait sur cet âge primitif, encore si peu connu, parce qu'on ne l'a guère étudié qu'avec un parti pris et avec l'intention d'y chercher des arguments pour ou contre des dogmes dont le germe était dès lors à peine existant.

En général, il a manqué à Channing ce qui manque jusqu'ici à l'Amérique, la haute culture intellectuelle, la grande science critique. Il n'est pas parfaitement au courant des choses de l'esprit humain ; il ne sait pas, quant au résultat général, tout ce qu'on sait de son temps. Comme religion de l'esprit, sa religion ne vaut pas celle de l'Allemagne du nord ; elle demande trop de sacrifices au critique, et elle n'en demande pas assez à ceux qui éprouvent le besoin de croire. Que la tendance des temps modernes semble appeler une religion de cette sorte,

formée du résidu commun de tous les cultes après l'élimination des particularités dogmatiques propres à chacun d'eux, des faits nombreux ont pu porter à le croire. L'Asie entière, depuis deux ou trois siècles, semble arriver par la simplification de ses vieux symboles au déisme. L'Inde, fatiguée d'errer dans le dédale de sectes infinies, y aboutit à sa manière : Rammohun-Roy, le plus illustre représentant de la race brahmanique dans notre siècle, est mort unitaire à la manière de Channing. Voltaire, traduit en guzarati, sert de nos jours à la controverse des derniers disciples de Zoroastre, devenus déistes purs, contre les missionnaires protestants. Sous les mouvements révolutionnaires de la Chine se cache évidemment un appel au monothéisme contre la dégradation dont les vieux cultes du Céleste empire semblent frappés. Est-ce là un signe qui doit nous montrer dans le déisme le terme final des évolutions de l'humanité? Cela pourrait être, si l'esprit humain à côté de la raison ne renfermait des instincts beaucoup plus capricieux. La religion n'est pas seulement philosophie, elle est art; il ne faut donc pas lui demander d'être trop raisonnable. Ce grain de fantaisie, qu'on ne saurait détruire, dérangera les combinaisons en apparence les plus sensées. Le besoin de croire à quelque chose d'extraordinaire est inné dans l'homme; une religion trop simple ne le contentera jamais. Au lendemain

des plus sévères exclusions, les bizarreries, les croyances particulières, les pratiques mesquines reprendront leurs droits. La foi veut l'impossible ; elle n'est satisfaite qu'à ce prix. Aujourd'hui encore, tous les ans, les Hindous marchent sur des charbons ardents pour attester la virginité de Draupadi, l'épouse commune des cinq fils de Kourou.

III

La véritable mission de Channing était évidemment toute morale. Sa théologie, comme toute tentative qui aspire à résoudre un problème insoluble, est très-facilement attaquable ; quant à sa morale, on peut la louer sans réserve : c'est par là qu'il est pour nous original et neuf. Rien, en effet, dans notre organisation européenne, ne peut nous donner une idée d'un tel apostolat. A nos yeux, l'ardeur du prosélytisme qui fait l'apôtre ou le missionnaire ne va pas sans une religion positive et compliquée, chargée de dogmes et de pratiques. Ici nous avons un Vincent de Paule moins la dévotion, un Cheverus moins le sacerdoce. Il faut lire la biographie que Channing lui-même nous a donnée du révérend Tuckermann, son maître et son guide dans cette voie de charité, pour se représenter la forme nouvelle de la sainteté laïque, telle

que les États-Unis paraissent destinés à la révéler au monde. La nature éminemment anglaise de Channing, ses délicatesses de gentleman, son optimisme aussi, qui faisait de la vue du mal un véritable supplice pour lui, rendaient d'autant plus méritoire son ministère de charité. « Mon esprit cherche le bon, le parfait et le beau, écrivait-il. Je ne puis sans une sorte de torture présenter vivement à mon imagination ce que l'homme souffre de ses propres crimes et des cruautés de ses frères. Toute la perfection de l'art répandue sur des sujets horribles ou purement tragiques ne peut me réconcilier avec ces sujets. C'est seulement par un sentiment de devoir que je lis dans les journaux le récit des crimes et des malheurs... Vous voyez qu'il y a en moi peu d'étoffe pour un réformateur. »

Je ne connais vraiment de nos jours rien qui rappelle ces belles et grandes prédications morales et cette manière élevée de prendre les questions sociales. Les problèmes qui chez nous ont troublé l'esprit humain, et dont la solution n'est pas encore entrevue, sont tous résolus chez Channing par la charité, par l'estime de l'homme, par la croyance que la nature humaine est bonne et qu'en se développant elle va au bien. Jamais on n'a cru plus fermement au progrès, aux influences bienfaisantes des lumières et de la civilisation sur toutes les classes. Channing est un démocrate, en ce sens qu'il n'admet d'autre

noblesse que celle de la vertu et du travail, qu'il ne voit de salut pour l'humanité que dans la culture intellectuelle des masses populaires et dans leur introduction au sein de la grande famille civilisée. « Je suis un niveleur, écrivait-il en 1831, mais je voudrais accomplir ma mission en élevant ceux qui sont au dernier rang, en tirant les travailleurs de l'indigence qui les dégrade et de l'ignorance qui les abrutit. Si je comprends ce que signifient christianisme et philanthropie, il n'y a pas de précepte plus clair que celui-là. »

En politique, Channing est peu raffiné. Il est libéral, et, chose assez rare, libéral par motif religieux. La révolution de 1830 lui causa une vive joie. Il en apprit la nouvelle à Newport, et repartit immédiatement pour Boston, afin d'échanger ses félicitations avec des amis de la liberté constitutionnelle et de communiquer du haut de la chaire les espérances dont son cœur était rempli. Il fut fort étonné de ne trouver que peu d'écho à son enthousiasme, et il maudit plus énergiquement que jamais l'engourdissement de l'opinion causé par les intérêts. La froideur de la jeunesse surtout le surprit et l'affligea. Se reportant aux processions et aux feux de joie de son jeune âge, il ne comprenait pas que les hommes libres de l'Amérique vissent avec indifférence la réapparition de Lafayette, la fermeté calme du peuple et l'avenir de liberté qui semblait s'ouvrir pour l'Europe.

Un soir, vers cette époque, il rencontra une personne de sa connaissance : « Eh bien ! Monsieur, dit-il avec un ton de sarcasme qui ne lui était pas habituel, êtes-vous aussi trop *vieux*, trop *sage*, comme les jeunes gens du collége, pour avoir quelque enthousiasme à témoigner en faveur des héros de l'École polytechnique ? — Monsieur, répondit son interlocuteur, vous me semblez être le seul jeune homme que je connaisse. — Toujours jeune pour la liberté ! » repartit Channing d'une voix vibrante et en serrant chaleureusement la main de son ami.

Voilà de nobles sentiments dont il est bien de ne jamais rougir. Et pourtant les idées politiques et sociales de Channing, si simples, si excellentes, si pures, sont-elles plus que ses idées religieuses à l'abri de la critique ? Un peuple qui réaliserait l'idéal de Channing serait-il vraiment un peuple complet selon le modèle que nous concevons d'une haute civilisation ? On en peut douter. Ce serait un peuple honnête, rangé, composé d'individus bons et heureux ; ce ne serait pas un peuple grand. La société humaine est plus complexe que Channing ne le suppose. En présence de calamités comme celles du moyen âge, on se laisse aller à croire que l'essentiel serait de rendre la vie le moins malheureuse possible ; en présence d'un relâchement moral comme celui dont nous sommes les témoins, on se figure volon-

tiers que l'œuvre de la réforme sociale consisterait à donner au monde un peu d'honnêteté; mais ce sont là des vues exclusives, conçues sous l'empire de nécessités momentanées. L'homme n'est pas ici-bas seulement pour être heureux; il n'y est même pas pour être simplement honnête : il y est pour réaliser de grandes choses par la société, pour arriver à la noblesse (à la sainteté, comme disait le christianisme) et dépasser la vulgarité où se traîne l'existence de presque tous les individus. Le moindre inconvénient du monde de Channing serait qu'on y mourrait d'ennui; le génie y serait inutile, le grand art impossible. L'Écosse puritaine, au XVIIe siècle, nous représente à peu près le rêve des unitaires, un espèce d'idéal à la manière d'Israël, où tout le monde connaissait la Bible, raisonnait sa foi, discutait les affaires publiques, où l'ivresse était inconnue, où l'on n'entendait pas un seul jurement. Mais de quel don si précieux l'Écosse du XVIIe siècle a-t-elle enrichi le monde? Dieu n'eût-il pas été mieux adoré si, au risque de quelques paroles dissonantes plus de grandes et belles choses s'y fussent produites? L'Italie, au contraire, est certainement le pays où l'idéal de Channing a été le moins réalisé : au XVe et au XVIe siècle, païenne, sans morale, livrée à tous les emportements de la passion et du génie; puis abattue, superstitieuse, sans ressort; dans le présent, sombre, irritée, privée de sagesse. Et pourtant, s'il fallait voir

s'abîmer l'Italie avec son passé ou l'Amérique avec son avenir, laquelle laisserait le plus grand vide au cœur de l'humanité? Qu'est-ce que l'Amérique tout entière auprès d'un rayon de cette gloire infinie dont brille en Italie une ville de second ou de troisième ordre, Florence, Pise, Sienne, Perugia? Avant de tenir dans l'échelle de la grandeur humaine un rang comparable à ces villes-là, New-York et Boston ont bien à faire, et je doute que ce soit par les sociétés légumistes et la propagation de la pure doctrine unitaire qu'elles arrivent à s'en approcher.

Convaincu à bon droit que le perfectionnement de la société humaine consiste uniquement dans l'amélioration de l'individu, Channing s'attache avec passion à des détails qui font honneur à la délicatesse de sa conscience, mais qui par leur minutie nous font presque sourire. Il a vu avec raison que l'intempérance est la principale cause de la misère et de la grossièreté des classes inférieures, d'où il conclut que guérir l'intempérance serait attaquer à sa racine le mal social : une grande partie de sa vie et de son activité fut en effet consacrée à cette œuvre très-louable assurément. Mais en vérité un peuple qui ne boira que de l'eau en sera-t-il plus grand? réalisera-t-il une plus belle page de l'histoire humaine? trouvera-t-il un plus haut idéal de l'art, de la pensée? Cette manière d'attacher une importance sociale à une

chose que nous ne pouvons envisager que comme relevant de la morale individuelle montre bien l'abîme qui sépare la pensée américaine de la nôtre, et combien il est difficile qu'en suivant des vues si différentes le nouveau et le vieux monde se rencontrent jamais dans une même politique et une même foi.

Des deux façons en effet de concevoir le progrès humain, — soit comme résultant de l'élévation graduelle de l'ensemble de l'humanité, et par conséquent des classes inférieures, vers un état meilleur, — soit comme réalisé par une aristocratie, supposant au-dessous d'elle un vaste abaissement, — Channing s'attacha très-décidément à la première. Malheur à qui ne ferait pas comme lui et déserterait pour des prédilections surannées la cause désormais indiscutable de la démocratie moderne ! Mais ce parti pris ne doit pas nous fermer les yeux sur les dangers de la voie où marchent les nations démocratiques ni nous rendre injustes pour la manière toute différente dont le passé a entendu la civilisation. Si l'on pouvait une fois pour toutes se résigner au sacrifice de quelques-uns en vue des besoins de l'œuvre commune ; si l'on admettait, comme le faisait l'antiquité, que la société se compose essentiellement de quelques milliers d'individus vivant de la vie complète, les autres n'existant que pour la procurer à ce petit nombre, le problème serait infiniment simplifié et susceptible d'une bien

plus haute solution. On n'aurait pas à tenir compte d'une foule d'humiliants détails auxquels la démocratie est obligée de songer. L'élévation d'une civilisation est d'ordinaire en raison inverse du nombre de ceux qui y participent; la culture intellectuelle cesse de monter dès qu'elle aspire à s'étendre; la foule, en s'introduisant dans la société cultivée, en abaisse presque toujours le niveau. Voilà des réflexions qu'il est permis de faire sans encourir le reproche de nier les tendances les plus irrésistibles du temps présent : ajoutons même que le caractère particulier de la France (caractère que nous n'entendons ici ni louer ni déprécier) ne permet point de supposer que les idées de Channing y soient applicables, si ce n'est avec beaucoup de restrictions.

Ces idées, en effet, supposent ou du moins aspirent à créer une population éclairée plutôt qu'une grande culture. Or, sous le rapport de l'intelligence, la France est un pays essentiellement aristocratique. Le tempérament moral de la France réunit les extrêmes : une vulgarité générale au-dessous du médiocre, et à côté de cette vulgarité une aristocratie intellectuelle à laquelle aucune autre peut-être ne saurait être comparée. Nulle part on ne trouve à la fois tant d'esprit et si peu de goût pour les choses libérales. L'éducation, telle que l'entend Channing, serait chez nous trop forte pour les uns, trop faible pour les autres.—En religion, les idées de Channing (ce

n'est point un reproche que je leur adresse) ne me semblent pas mieux appropriées à notre pays. La France est à peu près dénuée d'initiative religieuse. Si la France avait été capable de se créer un mouvement religieux qui lui fût propre, elle serait devenue protestante. Jamais les circonstances ne seront aussi favorables qu'elles le furent au XVIe siècle; jamais plus d'héroïsme ne sera déployé. Eh bien! la France, il faut le dire avec regret, a rejeté le protestantisme comme antipathique à sa nature. La France est le pays du monde le plus orthodoxe, car c'est le plus indifférent en religion. Innover en théologie, c'est croire à la théologie. Or la France a trop d'esprit pour être jamais un pays théologique. L'*hérésie* n'a rien à y faire; le seul grand hérésiarque qu'elle ait produit, Calvin, ne fit fortune qu'au delà de ses frontières. Il est bien à craindre que le misérable avortement de toutes les tentatives qui se sont proposé plus récemment de modifier chez nous les formes et l'esprit du catholicisme ne soit l'indice du sort réservé aux essais du même genre dans l'avenir.

En religion comme en toutes choses la France veut l'universel, et se soucie peu du délicat et du distingué. Elle n'aime pas les petites sectes, les *a parte*, ces religions de chapelles et de coteries où se complaît si fort la race anglaise, précisément à cause de sa profonde piété. Toute controverse religieuse paraît en France de

mauvais goût; on ne comprend pas qu'on se divise pour si peu de chose. L'argument que les théologiens tirent contre le protestantisme de ses perpétuelles divisions et des sectes nouvelles qu'il ne cesse de produire (comme si ce n'était pas là en réalité un signe de vie et d'activité religieuse, comme si l'uniformité de la croyance n'avait pas presque toujours pour cause l'abaissement des esprits), cet argument, dis-je, est trouvé en France tout à fait décisif. Voilà pourquoi, après chaque effort tenté pour secouer son indifférence, la France retombe plus lourdement que jamais dans le catholicisme ou l'incrédulité. Ce pays est absolu en toutes choses : il lui faut des thèses tranchées, qui lui donnent occasion de placer sa rhétorique et de satisfaire son goût pour les déclamations générales. Les sages voient et veulent quelque chose de mieux; mais les sages ne sont pas de leur pays. La philosophie du XVIII[e] siècle, qui est bien quelque chose d'éminemment français, est en un sens profondément *catholique,* par sa tendance universelle, son manque de critique, son peu de souci des nuances et sa prétention de substituer à l'infaillibilité théologique une autre infaillibilité.

On ne peut donc espérer, ce nous semble, que les idées de Channing soient destinées à réunir parmi nous une bien nombreuse famille d'adhérents. Lui-même le comprit. Ses lettres à MM. de Sismondi et de Gérando tra-

hissent une perpétuelle préoccupation de la France, et au milieu des sentiments d'une vive sympathie, laissent percer peu d'espoir. « Je désire, écrivait-il à ce dernier, vous poser une question à laquelle vous répondrez, je l'espère, avec une entière franchise. Les vues religieuses développées dans mon volume sont-elles en quelque chose applicables aux besoins et à l'état de la France? Je ne suis pas fâché de lire dans votre lettre que les sectes anglaises ne réussissent point à s'étendre parmi vous. Elles ne peuvent donner qu'une pauvre forme de religion. Depuis quelque temps, l'Angleterre a fait peu de progrès dans les hautes vérités. Ses missionnaires, si on leur prêtait l'oreille, feraient reculer la France de trois siècles. Je crois que la religion, quand elle reparaîtra parmi vous, se montrera sous une forme plus divine. Je crois que la France, après tant d'efforts vers le progrès, ne reprendra point la théologie vermoulue des âges d'antiquité. » — « Je n'espère ni ne désire, écrit-il à M. de Sismondi, que le christianisme revive en France sous ses anciennes formes. Quelque chose de mieux est nécessaire... Un des plus grands moyens pour restaurer le christianisme, c'est de rompre l'habitude presque universelle en France de l'identifier avec le catholicisme ou le vieux protestantisme. Un autre moyen, c'est de montrer combien il est en harmonie avec l'esprit de liberté, de philanthropie, de progrès, et

de faire voir que ces principes exigent pour leur entier développement d'aide du christianisme. L'identité de cette religion avec la bienveillance la plus étendue a particulièrement besoin d'être comprise. A moins que le christianisme ne remplisse toutes ces conditions, je n'en puis désirer le succès. » — « D'où nous viendra le salut? dit-il encore. C'est la question qui s'élève sans cesse dans mon esprit. Le monde recevra-t-il l'impulsion de réformateurs individuels ou de nouvelles institutions ? L'œuvre s'accomplira-t-elle par une action silencieuse s'exerçant au sein des masses? ou bien de grandes convulsions, renversant l'état de choses actuel, seront-elles nécessaires, comme à la chute de l'empire romain, pour introduire une réforme digne de ce nom? Quelquefois je crains que ce dernier moyen ne l'emporte, tant la corruption de l'Église et de la société me semble profonde. »

Ces doutes sur l'avenir religieux de l'ancien monde ne se dissipèrent jamais pour lui. Il comprit que son christianisme libéral et sans tradition était bon pour une terre jeune, où se fonde, si j'ose le dire, un autre plan de l'humanité, mais serait inapplicable à nos vieilles civilisations, où tout le monde est antiquaire à sa guise. Il resta fidèle à l'Amérique. Là, en effet, ses idées nous semblent avoir un immense avenir. Les États-Unis sont peut-être destinés à réaliser pour la première fois aux yeux

du monde une religion éclairée, purement individuelle, faisant d'honnêtes gens, et tout à fait exempte de prétentions métaphysiques. Le nom de Channing s'attachera sans doute à cette fondation, non comme celui d'un chef de secte (il aurait été le premier à repousser cet honneur), mais comme celui d'un des hommes en qui l'esprit nouveau arriva d'abord à une complète et attrayante expression.

Si le problème du monde devait être résolu par la droiture du cœur, la simplicité, la modération de l'esprit, Channing l'aurait résolu ; mais d'autres qualités sont pour cela nécessaires, et Channing, qui les reçut peut-être de la nature, autant que la nature les donne, ne se trouva pas dans le milieu intellectuel qui les développe et les fait fructifier. Disons tout d'abord que rien ne vaut l'honnêteté, la bonté, la piété véritable, ces dons essentiels des belles âmes. « Lorsque Dieu forma le cœur de l'homme, il y mit premièrement la bonté, comme le propre caractère de la nature divine, et pour être comme la marque de cette main bienfaisante dont nous sortons [1]. » La bonté ne suffit pas cependant pour résoudre le problème des choses. Sa part est assez belle : consoler cette vie, mais non en révéler le secret. Pour ceci la science et le génie sont aussi nécessaires que

[1] Bossuet.

l'élévation du cœur et la pureté de l'âme. Un monde sans science et sans génie est aussi incomplet qu'un monde sans bonté. Channing ne comprit guère que la seconde condition, et cette fois encore il pécha pour avoir vu les choses comme beaucoup plus simples qu'elles ne le sont en réalité.

A Dieu ne plaise que je veuille décourager les nobles esprits qui, justement frappés de l'imperfection de notre état religieux, en désirent la réforme et appellent de leurs vœux un culte mieux approprié à leurs besoins! Quand leurs efforts n'aboutiraient qu'à améliorer et consoler quelques âmes d'élite, ne seraient-ils pas assez récompensés? Mais je n'ose espérer pour eux une action étendue et véritablement sociale. Il ne paraît pas qu'il y ait place désormais pour des spéculations nouvelles et originales dans le champ de la théologie, ni que l'état religieux de l'humanité soit susceptible de changer d'une manière notable. Le bouddhisme semble, il est vrai, destiné à disparaître, et l'islamisme ne sera éternel que dans la race arabe; mais il est difficile de croire que l'équilibre des trois grandes branches du christianisme fondées par les siècles (Église latine ou catholique, Église grecque ou orthodoxe, protestantisme) doive désormais être troublé d'une manière notable. Les relations de la philosophie et du christianisme, du moins, changeront-elles? L'une de ces deux formes de la pen-

sée humaine réussira-t-elle à absorber l'autre? ou bien une paix durable réunira-t-elle leurs prétentions contraires? Nous ne le pensons pas davantage. La philosophie sera toujours le fait d'une minorité imperceptible quant au nombre, mais qu'il serait impossible de supprimer à moins de détruire en même temps la civilisation. Maintenir l'une en face de l'autre ces puissances rivales, ne pas décourager ceux qui veulent les réconcilier, et cependant ne pas trop croire à la réconciliation d'ennemis qui se brouilleront le lendemain, tel est le seul programme que puisse se proposer dans le temps où nous sommes un esprit vraiment critique. Il serait injuste de reprocher au passé de n'avoir pas pratiqué une tolérance qui n'est que le résultat bon ou mauvais de l'état intellectuel que nous traversons; mais il n'est pas moins certain que la liberté est le seul code religieux des temps modernes, et on ne conçoit guère comment, après s'être accoutumée à envisager ses croyances d'une façon toute relative, l'humanité s'habituerait de nouveau à les prendre comme la vérité absolue.

M. FEUERBACH

ET LA NOUVELLE ÉCOLE HÉGÉLIENNE.

Toute évolution considérable dans le champ des opinions humaines est digne d'intérêt, lors même qu'on n'attache pas un grand prix au fond d'idées qui s'y agite. C'est à ce titre que l'homme voué aux recherches de la critique ne peut refuser son attention aux travaux de l'école néo-hégélienne sur le christianisme, bien que ces travaux n'aient pas toujours un caractère vraiment scientifique, et que la fantaisie de l'humoriste y ait souvent plus de part que la sévère méthode de l'historien.

L'antipathie de la nouvelle école allemande contre le christianisme date de Gœthe. Païen par nature et surtout par système littéraire, Gœthe devait peu goûter

l'esthétique qui a substitué le *gausape* de l'esclave à la toge de l'homme libre, la vierge maladive à la Vénus antique, et à la perfection idéale du corps humain, représentée par les dieux de la Grèce, la maigre image d'un supplicié tiraillé par quatre clous. Inaccessible à la crainte et aux larmes, Jupiter était vraiment le dieu de ce grand homme, et on n'est pas surpris de le voir placer devant son lit, exposée au soleil levant, afin qu'il puisse le matin lui adresser sa prière, la tête colossale de ce dieu.

Hégel ne s'est pas prononcé moins décidément en faveur de l'idéal religieux des Hellènes et contre l'intrusion des éléments syriens ou galiléens. La légende du Christ lui semble conçue dans le même système que la biographie alexandrine de Pythagore; elle se passe, selon lui, dans le domaine de la réalité la plus vulgaire et nullement dans un monde poétique : c'est un mélange de mysticité mesquine et de chimères pâles, comme on en rencontre chez les gens fantasques qui n'ont pas une belle imagination. L'Ancien et le Nouveau Testament n'ont à ses yeux aucune valeur esthétique.

C'est la même thèse qui a tant de fois excité la verve de Henri Heine. La savante école des *germanistes* purs (MM. Gervinus, Lassen, etc.), qui, suivant l'ingénieuse expression d'Ozanam, ne peuvent pardonner à la mansuétude chrétienne de leur avoir gâté leurs belliqueux

ancêtres, a abondé dans le même sens. Mais M. Louis Feuerbach [1] est sans doute l'expression la plus avancée, sinon la plus sérieuse, de l'antipathie dont nous parlons, et si le xıxᵉ siècle devait voir la fin du monde, ce serait certainement lui qu'il faudrait appeler l'Antéchrist.

Peu s'en faut que M. Feuerbach ne définisse le christianisme une perversion de la nature humaine, et l'esthétique chrétienne une perversion des instincts les plus secrets du cœur. Les perpétuelles lamentations des chrétiens à propos de leur péché lui paraissent d'intolérables niaiseries; l'humilité et la pauvreté de la vie monastique ne sont pour lui que le culte du sale et du laid, et volontiers il dirait comme Rutilius Numatianus: « Cette secte est-elle donc, je vous le demande, moins fatale que les poisons de Circé? Circé changeait les corps, maintenant ce sont les esprits qui sont changés en pourceaux. »

Disons-le très-haut, et avec d'autant plus d'assurance que nous ne voulons opposer ici à des considérations

[1] Les écrits les plus caractérisés de M. Feuerbach et de l'école néo-hégélienne ont été réunis et traduits par M. Hermann Ewerbeck dans deux volumes intitulés l'un : *Qu'est-ce que la religion?* l'autre : *Qu'est-ce que la Bible d'après la nouvelle philosophie allemande?* (Paris, 1850.) Il est fâcheux que le traducteur, dont le désintéressement mérite d'être loué, ait mêlé à des écrits qu'il peut être bon de connaître des morceaux de nulle valeur, et dont quelques-uns ne peuvent, en aucun sens, être pris au sérieux.

d'art que des vues du même ordre, l'esprit critique ne peut admettre un jugement aussi absolu. Partout où il y a originalité, expansion vraie de quelques instincts de la nature humaine, il faut reconnaître et adorer la beauté. Triste tant qu'il vous plaira, cette esthétique a sa hardiesse et sa grandeur. Lourde et rustique, si vous la comparez aux faibles savantes de la Grèce, cette légende, indépendamment de son incomparable moralité, possède, même à ne l'envisager qu'au point de vue de l'art, un grand charme de naïveté. Le bon goût d'autrefois refusait le nom de beauté à tout ce qui n'atteignait pas la perfection de la forme. Tel n'est plus notre *criterium;* nous excusons la barbarie partout où nous trouvons l'expression d'une nouvelle manière de sentir et le souffle vrai de l'âme humaine.

Plût à Dieu que M. Feuerbach se fût plongé à des sources plus riches de vie que celles de son germanisme exclusif et hautain ! Ah ! si, assis sur les ruines du mont Palatin ou du mont Cœlius, il eût entendu le son des cloches éternelles se prolonger et mourir sur les collines désertes où fut Rome autrefois ; ou si de la plage solitaire du Lido il eût entendu le carillon de Saint-Marc expirer sur les lagunes ; s'il eût vu Assise et ses mystiques merveilles, sa double basilique et la grande légende du second Christ du moyen âge tracée par le pinceau de Cimabue et de Giotto ; s'il se fût rassasié du

regard long et doux des vierges du Perugin, ou qu'à San-Domenico de Sienne, il eût vu sainte Catherine en extase, non, M. Feuerbach ne jetterait pas ainsi l'opprobre à une moitié de la poésie humaine, et ne s'exclamerait pas comme s'il voulait repousser loin de lui le fantôme d'Iscarioth !

L'erreur de M. Feuerbach réside presque toujours dans ses jugements esthétiques. Les faits sont souvent présentés par lui avec assez de finesse, mais toujours appréciés avec une révoltante sévérité et avec le parti pris de trouver tout ce qui est chrétien laid, atroce ou ridicule. On peut être d'accord avec lui sur bien des points de détail, sans partager aucune de ses vues sur la moralité générale de l'histoire. Oui, la grande différence de l'hellénisme et du christianisme, c'est que l'hellénisme est naturel et le christianisme surnaturel. Les religions de l'antiquité n'étaient que l'État, la famille, l'art, la morale, élevés à une haute et poétique expression ; elles ne connaissaient pas le renoncement, le sacrifice ; elles ne scindaient pas la vie : la distinction du sacré et du profane n'existait pas pour elles. L'antiquité, dans sa manière de sentir, est droite et simple ; le christianisme, au contraire, toujours en garde contre la nature, recherche l'étrange, le paradoxal. L'abstention pour lui vaut mieux que la jouissance, le bonheur doit se chercher dans son contraire ; la sagesse de la chair (c'est-à-

dire la sagesse naturelle) est folie, la folie de la croix est sagesse. Les écrits de saint Paul, d'un bout à l'autre, sont-ils autre chose que le renversement calculé du sens humain, un commentaire anticipé du *Credo quia absurdum* de Tertullien? La distinction de la chair et de l'esprit, inconnue aux anciens, pour lesquels la vie humaine conservait son harmonieuse unité, allumait dès-lors cette guerre que dix-huit siècles n'ont pu éteindre, entre l'homme et lui-même.

De là d'étranges renversements compensés par d'admirables conquêtes morales. Des égarements que l'antiquité n'avait connus que dans ses cultes les plus entachés de superstition deviennent contagieux. Sur quoi s'est exercée de préférence la méditation de la piété chrétienne, l'imagination des extatiques? Est-ce sur la Trinité, sur le Saint-Esprit, sur ces dogmes dialectiques qu'on admet comme une formule scellée? Non. C'est sur le petit enfant, le *santo bambino* dans sa crèche. Pas de saint qui n'ait baisé ses pieds : sainte Catherine de Sienne l'a épousé, et telle autre l'a serré dans ses bras. C'est sur la Passion, sur le Christ souffrant. Pas de sainte qui n'ait senti l'empreinte de ses mains percées, de son côté ouvert : sainte Madeleine de Pazzi l'a vu en songe répandant par ses cinq plaies cinq fontaines de sang; telle autre a vu son cœur sanglant et transpercé. C'est sur Marie : Marie a suffi

pour satisfaire le besoin d'aimer de dix siècles d'ascètes. Marie est entrée de plein droit dans la Trinité : elle prime de beaucoup cette troisième personne oubliée, ce Saint-Esprit sans amants ni adorateurs. Elle complète la famille divine; car c'eût été merveille que l'élément féminin, dans son triomphe, n'eût réussi à monter jusque dans le sein de Dieu, et, au milieu du Père et du Fils, n'eût intronisé la Mère [1].

En même temps, l'idéal de la morale change, mais, en un sens, s'élève et s'agrandit. Le paganisme prenant la nature humaine comme droite et bonne, la consacrait tout entière jusque dans ses mauvaises parties : là était l'égarement et l'erreur. Le christianisme, de son côté, en jetant un anathème trop absolu sur la nature, a préparé ce goût de l'abjection et de la laideur qui séduisit le moyen âge. L'homme antique, Aristide ou Solon, nage paisiblement dans le courant de la vie; sa perfection et ses imperfections sont celles de notre nature. L'homme chrétien monte sur la colonne du stylite, s'abstrait de toute chose, et, ne prenant de surface ici-bas que ce qu'il en faut pour poser ses pieds, se suspend entre ciel et terre. L'idéal de la beauté dégénère

[1] Les représentations de l'*Incoronata*, où Marie, placée entre le Père et le Fils, reçoit la couronne des mains du premier et les hommages du second, sont la vraie Trinité de la piété chrétienne.

en pureté, mais gagne en profondeur. L'idéal n'est plus la nature ennoblie, la perfection du réel, la fleur de ce qui est : l'idéal, c'est l'anti-naturel, c'est le cadavre d'un Dieu mort, c'est l'*Addolorata* pâle et voilée, c'est Madeleine torturant sa chair. On eût proposé à l'artiste ancien l'un des sujets qu'affectionne le christianisme, la Vierge, le Crucifix, il l'eût repoussé comme impossible. *Cérès douloureuse* est belle comme une femme et comme une mère ; mais la Vierge !... sa conception, son enfantement sont surnaturels : ses frères sont les anges ; elle n'a ici-bas ni sœur, ni époux. Aussi, quand l'art chrétien, revenu à la tradition profane, ira chercher les types de la Madone à Albano ou au Transtevère, ce sera un sacrilège contre lequel la conscience chrétienne se récriera avec raison. Prométhée cloué sur son roc est beau encore. Mais Jésus sur sa croix !... Si vous cherchez à réaliser dans ce corps exténué l'idéal des formes humaines, les harmonieuses proportions du Dionysos ou de l'Apollon, si vous donnez à cette tête couronnée d'épines la haute placidité du Jupiter Olympien, c'est un contre-sens et presque une impiété. L'Église byzantine était conséquente en soutenant avec acharnement la thèse de la laideur matérielle du Christ. Il faut le faire maigre, allongé, sanglant ; que l'on compte tous ses os, qu'on le prenne pour un lépreux, un ver de terre et non un homme. *Putavimus eum quasi lepro-*

sum..... Non est species ei neque decor..... Despectum, novissimum virorum, virum dolorum et scientem infirmitatem.

Oui, tout cela est étrange, nouveau, inouï, et saint Paul avait bien raison de l'appeler scandale et folie. Mais tout cela est de la nature humaine, tout cela est venu à son temps, tout cela est sorti à son jour du germe éternel des belles choses. Une grande modification s'est opérée dans la nature humaine; un vent tiède et humide a soufflé du midi et en a détendu la roideur. L'amour a changé d'objet : à l'enthousiasme de la beauté a succédé l'enthousiasme de la souffrance, l'apothéose de l'homme de douleurs, savant en infirmités, du *divin lépreux*, comme dit Bossuet [1].

C'est par un grave malentendu que l'on adresse à l'antiquité le reproche de matérialisme. L'antiquité n'est ni matérialiste ni spiritualiste, elle est humaine. La vie antique si sereine, si gracieuse dans ses étroites proportions, manquait d'ouverture du côté de l'infini. Voyez ces charmantes petites maisons de Pompéi; comme cela est gai, achevé, mais étroit et sans horizon ! Partout le repos et la joie, partout des images de bonheur et de plaisir. Or, cela ne nous suffit plus : nous ne concevons

[1] Jamais ce côté du christianisme n'a été saisi avec plus d'énergie et d'originalité que dans les admirables sermons de Bossuet sur la *Passion* et sur la *Compassion de la sainte Vierge*.

plus la vie sans tristesse. Pénétrés que nous sommes de nos idées supernaturalistes et de notre soif d'infini, cet art si délimité, cette morale si simple, ce système de vie si bien arrêté de toutes parts nous semblent un réalisme borné. Castor et Pollux, Diane et Minerve sont pour nous de froides images, parce qu'ils représentent la nature saine et normale. Prenons-y garde pourtant : les grands airs d'abstention et de sacrifice ne sont souvent qu'un raffinement d'instincts qui se contentent par leur contraire. Le spiritualisme chrétien est, au fond, bien plus sensuel que ce qu'on appelle le matérialisme antique [1], et ressemble parfois à un affaissement. L'Artémis dorienne, cette mâle jeune fille qui toucha le sévère Hippolyte, m'a toujours semblé plus austère que la *chère sainte Elisabeth,* qui a rendu si éperdument amoureux M. de Montalembert. Ceux qui ont visité Naples ont pu voir, à la chapelle della Pietà de' Sangri, une *Pudicizia* couverte d'un long voile, lequel est collé sur toute sa personne de manière à laisser deviner, sous les plis du marbre, les formes rendues plus attrayantes par le mystère. Au contraire, il y a, dans le musée du Vatican, une Pudeur antique à demi nue, mais voilée de sa sévère beauté.....

[1] Je ne parle, bien entendu, que de la haute et pure antiquité grecque ; je dois faire observer aussi qu'il s'agit ici avant tout d'une question d'esthétique et de goût, question qu'il faut résoudre par l'examen des œuvres de l'art et de la poésie.

Laquelle, croyez-vous, est en effet la plus chaste ? La Grèce, avec un tact exquis, avait aperçu en toute chose la parfaite mesure, fugitive nuance que l'on saisit par instants, mais où l'on ne peut se maintenir. La mesure, en effet, paraît froide et ennuyeuse à la longue : on se fatigue de la proportion et du bon goût ; les types parfaitement purs ne suffisent plus ; on veut l'étrange, le surhumain, le surnaturel.

Ce n'est point par la faute des individus ou des systèmes que les sentiments religieux subissent ces profondes révolutions. Ce n'est pas volontairement que l'homme quitte les sentiers doux et faciles de la plaine pour les pics aigus et romantiques de la montagne. Cela arrive parce que la mesure et la proportion, ne représentant que le fini, deviennent insuffisantes pour le cœur qui aspire à l'infini. Tandis que l'humanité se renferme dans de justes et étroites limites, elle se repose et est heureuse dans sa médiocrité ; dès qu'elle prête l'oreille à de plus vastes besoins, devenue exigeante et malheureuse, mais plus noble en un sens, elle préférera, dans l'art et dans la morale, la souffrance, le désir non rassasié, la sensation vague et pénible que fait naître l'infini, à la pleine et complète satisfaction que procure une œuvre achevée.

Mais s'il est un mal incurable, c'est, grâce à Dieu,

celui-là. Les délicats sont malheureux, mais on ne guérit pas de la délicatesse. On peut reconnaître qu'on s'est faussé l'esprit, mais non le redresser. Et puis la déviation a tant de charmes, et la droiture est si fastidieuse ! Un temple ancien est incontestablement d'une beauté plus pure qu'une église gothique, et pourtant nous passons des heures dans celle-ci sans fatigue, et nous ne pouvons sans ennui rester cinq minutes dans celui-là ! Cela prouve, selon M. Feuerbach, que nous sommes pervertis ; mais qu'y faire ?

Si M. Feuerbach se fût borné à montrer ces contrastes avec sérénité et avec amour ; si, content d'observer curieusement les alternatives des sentiments humains, il n'eût pas opposé à l'enthousiasme souvent gratuit du croyant une haine plus gratuite encore, nous n'aurions pas le droit d'être pour lui bien sévères. Mais le philosophe impartial ne saurait souscrire à la condamnation absolue que M. Feuerbach lance contre dix-huit siècles de l'histoire de l'esprit humain ; car, qu'il y réfléchisse, c'est l'esprit humain lui-même qui est en cause. Il ne sert de rien de déverser sa haine contre les mots de christianisme, de théologie, etc. Qui donc a fait le christianisme ? Qui a fait la théologie ? L'humanité n'accepte d'autres chaînes que celles qu'elle s'impose elle-même. L'humanité a tout fait et, nous voulons le croire, tout bien fait.

D'ailleurs, ce n'est pas seulement le supernaturalisme

qui tombe sous la critique de la nouvelle école allemande : M. Feuerbach et tous les philosophes de cette école déclarent sans hésiter que le théisme, la religion naturelle, tout système, en un mot, qui admet quelque chose de transcendant, doit être mis sur le même pied que le supernaturalisme. Croire à Dieu et à l'immortalité de l'âme est à ses yeux tout aussi superstitieux que de croire à la trinité et aux miracles. La critique du ciel n'est, selon lui, que la critique de la terre ; la théologie doit devenir l'anthropologie. Toute considération du monde supérieur, tout regard jeté par l'homme au delà de lui-même et du réel, tout sentiment religieux, sous quelque forme qu'il se manifeste, n'est qu'une illusion. Pour n'être point sévères envers une pareille philosophie, nous voulons n'y voir qu'un malentendu. M. Feuerbach a écrit en tête de la 2ᵉ édition de son *Essence du christianisme : Par ce livre, je me suis brouillé avec Dieu et avec le monde.* Nous croyons que c'est un peu de sa faute, et que, s'il avait voulu, Dieu et le monde lui auraient pardonné. Séduits par ce mauvais ton qui règne dans les universités allemandes, et que j'appellerais volontiers le *pédantisme de la hardiesse*, beaucoup d'esprits droits et d'âmes honnêtes s'attribuent, sans les mériter, les honneurs de l'athéisme. Quand un Allemand se vante d'être impie, il ne faut jamais le croire sur parole. L'Allemand n'est pas

capable d'être irréligieux ; la religion, c'est-à-dire l'aspiration au monde idéal, est le fond même de sa nature. Quand il veut être athée, il l'est dévotement et avec une sorte d'onction. Que si vous pratiquez le culte du beau et du vrai ; si la sainteté de la morale parle à votre cœur ; si toute beauté et toute vérité vous reportent au foyer de la vie sainte ; que si, arrivés là, vous renoncez à la parole, vous enveloppez votre tête, vous confondez à dessein votre pensée et votre langage pour ne rien dire de limité en face de l'infini, comment osez-vous parler d'athéisme? Que si vos facultés, vibrant simultanément, n'ont jamais rendu ce grand son unique que nous appelons Dieu, je n'ai plus rien à dire ; vous manquez de l'élément essentiel et caractéristique de notre nature.

A ceux qui, se plaçant au point de vue de la substance, me demanderont : Ce Dieu est-il ou n'est-il pas? — Oh! Dieu! répondrai-je, c'est lui qui est, et tout le reste qui paraît être. Supposé même que, pour nous philosophes, un autre mot fût préférable, outre que les mots abstraits n'expriment pas assez clairement la réelle existence, il y aurait un immense inconvénient à nous couper ainsi toutes les sources poétiques du passé, et à nous séparer par notre langage des simples qui adorent si bien à leur manière. Le mot Dieu étant en possession des respects de l'humanité, ce mot ayant pour lui une

longue prescription et ayant été employé dans les belles poésies, ce serait renverser toutes les habitudes du langage que de l'abandonner. Dites aux simples de vivre d'aspiration à la vérité, à la beauté, à la bonté morale, ces mots n'auront pour eux aucun sens. Dites-leur d'aimer Dieu, de ne pas offenser Dieu, ils vous comprendront à merveille. Dieu, Providence, immortalité, autant de bons vieux mots, un peu lourds peut-être, que la philosophie interprétera dans des sens de plus en plus raffinés, mais qu'elle ne remplacera jamais avec avantage. Sous une forme ou sous une autre, Dieu sera toujours le résumé de nos besoins supra-sensibles, la *catégorie de l'idéal* (c'est-à-dire la forme sous laquelle nous concevons l'idéal), comme l'espace et le temps sont les *catégories des corps* (c'est-à-dire les formes sous lesquelles nous concevons les corps). En d'autres termes, l'homme, placé devant les choses belles, bonnes ou vraies, sort de lui-même, et, suspendu par un charme céleste, anéantit sa chétive personnalité, s'exalte, s'absorbe. Qu'est-ce que cela, si ce n'est adorer?

LA TENTATION DU CHRIST

PAR M. ARY SCHEFFER.

Le public, toujours sympathique aux œuvres de M. Ary Scheffer, apprendra avec joie que le peintre de Marguerite et de Françoise de Rimini vient d'achever une toile qui, nous en sommes persuadé, balancera dans l'estime de ses admirateurs le charme de ses plus belles compositions. La tentation du Christ sur la montagne ne pouvait manquer d'inspirer l'artiste excellent qui a su, mieux qu'aucun autre, donner un corps aux idées morales et fixer l'image de tout ce qui nous enchante, nous améliore ou nous attendrit. Ce simple et grandiose sujet n'avait guère jusqu'ici été rendu par la peinture; je ne connais aucun tableau de maître qui la

représente. Une scène où le fils de Dieu nous est montré sujet à nos épreuves morales et luttant d'égal à égal avec Satan, présentait le Christ par un côté trop humain pour plaire à la foi exaltée des siècles orthodoxes. Le moyen âge, il est vrai, l'essaya quelquefois, dans les séries de figures de ses Bibles historiées ; mais il ne sortit jamais, en le traitant, du grotesque et du fantastique. Satan, pour les miniaturistes, resta toujours une sorte d'arlequin burlesque, affublé d'un capuchon et d'un masque difforme, ou bien une vision aérienne, une sorte de cauchemar miroitant dans l'espace; conception qui ne manquait pas d'une certaine originalité, mais d'où il n'y avait rien à tirer pour le sentiment moral. M. Scheffer a su le premier dégager la vraie signification symbolique du passage de l'Évangile, et, en écartant les détails qui portent trop profondément l'empreinte de l'époque et du pays où se forma la légende, l'interpréter d'une façon accommodée aux idées religieuses de notre temps.

Les scènes évangéliques offrent au peintre le merveilleux avantage de reposer sur une donnée admise de tous, déjà idéalisée dans la conscience de chacun, et que l'imagination entoure d'un prestige de sainteté. L'artiste ne crée pas la poésie de ses sujets ; il l'accepte toute faite : il faut que la moitié de son œuvre ait déjà été esquissée par la croyance populaire, et que

l'opinion ait ceint d'une auréole la tête de ses héros. La première condition du grand art est un ensemble d'idées religieuses reçu de tous et de l'artiste lui-même, non pas comme un symbole dogmatique, ceci est assez indifférent (le Pérugin, dit-on, niait Dieu et l'âme; le siècle qui inspira les *Stanze* et la Sixtine était peu croyant), mais comme une sorte de langage commun par lequel on s'entend. Le peintre n'a pas plus que le poëte le droit de se faire à lui-même sa mythologie; toutes les fois que, non content d'exprimer un cycle de légendes acceptées, il veut inventer son poëme, il tombe dans l'allégorie et peu à peu dans l'énigme. Le public se prête bien rarement à ces dogmes de peintres et de sculpteurs, qui auraient besoin, pour être compris, d'un *libretto* explicatif. Au contraire, s'agit-il d'interpréter les thèmes poétiques ou religieux agréés de tous, une entière liberté doit être laissée à l'artiste. L'exégèse la plus large, la théologie la plus facile, l'à-peu-près, le contre-sens, tout sera bon, pourvu qu'à propos d'un sujet connu il réussisse à exciter en nous le sentiment des bonnes et belles choses. Les symboles ne signifient que ce qu'on leur ordonne de signifier; l'homme fait la sainteté de ce qu'il croit comme la beauté de ce qu'il aime. Les textes révérés, grâce à l'habitude qui nous porte à y rattacher nos émotions religieuses et à cette largeur de sens qui permet d'y trouver ce que l'on désire, deviennent ainsi comme

un vaste ombrage où toutes les bonnes pensées trouvent à s'abriter.

Comprise d'une manière élevée, la scène choisie par M. Scheffer est vraiment une des plus solennelles de l'Évangile. Il y a dans toutes les missions divines une sorte de moment décisif où la pensée venue d'en haut se trouve en lutte avec les pensées inférieures, et où la faiblesse humaine s'effraye devant le fardeau de l'apostolat. Presque toutes les grandes vocations, et c'est une des marques de leur origine céleste, ont commencé par le trouble, la timidité, la tentation. La première fois que Moïse vit Dieu dans l'Horeb, il balbutia, chercha des prétextes, fit des difficultés. Jeanne d'Arc hésita entre son village, sa maison adossée à l'église, ses petites compagnes et les voix du ciel. Quand le bouddha Sakya Mouni conçut le projet de délivrer les créatures du changement et de la mort, et d'arriver par l'anéantissement de sa personnalité à l'intelligence suprême, il eut à vaincre toutes les puissances de la nature, liguées pour le séduire et faire avorter son dessein[1]. Mahomet, qui ne résista pas toujours autant qu'il l'aurait dû aux instigations de Satan, mais qui d'abord était animé d'un sentiment religieux très-pur, lutta

[1] Voy. le *Lalitavistara*, ou vie de Bouddha, traduit par Ph. Ed. Foucaux, p. 254, 286, 352. Comparez l'*Avesta*, traduit par Spiegel, t. I, p. 242 et suiv.

longtemps dans les vallées pierreuses voisines de la Mecque. Les premières apparitions de son génie prophétique furent accompagnées de grands troubles ; souvent il rentrait chez lui accablé, découragé ; Khadidja le consolait et raffermissait sa foi. Combien d'autres, appelés à porter la parole au nom de Dieu, ont succombé dans l'épreuve, et ont cédé à la proposition de Satan : « Je te donnerai tout cela, si tu veux m'adorer ! »

Plus libre que le théologien et surtout que le critique, l'artiste peut de même supposer qu'à l'origine de sa mission, quand le Christ méditait le salut du monde, l'idée d'un empire terrestre fondé sur la violence traversa un moment son esprit. Au lieu d'une rédemption par la foi et par l'épuration des âmes, il put rêver une rédemption par le glaive. La question : Christ ou Mahomet? le monde sera-t-il sauvé par la parole ou par la conquête, par la persuasion ou par la force? se posa devant lui. Tel est le moment qu'a choisi M. Ary Scheffer. Sur un pic hardiment lancé dans l'espace, et dont les flancs abrupts plongeant dans l'abîme font seuls mesurer la hauteur, se passe le mystère de la lutte suprême dont l'univers sera le prix : la pensée céleste et la pensée infernale, le bien et le mal, sont là seuls, en présence l'un de l'autre, dans la région des nuages ; on ne voit pas le monde, dont le sort se décide sur ces hauteurs.

Satan, de ses doigts crispés, montre et offre les royaumes de la terre. Tout en lui respire le scepticisme immoral et dédaigneux. Il ne comprend pas ce qu'il y a de noble dans la nature humaine ; la croyant uniquement gouvernée par l'égoïsme et la cupidité, il s'imaginerait lui faire trop d'honneur en la supposant capable d'obéir à autre chose qu'à l'imposture : *Mundus vult decipi*. Le Satan de M. Scheffer, c'est l'ambitieux, le politique, le mondain, qui veut conquérir la terre par le mensonge, la violence et le mépris. En cela il est moins habile qu'il ne pense ; il se trompe, et il reçoit le démenti que la nature humaine infligera toujours à ceux qui se fient trop à sa bassesse et ne tiennent pas compte de ses instincts élevés. Le Christ, sans nul effort, montre le ciel et repousse la suggestion infernale par le sentiment de sa divine nature. A la pensée d'un royaume profane, il oppose la formule spiritualiste : « Mon royaume n'est pas de ce monde. » Inébranlable dans la foi à sa mission, il n'est pas atteint, et ne répond au séducteur que par un regard plein de mansuétude et de compassion. Je dirai presque qu'il n'est pas *tenté*, et je loue M. Scheffer d'avoir modifié en ceci la donnée traditionnelle. Être tenté, c'est être à moitié vaincu ; le propre des fils de Dieu est d'arriver à cette haute région où l'âme, fortement assise dans son idée de la beauté morale, peut encore être obsédée, mais est placée par

sa noblesse dans l'heureuse impossibilité de mal faire.

Rien n'égale le calme, la grandeur, la haute sérénité du Christ de M. Scheffer. Son origine céleste éclate bien plus encore dans la majesté de son port, dans sa taille élevée, dans sa pose haute et fière, que dans le cercle de lumière hiératique qui entoure son front. Ce sont tous les caractères essentiels de la beauté, non pas comme les comprenait l'art antique, dans leur crudité matérielle et toujours un peu brutale, mais tempérés, amortis, raffinés par un jeûne de quarante jours, par la solitude et le froid de la montagne. Nous dirons cependant, et dans notre pensée ce n'est point là une critique, que le Satan de M. Ary Scheffer nous paraît supérieur à son Christ. Le mal est plus facile à exprimer que le bien, l'enfer que le paradis. Le bien est uniforme, je dirais presque monotone; le bien est par sa nature même au-dessus de toute image, et c'est en quelque sorte l'abaisser que d'essayer de le rendre par des traits matériels. La figure du Christ, fût-elle achevée par le pinceau des anges, comme les madones d'Angelico, serait toujours inférieure à notre idéal. Le mal, au contraire, offre une variété et des nuances infinies. Le mal serait banni de ce monde, qu'il faudrait permettre à l'artiste de le conserver comme un personnage mythologique et une excellente fiction.

De tous les êtres autrefois maudits que la tolérance

de notre siècle a relevés de leur anathème, Satan est sans contredit celui qui a le plus gagné au progrès des lumières et de l'universelle civilisation. Il s'est adouci peu à peu dans son long voyage depuis la Perse jusqu'à nous ; il a dépouillé toute sa méchanceté d'Ahrimane. Le moyen âge, qui n'entendait rien à la tolérance, le fit à plaisir laid, méchant, torturé, et, pour comble de disgrâce, ridicule. Milton comprit enfin ce pauvre calomnié, et commença la métamorphose que la haute impartialité de notre temps devait achever. Un siècle aussi fécond que le nôtre en réhabilitations de toutes sortes ne pouvait manquer de raisons pour excuser un révolutionnaire malheureux, que le besoin d'action jeta dans les entreprises hasardées. On pourrait faire valoir, pour atténuer sa faute, une foule de motifs contre lesquels nous n'aurions pas le droit d'être sévères. Mais j'aime mieux attribuer notre tolérance à une cause meilleure, et supposer que, si nous sommes devenus indulgents pour Satan, c'est que Satan a dépouillé une partie de sa méchanceté, et n'est plus ce génie funeste, objet de tant de haines et de terreurs. Le mal est évidemment de nos jours moins fort qu'il n'était autrefois, et notre tolérance même n'est-elle pas la meilleure preuve que le bien a triomphé ?

C'est ce dont on reste convaincu en présence du tableau que nous essayons d'interpréter. Beau comme

toutes les créatures nobles, plus malheureux que méchant, le Satan de M. Scheffer signale le dernier effort de l'art pour rompre avec le dualisme et attribuer le mal à la même source que le bien, au cœur de l'homme. Une des pensées les plus délicates du grand artiste a été de donner au génie infernal le sentiment de son infériorité : ce dernier effort pour s'opposer à l'œuvre du fils de Dieu est pour lui une tentative désespérée, et il sent bien que son règne est fini. Voilà sans doute ce qui l'a si fort adouci. Il a perdu ses cornes, ses griffes ; il n'a gardé que ses ailes, appendice qui seul le rattache encore au monde surnaturel et ne semble conservé que pour faire ressortir le triomphe de la forme humaine pure, représentée par le Christ, sur la forme hybride de l'être mythologique. Il manque de vigueur peut-être, et je m'en réjouis. Permis au moyen âge, qui vivait continuellement en présence du mal, fort, armé, crénelé, de lui porter cette haine implacable qui se traduisait dans l'art par une sombre énergie. Nous sommes obligés aujourd'hui à moins de rigueur. On nous reproche parfois notre optimisme en esthétique ; on nous blâme de n'être pas plus sévères pour le mal, plus exclusifs dans notre goût de la beauté : mais en réalité c'est là une délicatesse de conscience. C'est par amour du beau et du bien que nous sommes si timides, parfois si faibles dans nos jugements moraux. Les siècles absolus tran-

chaient, fauchaient un champ pour en arracher l'ivraie. Nous, qui respectons l'étincelle divine partout où elle reluit, et qui, habitués à une manière plus étendue d'envisager les choses humaines, savons que le bien et le mal se mêlent ici-bas dans des proportions indiscernables, nous hésitons à prononcer des arrêts exclusifs, de peur d'envelopper dans notre condamnation quelque atome de beauté.

En ce sens, le Satan de M. Ary Scheffer me paraît un signe consolant de progrès. Pour peindre le mal avec si peu de colère et tant de pitié, il faut que le règne du mal soit fort affaibli : on ne traite avec cette douceur que l'ennemi désarmé. Au fond, si le mal nous inspire moins de haine, il ne nous inspire pas moins de dégoût. Le sentiment moral est de nos jours plus délicat qu'il ne l'a jamais été; mais il ne se traduit plus en anathèmes. Voilà, ce me semble, la réponse qu'il faut faire à ceux qui accusent notre siècle de scepticisme. Nous sommes sceptiques, peut-être, sur les formules abstraites, mais non sur les vérités essentielles qui sont le principe de la noblesse humaine. Nous faisons tous les jours des sacrifices à notre foi, et quand on nous demande de formuler cette foi, nous ne savons que répondre. Nous ne sommes pas le pharisien qui gagne le paradis cartes sur table et sait tous les secrets de la vie présente et future ; notre foi est hésitante parce qu'elle est sincère, parce que le

silence nous paraît le seul langage digne de Dieu, et que, dans l'ordre des choses religieuses, tout symbole nous semble inférieur à la majesté de ce qu'il s'agit d'exprimer.

C'est parce que la foi de notre siècle est une foi non formulée, que l'art a de nos jours une fonction religieuse supérieure à celle du théologien et du philosophe. La logique ne sortira jamais de la dispute, et par elle-même n'enfantera que le doute. L'art, au contraire, écartant tout ce qui est objet de controverse, et ne s'attachant qu'aux formes idéales de la beauté et de la bonté morale, s'élève au-dessus des objections et inspire la foi. L'artiste voit à l'état d'idée pure ce qui apparaît au critique avec ses angles, ses contradictions, ses aspérités. Toute philosophie est nécessairement imparfaite, puisqu'elle aspire à renfermer l'infini dans un cadre limité : comment l'esprit humain saisirait-il, comment la parole rendrait-elle ce dont l'essence est d'être ineffable? L'art seul est infini; l'art, allant chercher dans l'âme ce qu'il y a de bon et de pur, nous fait atteindre l'indubitable. C'est ainsi que l'art nous apparaît comme le plus haut degré de la critique; on y arrive le jour où, convaincu de l'insuffisance de tous les systèmes, on arrive à la sagesse, c'est-à-dire à voir que chaque formule, soit religieuse, soit philosophique, est attaquable dans son expression matérielle, et que la vérité n'est que la voix

de la nature, dégagée de tout symbole scolastique et de tout dogme exclusif.

Remercions donc M. Scheffer de nous avoir montré le Christ que nous adorons tous. La vue de son tableau améliore; on s'en détache avec la conviction que l'humanité est appelée à une destinée inconnue, mais certainement divine. Je n'ai pas le droit d'apprécier l'œuvre de M. Scheffer par le côté spécial de l'art. D'autres regretteront peut-être qu'il n'y ait pas déployé une exécution plus vigoureuse et un coloris plus brillant. Mais M. Scheffer aspirant surtout à rendre l'idée, une manière trop fortement accusée serait chez lui une sorte de contre-sens. L'éclat matérialiste de la couleur donnerait trop de corps aux êtres charmants nés de son pinceau et auxquels il prête juste autant de vie qu'il en faut pour exprimer les nuances les plus fines du sentiment. Le coloris est la qualité essentielle du peintre qui aspire à rendre la vie et la réalité; mais ces artifices, par lesquels on s'adresse aux yeux quand on ne sait point s'adresser à l'âme, n'eussent été qu'un luxe déplacé chez l'artiste éminent qui a le mieux su en notre siècle trouver le chemin du cœur.

<center>FIN.</center>

TABLE.

	Pages.
Préface..	I
Les religions de l'antiquité........................	1
L'histoire du peuple d'Israël.....................	73
Les historiens critiques de Jésus................	133
Mahomet et les origines de l'islamisme...........	217
La Vie des Saints.................................	301
L'auteur de l'*Imitation de Jésus-Christ*...........	317
Jean Calvin.......................................	337
Channing et le mouvement unitaire aux Etats-Unis...	357
M. Feuerbach et la nouvelle école hégélienne......	405
La Tentation du Christ, par M. Ary Scheffer.......	421

FIN DE LA TABLE.

Paris. — Imprimé chez Bonaventure et Ducessois.

www.ingramcontent.com/pod-product-compliance
Lightning Source LLC
Chambersburg PA
CBHW070205240426

43671CB00007B/558